Jean-Louis Armand de Quatrefages

Charles Darwin
et ses précurseurs
français

Étude sur le transformisme

ISBN : 978-1530133642

10 9 8 7 6 5 4 3 2 1

Jean-Louis Armand de Quatrefages

Charles Darwin
et ses précurseurs français

Étude sur le transformisme

Table de Matières

INTRODUCTION

Lorsque le naturaliste embrasse par la pensée le passé et le présent de notre terre, il voit se dérouler un merveilleux et étrange spectacle. Sur ce globe naguère désert et livré aux seules forces physico-chimiques, la vie se manifeste et déploie rapidement une surprenante puissance. Les flores, les faunes, apparaissent tout d'abord avec les traits généraux qui caractérisent aujourd'hui encore les règnes végétal et animal et la plupart de leurs grandes divisions. Presque tous nos types fondamentaux datent des premiers temps ; mais chacun domine à son tour pour ainsi dire. En outre, véritables protées, ils se modifient sans cesse à travers les âges, selon les lieux et les époques, de façon qu'une infinité de types secondaires et de formes spécifiques se rattachent à chacun d'eux. On voit celles-ci se montrer parfois comme subitement en nombre immense, se maintenir pendant un temps, puis décliner et disparaître pour faire place à des formes nouvelles, laissant dans les couches terrestres superposées les fossiles, ces médailles des anciens jours qui nous en racontent l'histoire. Faunes et flores se transforment ainsi sans cesse, sans jamais se répéter ; et, d'extinctions en extinctions, de renouvellements en renouvellements, apparaissent enfin nos animaux et nos plantes, tout ce vaste ensemble que le botaniste et le zoologiste étudient depuis des siècles, découvrant chaque jour quelque contraste nouveau, quelque harmonie inattendue.

Voilà les faits. À eux seuls ils témoignent de la grandeur des intelligences qui ont su les mettre hors de doute. Mais de nos jours moins que jamais l'esprit de l'homme se contente de connaître ce qui est. Il veut en outre l'expliquer ; et la profondeur, l'immensité même des problèmes est pour lui un attrait de plus. Or, il ne peut guère en rencontrer de plus ardus qu'en s'attaquant aux manifestations de la vie, à celles surtout qui se rattachent au plan général et touchent aux faits, pour ainsi dire cosmogoniques. D'où viennent ces myriades de formes animées qui ont peuplé, qui peuplent encore la terre, les airs et les eaux ? Comment se sont-elles succédés dans le temps ? Par quoi en a été réglée la juxtaposition dans l'espace ? A quelle cause faut-il attribuer les ressemblances radicales qui relient tous les êtres organisés et les différences profondes ou légères qui les partagent en règnes, en classes, en ordres, en fa-

Jean-Louis Armand de Quatrefages

milles, en genres ? Qu'est-ce au fond que *l'espèce,* ce point de départ obligé de toutes les sciences naturelles, cette unité organique à laquelle reviennent sans cesse ceux-là mêmes qui en nient la réalité ? Est-elle un fait d'origine ou la conséquence d'un enchaînement de phénomènes ? Entre des espèces voisines et se ressemblant parfois de manière à presque se confondre, y a-t-il autre chose que de simples affinités ? Existerait-il entre elles une véritable parenté physiologique ? Les espèces les plus éloignées elles-mêmes ont-elles paru isolément ; ou bien remontent-elles à des ancêtres communs, et faut-il chercher jusque dans les temps géologiques, à travers de simples transformations, les premiers parents des plantes, des animaux nos contemporains ?

Telles sont quelques-unes des questions que l'homme s'est posées à peu près partout et de tout temps, sous des formules variables selon le savoir de l'époque. Aujourd'hui notre science ne fait que les mieux préciser, et c'est à elles qu'a voulu répondre le livre dont l'examen fait le fond de ce travail.

Le nom de Charles Darwin, le mot de *darwinisme,* qui désigne l'ensemble de ses idées, sont aujourd'hui universellement connus. L'ouvrage où le savant anglais a montré comment il envisage l'ensemble des problèmes que je viens d'indiquer, a été traduit ou commenté dans toutes les langues [1]. Les penseurs, les philosophes, ont suivi les naturalistes sur ce terrain, et les publications périodiques les plus accréditées ont ouvert leurs colonnes à la discussion de ce nouvel ordre d'idées [2]. À mon tour j'ai essayé d'aborder les difficiles questions soulevées par le savant anglais. Mais peut-être m'est-il permis de dire que je me suis placé à un point de vue un peu différent de celui de la plupart de mes devanciers.

La doctrine de Darwin a été acclamée par les uns au nom de la philosophie et du progrès, anathématisée par d'autres au nom des idées religieuses ; toute une littérature spéciale reproduit et répète ces deux appréciations opposées. Or, au milieu de ces tempêtes, on a méconnu trop souvent, tantôt dans un sens, tantôt dans l'autre,

1 En France, la traduction de mademoiselle Royer en est à sa troisième édition. Une nouvelle traduction est annoncée.

2 Voyez entre autres, dans la *Revue des deux mondes,* livraison du 1er avril 1860, l'article intitulé *Une nouvelle théorie d'histoire naturelle,* par M. Auguste Laugel ; et, dans celle du 1er décembre 1863, l'article *Une théorie anglaise sur les causes finales,* par M. P. Janet.

la signification et la portée réelle des idées de l'auteur. Amie et adversaires les ont parfois défigurées ou en ont fait découler des conséquences inexactes. C'est contre cette double tendance que j'ai cherché à réagir. Naturaliste e physiologiste, c'est au nom seul des sciences naturelles que j'ai voulu parler. Montrer au juste ce qu'est cette doctrine, faire ressortir ce qu'elle renferme de vrai, mais aussi ce qu'elle a d'inacceptable, examiner quelques-unes des déductions qu'on a cru pouvoir en tirer, et faire à chacune leur part, tel est le but de ce travail.

La doctrine de Darwin se résume en une notion simple et claire qu'on peut formuler ainsi : Toutes les espèces animales ou végétales passées et actuelles descendent par voie de transformations successives de trois ou quatre types originels et probablement d'un archétype primitif unique.

Réduit à ces termes, le darwinisme n'a rien de bien nouveau. Si la majorité des partisans de cette doctrine partage plus ou moins la croyance qui en fait une conception toute de notre temps, la faute n'en est certes pas à l'auteur anglais. Avec cette loyauté parfaite qu'il est impossible de ne pas reconnaître dans ses écrits, Darwin a dressé lui-même et publié en tête de son livre une liste comprenant les noms de vingt-six naturalistes anglais, allemands, belges, français, qui tous, à des degrés divers et d'une manière plus ou moins explicite, ont soutenu avant lui des idées analogues [1].

Malheureusement, dans cette espèce de revue, le savant anglais se borne à de très-courtes indications, et les quelques lignes qu'il

---

1 Voici la liste et les dates données par Darwin dans sa troisième édition (traduction de mademoiselle Royer) :
Lamarck (1801-1815) ; Étienne Geoffroy Saint-Hilaire (1795) ; révérend W. Herbert (1822) ; Grant (1826) ; Patrick Matthew (1831) ; Rafinesque (1836) ; Haldeman (1843-1844) ; l'auteur anonyme des *Vestiges de la création* (1844) ; d'Omalius d'Halloy (1831-1846) ; Owen (1849) ; Isidore Geoffroy Saint-Hilaire (1850) ; Freke (1851) ; Herbert Spencer (1852-1858) ; Naudin (1852) ; Keyserling (1853) ; Schaafhausen (1853) ; Baden Powell (1855).
Aux noms de ces auteurs, sur lesquels il insiste plus particulièrement, Darwin ajoute sans aucun commentaire ceux de Unger, d'Alton, Oken, Bory de Saint-Vincent, Burdach, Poiret, Fries. Il nomme aussi son grand-père, et rapproche ses idées de celles de l.amarck, rapprochement que j'aurai occasion d'examiner plus tard. Enfin, en rappelant la date de sa première communication publique sur l'origine des espèces (juillet 1858), Darwin a soin de faire remarquer que M. Wallace lut le même jour un mémoire sur le même sujet et reposant sur le même fonds d'idées.

consacre à ses prédécesseurs ne permettent ni d'apprécier la marche des idées, ni surtout de juger jusqu'à quel point se rapprochent ou restent séparés en réalité des écrivains qu'on pourrait croire unis par une doctrine commune. Un intérêt scientifique très-réel s'attache pourtant à cette étude. Bien qu'elles se ressemblent à certains égards, les théories émises sur la formation des espèces par voie de modification sont souvent fort différentes. Parfois elles s'excluent réciproquement ; et de leur antagonisme même résultent pour nous de précieux enseignements. La discussion du darwinisme doit donc être précédée au moins d'un exposé sommaire des doctrines auxquelles il se rattache de près ou de loin.

Je ne passerai cependant pas en revue tous les ouvrages cités par Darwin. Il en est, je dois l'avouer, qui me sont inconnus ; il en est d'autres qui reposent sur des données trop différentes de celles qui doivent nous guider dans ce travail. Par exemple, quelle que soit la juste illustration du nom d'Oken, je ne crois pas devoir aborder l'examen d'une conception fondée avant tout sur des a *priori*, et qui procède directement de la philosophie de Schelling. L'étude des auteurs français suffira du reste pour nous faire envisager à peu près à tous les points de vue le problème dont il s'agit. Sans sortir de chez nous, on rencontre à ce sujet les conceptions les plus diverses, et dont les auteurs invoquent tantôt de pures rêveries décorées du nom de philosophie, tantôt l'observation et l'expérience, de manière à rester sur le terrain scientifique. Pour compléter cette revue, nous aurons seulement à remonter un peu plus haut que ne l'a fait Darwin. Celui-ci s'arrête à Lamarck et à la *Philosophie zoologique*. Il pouvait agir ainsi sans commettre d'injustice réelle. Pourtant il vaut mieux aller jusqu'au temps de Buffon et à Buffon lui-même. Il y a de sérieux enseignements à tirer de quelques écrits de cette époque, ne fût-ce que pour réduire à leur juste valeur certains rapprochements imaginés d'abord pour jeter de la défaveur sur les idées de Lamarck, et qu'on répète aujourd'hui pour combattre Darwin.

Remonter plus haut serait inutile. Sans doute l'idée générale de faire dériver les formes animales et végétales actuelles de formes plus anciennes et qui n'existent plus se retrouverait bien loin dans le passé. On la rencontrerait aisément énoncée d'une manière plus ou moins explicite dans les écrits de maint philosophe grec, de maint alchimiste du moyen âge. Mais aux uns comme aux autres le problème de la formation des espèces ne pouvait se présenter avec la signification qu'il a pour nous. Avant Ray [1] et Tournefort [2], les naturalistes ne s'étaient pas demandé ce qu'il fallait entendre par le mot *espèce*, que pourtant ils employaient constamment. Or, il est évident qu'il fallait avoir répondu à cette question avant de songer à rechercher comment avaient pu se former et se caractériser, ces groupes fondamentaux, point de départ obligé de quiconque étudie les êtres organisés. Ce n'est donc pas même au commencement du XVIIIe siècle que le problème de l'origine des espèces pouvait être posé avec le sens que nous lui donnons aujourd'hui, et il faut en réalité arriver jusqu'à de Maillet [3] pour le voir traité de manière à nous intéresser. Mais à partir de cette époque, le nombre des solutions proposées se multiplie rapidement. De là autant de doctrines dont un grand nombre restent en dehors du cadre de ce travail.

Celles dont il sera question ici reposent presque toutes sur une donnée générale commune qui, depuis la seconde moitié du dernier siècle jusqu'à nos jours, est allée se développant, se complétant, se modifiant au fur et à mesure que la science apportait de nouveaux problèmes à résoudre et ouvrait de nouveaux horizons à l'hypothèse. Quels que soient leur point d'origine et leurs conséquences dernières, ces théories s'accordent pour regarder une partie ou la totalité des espèces actuelles comme descendant d'espèces qui les avaient précédées ; par conséquent, pour voir dans l'empire organique tel que nous le connaissons le développement, la transformation d'un état de choses antérieur. Elles rentrent à divers titres dans ce qu'on a nommé depuis peu, en Angleterre, les

---

1 *Historia plantarum*, 1686.

2 *Institutiones rei herbariæ*, 1700.

3 Benoist de Maillet, gentilhomme lorrain, naquit en 1659. A l'âge de trente-trois ans, il fut nommé consul général en Égypte, et s'acquitta de ses fonctions de telle sorte qu'au bout de seize ans on lui donna le consulat général de Livourne, alors regardé comme le plus important. Six ans après, il était nommé inspecteur des Échelles de Barbarie et du Levant. Après avoir rempli cette mission, il renonça aux fonctions publiques, et reçut du roi, à titre de récompense, une pension considérable. Il mourut à Marseille en 1738. (*Vie de M. de Maillet,* placée en tête de la seconde édition de *Telliamed par* l'abbé Lemascrier, son secrétaire.) — De Maillet avait étudié à fond la langue arabe, et a publié sur l'Égypte des ouvrages fort estimés avant l'époque des découvertes modernes.

théories de l'*évolution* ou de la *dérivation* ; dans ce que divers écrivains du continent ont appelé la doctrine du *transformisme*. Cette dernière expression me semble préférable, et je dirai rapidement pourquoi.

On a généralement désigné jusqu'à présent par le terme d'*évolutionnistes,* les naturalistes qui admettaient la formation des êtres vivants par suite de l'*évolution* de germes .préexistants. Ces mots ont pris en Angleterre un sens nouveau, précisé par Huxley dans les termes suivants : « Ceux qui croient à la doctrine de l'évolution (et je suis de ce nombre) pensent qu'il existe de sérieux motifs pour croire que le monde, avec tout ce qui est en lui et sur lui, n'a apparu ni avec les conditions qu'il nous montre aujourd'hui, ni avec quoi que ce soit approchant de ces conditions. Ils croient, au contraire, que la conformation et la composition actuelle de la croûte terrestre, la distribution de la terre et des eaux, les formes variées à l'infini des animaux et des plantes qui constituent leur population actuelle, ne sont que les derniers termes d'immenses séries de changements accomplis dans le cours de périodes incalculables par l'action de causes plus ou moins semblables à celles qui sont encore à l'œuvre aujourd'hui [1]. »

De son côté, Owen, en résumant ses idées personnelles sur ces graves questions, a défini de la manière suivante le sens attaché par lui au terme de *dérivation :* « Je pense qu'une tendance innée à dévier du type parent, agissant à des intervalles de temps équivalents, est la nature la plus probable ou le procédé de la loi secondaire qui a fait dériver les espèces les unes des autres [2]. »

Il y a quelque inconvénient, ce me semble, à changer brusquement et sans raison suffisante la signification d'un mot consacrée par un long usage. L'idée de simple *évolution*, parfaitement d'accord avec la manière dont Réaumur, Bonnet et leurs contemporains comprenaient le développement de germes préexistants, me semble d'ail-

---

1 « *On the Animals which are most nearly intermediate between Birds and Reptiles.* » Huxley admet, du reste, qu'on peut être évolutionniste, tout en hésitant à reconnaître en entier et dans toutes leurs conséquences les théories diverses auxquelles cette conception générale a donné lieu en astronomie, en géologie, en biologie, etc. Il cite le *Système de philosophie* de M. Herbert Spencer comme étant le seul ouvrage qui renferme l'exposé complet et systématique de cette doctrine.
2 *Derivative hypothesis of life and species* (1868). Cet écrit forme le quarantième chapitre de *l'Anatomie des Vertébrés,* et renferme les conclusions générales de l'auteur.

leurs cadrer fort peu avec des changements assez considérables pour métamorphoser les rayonnes ou les mollusques en vertébrés, les infusoires en oiseaux ou en mammifères. Dans l'ordre d'idées qui nous occupe, ce sont ces changements qui constituent le phénomène à la fois le plus apparent et le plus fondamental ; c'est par lui que s'accuse la *dérivation*. Le nom de *transformisme*, employé depuis quelques années par MM. l'abbé Bourgeois [1], Vogt [2], Daily [3]..., etc., adopté par un grand nombre d'autres écrivains, me semble rendre bien mieux que les autres appellations proposées, la notion commune à toutes les théories que j'ai l'intention d'examiner. En outre, il a l'avantage de ne prêter à aucune équivoque. C'est donc lui que j'adopterai.

Qu'il me soit permis d'ajouter quelques mots et d'indiquer l'esprit général de ce livre.

Je vais discuter des théories que je ne puis adopter. Je vais par conséquent entrer en lutte avec des esprits éminents, avec des confrères dont j'estime très-haut le caractère et le savoir. Je ne l'aurais pas fait, si je n'avais eu à défendre mes propres convictions, chaque jour attaquées en leur nom et dans des termes souvent fort durs pour ceux qui croient à ce que je regarde comme la vérité.

Dans cette discussion je ne sortirai jamais du domaine appartenant aux sciences naturelles positives. Je laisse à d'autres les généralisations souvent aussi propres à égarer qu'à instruire. J'éviterai avec soin, comme toujours, de toucher aux controverses soutenues au nom de la théologie ou de la philosophie. Ma seule prétention est d'apporter à ces deux hautes branches du savoir humain la vérité scientifique, telle qu'elle m'apparaît après de longs et consciencieux travaux. Surtout je m'efforcerai de remplir de mon mieux la partie de ma tâche qui consiste à faire connaître cela même que je veux combattre. J'aurai à analyser les ouvrages de mes adversaires ; je le ferai avec le soin qu'aurait pu y mettre un disciple, et il ne m'en coûtera pas de leur rendre justice.

Des divergences d'opinions sur des phénomènes encore inexplicables ne me rendront jamais injuste envers des hommes éminents. J'ai dû combattre leurs doctrines, je n'en rends pas moins

---

1 *Congrès international d'anthropologie et d'archéologie,* session de Paris, 1867.
2 *Congrès international de Paris.*
3 *L'ordre des Primates et le transformisme,* 1868.

à leurs œuvres un sincère et cordial hommage. Les hypothèses aventureuses de la *Philosophie zoologique* et de *l'Introduction à l'histoire des animaux sans vertèbres* ne m'ont pas fait oublier ce qu'il y a d'éternellement vrai dans les ouvrages de Lamarck, de ce savant que ses contemporains appelaient le Linné français. Les théories de M. Naudin ne m'empêchent pas de voir en lui le rival souvent heureux de Kœlreuter [1]. Huxley reste pour moi un des représentants les plus éminents de la zoologie telle qu'on doit la comprendre de nos jours.

Quant à Darwin, j'aurais aimé à faire connaître en détail sa vie entièrement vouée à l'étude, et cet ensemble de recherches incessantes, de découvertes du premier ordre venant enrichir tour à tour chacune des grandes divisions de l'histoire naturelle [2]. J'aurais été heureux de montrer tout ce qu'il y a de science variée et sûre dans ces livres mêmes, dont j'avais à discuter l'idée mère, mais qui m'ont tant appris [3]. Malheureusement le but de ce travail m'interdisait tout développement, toute excursion de cette nature. Du moins ai-je tâché de faire ressortir comme elle le mérite la bonne foi quasi chevaleresque de ce penseur, qui au milieu des plus vifs entraînements de l'intelligence, conserve assez de calme pour voir dans ses propres travaux les raisons et les faits militant en faveur de ses adversaires, assez de sincérité pour les leur signaler. Il y a un véritable charme à suivre un pareil esprit jusque dans ses écarts, et l'on sort de cette étude avec un redoublement de haute estime pour le savant, d'affectueuse sympathie pour l'homme

Paris, 10 février 1870.

1 Kœlreuter consacra vingt-sept années consécutives à l'étude de l'hybridation, dont il reconnut presque toutes les lois fondamentales, Ses travaux ont été publiés de 1761 à 1774.

2 Tous les géologues connaissent les observations de Darwin sur les îles volcaniques, sur la structure et la distribution des îles madréporiques, sur la géologie de l'Amérique du Sud. Les paléontologistes, les zoologistes, les embryogénistes, ne sauraient oublier le magnifique travail sur les cirripèdes, publié aux frais de la Société de Ray ; et tout récemment le docteur Hooker, un des juges assurément les plus autorisés, en ouvrant la trente-huitième session de l'Association Britannique, mettait au nombre des plus importantes découvertes faites en botanique celles que Darwin a publiées dans ses mémoires sur le polymorphisme de plusieurs espèces, sur les phénomènes que présente le croisement des formes diverses d'une même espèce, sur la constitution et les mouvements des plantes grimpantes, etc.

3 *De l'origine des espèces*, et *De la variation des animaux et des plantes sous l'action de la domestication.*

Première partie

EXPOSITION DES DOCTRINES
TRANSFORMISTES

Chapitre I

LES PRÉCURSEURS DE DARWIN

DE MAILLET

Je viens, d'écrire un nom qui a le privilège désagréable de provoquer à peu près toujours et partout un sourire dédaigneux ou railleur. Cependant si je l'inscris parmi ceux des précurseurs des idées que je vais discuter, ce n'est point avec l'intention de jeter d'avance sur elles le moindre discrédit. C'est surtout parce que ce nom revient à chaque instant dans les controverses soulevées par l'ordre de conceptions qui nous occupe ; c'est aussi parce qu'il m'a toujours paru qu'on a été injuste envers cet auteur. Sans vouloir le réhabiliter au delà de ses mérites, je crois utile de montrer pourquoi il a été si vivement attaqué, non-seulement par ceux dont il était en quelque sorte l'adversaire naturel, mais encore par ceux qui semblaient devoir l'accueillir en allié.

De Maillet, a dit M. d'Archiac, « était un homme de » beaucoup d'esprit, de bon sens sur plusieurs points, fort » instruit pour son temps » [1]. Mais il était *philosophe,* comme on disait alors ; *libre penseur,* dirait-on aujourd'hui. Doué d'une imagination évidemment fort aventureuse, il avait inventé sur la constitution de l'univers, sur le passé et l'avenir de notre globe, sur l'origine des êtres animés, un système fort peu d'accord avec les dogmes généralement admis [2]. À ce titre, il devait être et fut vivement attaqué par les défenseurs de ces dogmes.

 D'autre part, et précisément dans ce que son livre a de très-sérieux

1 *Cours de paléontologie stratigraphique,* t.1. J'avais depuis longtemps, dans mes cours, cherché à montrer de Maillet sous son vrai jour. On comprend combien j'ai été heureux de me rencontrer sur un sujet de cette nature avec mon éminent et malheureux confrère.

2 *Telliamed, ou Entretiens d'un philosophe indien avec un missionnaire français sur la diminution de la mer,* 1748 et 1756. Il est presque inutile de faire remarquer que le titre du livre n'est que le nom de l'auteur écrit à rebours.

Jean-Louis Armand de Quatrefages

et de vrai, de Maillet apportait des faits précis, faciles à invoquer à l'appui de certains passages des livres saints. Sa théorie mise de côté, quiconque soutenait la réalité du déluge mosaïque pouvait en appeler à ce témoignage d'autant plus important, qu'il venait d'un esprit plus indépendant. Or, Voltaire ne voulait pas du déluge universel ; il comprit le danger, et fit pleuvoir ses railleries sur le philosophe dont les doctrines tendaient à compromettre les siennes. On sait de quel poids pesaient alors, et pèsent encore aujourd'hui sur l'opinion, les plaisanteries de Voltaire. Voilà comment de Maillet a été repoussé par les deux camps, comment il a été honni en certains cas par ceux-là mêmes qui semblent avoir copié ses dires.

De Maillet, quoi qu'on en ait dit, n'est nullement un athée. Son philosophe indien proclame hautement l'existence d'un Dieu, esprit éternel et infini, qui a donné l'existence à tout ce qui est. Il cherche même à montrer que son système cosmogonique s'accorde avec la Bible, à la condition d'interpréter certains passages autrement qu'on ne le fait d'ordinaire [1]. Mais il réclame pour le philosophe le droit de chercher dans la science l'interprétation des faits naturels. Comme savant, il est l'homme de son époque, et l'on ne peut raisonnablement lui demander davantage. Avec la plupart de ses contemporains, il admet l'existence de tourbillons analogues à ceux de Descartes. Il suppose en outre que les soleils, centres de ces tourbillons, s'épuisent par leur activité même, tout en enlevant à leurs planètes respectives une certaine quantité de matière et surtout l'eau, qui s'évapore et diminue à la surface de celles-ci. Mais, dit-il, rien ne se perd dans la nature. Ces matériaux ne sont pas dispersés ; ils sont seulement repoussés vers les limites du tourbillon, entraînant avec eux des nombres infinis de *semences*, germes des êtres organisés futurs. Lorsqu'un soleil est entièrement épuisé, il s'éteint et devient un globe opaque ; son tourbillon s'arrête ; lui-même et les planètes qu'il avait jusque-là retenues dans sa sphère d'action s'élancent au hasard dans l'espace, jusqu'au moment où ils rencontrent quelque autre soleil en pleine activité. Celui-ci les entraîne dans son tourbillon, et ils s'ajoutent aux astres qui déjà tournaient autour de lui. Or, en pénétrant dans ce monde nouveau, ils ont à traverser la zone où sont emmagasinés les eaux, les

---

1 Une des interprétations proposées par de Maillet, et qui consiste à considérer les *jours* de la Genèse comme autant *d'époques* d'une durée indéterminée, est aujourd'hui acceptée par les écrivains les plus orthodoxes.

germes, les matières de toute sorte chassées de la surface des planètes qui les ont précédés. Ils s'en emparent au passage, et arrivent ainsi à leur destination nouvelle entourée d'une couche liquide qui les enveloppe en entier. A partir de ce moment, recommence pour ce soleil éteint transformé en planète, pour ces planètes momentanément épuisées et vagabondes, une nouvelle ère d'activité régulière et féconde. Ainsi, grâce aux lois établies par le Créateur, les mondes se renouvellent par suite de leur épuisement même, et chaque renaissance a pour point de départ un véritable déluge.

C'est évidemment pour en arriver à cette conclusion que l'auteur a imaginé tout ce qui précède. Il s'agissait pour lui d'expliquer, en dehors de toute intervention surnaturelle, des faits qu'il avait longuement et bien positivement constatés. A une très-grande distance des mers actuelles et jusqu'au sommet de hautes montagnes, il avait vu certaines roches renfermer des corps pétrifiés dont l'origine marine était à ses yeux indiscutable. Pour mettre hors de doute l'existence de ces fossiles, il accumule preuves sur preuves, détails sur détails, et toutes les observations qu'il cite le ramènent à la pensée que le globe a été sous l'eau et façonné en partie par elle, Là est la partie sérieuse du livre, celle qui a motivé les éloges de M. d'Archiac. Quiconque la lira avec attention reconnaîtra combien est peu fondée l'opinion des critiques qui n'ont voulu voir qu'une plaisanterie dans l'ouvrage entier [1]. Là est aussi ce que Voltaire ne voulait pas admettre, ce qu'il a maintes fois repoussé par les hypothèses les plus hasardées [2].

À peine est-il nécessaire de rappeler auquel des deux, de Telliamed ou de son contradicteur, la science moderne a donné raison [3].

---

1 Flourens, *Examen du livre de M. Darwin sur l'origine des espèces,* 1864.
2 On sait que Voltaire expliquait la présence des coquilles fossiles par le voisinage de quelque étang, par le passage des pèlerins se rendant à Rome et qui les auraient perdues en chemin, par le grand nombre d'escargots qu'on rencontre dans la campagne. (*Dictionnaire philosophique,* article Coquilles.) Ailleurs, pour rendre compte de l'existence de poissons fossiles signalés dans la Hesse et dans les Alpes, il suppose que ces poissons, « apportés par un voyageur, s'étant gâtés, furent jetés et se pétrifièrent dans la suite des temps ». (*Dissertation sur les changements arrivés dans notre globe.*) Ces idées préconçues, et qu'il soutenait au nom de la philosophie, le conduisirent à ne pas voir des fossiles même dans les faluns de la Touraine, où ils sont si abondants.
3 Il est d'ailleurs bien entendu que je n'attribue pas à l'auteur de *Telliamed* l'honneur d'avoir le premier compris la nature et l'origine des fossiles marins. Sans remonter jusqu'aux philosophes grecs ou au moyen âge, et ans sortir de notre pays, personne

Elle n'a pu, il est vrai, accepter la conséquence immédiate que de Maillet tirait de l'existence des coquilles pétrifiées. Elle n'admet pas avec lui que la terre doive son relief actuel presque uniquement à la mer, et que l'apparition des continents soit due à l'évaporation ; mais qu'on se reporte à un siècle et demi en arrière, qu'on se rappelle qu'à cette époque la géologie n'était pas même née, et cette erreur paraîtra bien excusable.

Il reste à peupler cette mer d'abord presque universelle, ainsi que les terres qu'elle a laissées a découvert en se retirant peu à peu. Ici encore de Maillet ne s'écarte pas trop d'abord des idées qui ont été ou qui sont même encore admises dans la science sérieuse. La doctrine de l'emboîtement ou tout au moins de la préexistence des germes a longtemps régné presque sans partage. Réaumur n'en professait pas d'autre, et dans un de ses derniers écrits Cuvier déclarait que « les méditations les plus profondes comme les observations les plus délicates n'aboutissent qu'au mystère de cette doctrine » [1]. À part l'étrange origine qu'il leur attribue, de Maillet, avec ses semences, n'est donc pas trop loin des vrais savants.

On peut suivre encore notre auteur, dans la manière dont il comprend le développement de ces germes. Ils n'éclosent pas tous à la fois, et la provision n'en est pas épuisée. Les espèces animales et végétales n'ont point paru toutes en même temps. À mesure que les mers baisseront, à mesure que naîtront des circonstances favorables, il en surgira de nouvelles. Cette manière de comprendre l'apparition successive des êtres organisés s'accorde assez bien avec les faits, et se rapproche à certains égards des idées émises récemment encore par quelques-uns des hommes les plus autorisés [2].

Malheureusement Telliamed complique bientôt sa doctrine comme a plaisir, et entre dans l'ordre d'idées qui lui a valu sa triste réputation. L'existence et la variété des germes une fois admises, il ne tenait qu'a lui de trouver dans ces semences l'origine directe

---

n'ignore que Bernard Palissy ne s'était pas mépris sur ce point, et que notre illustre *potier de terre* avait trouvé aux portes mêmes de Paris une partie de ses preuves.

1 *Règne animal,* 2e édition, *Introduction.* On sait qu'aujourd'hui la doctrine de l'épigenèse est généralement adoptée.

2 Je ne puis, précisément à cause du but de ce travail, entrer dans de plus longs détails sur ce que l'ouvrage de de Maillet renferme de plus scientifique. Je renvoie donc le lecteur au livre lui-même ou à l'excellente analyse qu'en a donnée M. d'Archiac. (*Cours de paléontologie stratigraphique,* t. I.)

de toutes les espèces vivantes. Au lieu d'adopter cette hypothèse simple et naturellement indiquée, il affirme que les germes primitifs n'engendrent que des espèces marines, et que de celles-ci descendent par voie de transformation toutes les espèces terrestres et aériennes, l'homme compris. Quand il s'agit des plantes, le philosophe indien semble regarder le problème comme facile. « Aussitôt qu'il y eut des terrains, dit » Telliamed, il y eut certainement des vents et des pluies » qui tombèrent sur les premiers rochers. » Les premiers ruisseaux coulèrent, et, à mesure que la mer se retirait, se transformèrent en rivières ou en fleuves. Ceux-ci entraînèrent jusqu'à la mer les matériaux enlevés aux continents récemment émergés, et amoncelèrent sur ces plages nouvelles « un limon plus doux » sur lequel les herbes marines « vinrent perdre leur amertume et leur âcreté » ; elles commencèrent ainsi à se *terrestriser*. La mer continuant à baisser, elles finirent par rester à sec, complétèrent leur métamorphose sous l'empire de ces conditions impérieuses, et se trouvèrent changées en espèces franchement terrestres.

L'auteur avoue, il est vrai, que « les naturalistes prétendent que le passage des productions de la mer en celles de la terre n'est pas possible ; mais, ajoute-t-il, puisque toutes les mers produisent une infinité d'herbes différentes, même bonnes à manger, *pourquoi ne croirions-nous pas* que la semence de ces choses a donné lieu » à celles que nous voyons sur la terre et dont nous faisons notre nourriture ? » Il cite deux ou trois exemples à l'appui de sa proposition, et conclut en disant : « C'est ainsi, *j'en suis persuadé,* que la terre se revêtit d'abord d'herbes et de plantes que la mer enfermait dans ses » eaux. »

La transformation des animaux marins en animaux fluviatiles ne présente aucune difficulté à l'esprit de Telliamed. Aussi l'indique-t-il comme en passant, et se borne-t-il à faire observer qu'en pénétrant dans les rivières, la carpe, la perche, le brochet de mer, ont subi seulement quelques légères modifications dans la forme et le goût.

Quand il en arrive aux espèces aériennes, il sent la nécessité de multiplier ses arguments. Il insiste sur l'humidité des couches d'air placées au-dessus de l'eau, surtout dans les régions boréales ; il signale l'existence des êtres analogues qui peuplent le fond de la mer et le sol des continents, les eaux et l'atmosphère ; il montre les oiseaux et les poissons présentant dans leurs mœurs, dans leurs allures, et jusque dans les riches couleurs qui les décorent, des ressemblances qu'il est naturellement entraîné à exagérer. « La transformation d'un ver à soie ou d'une chenille en un papillon, dit-il, serait mille fois plus difficile à croire que celle des poissons en oiseaux, si cette métamorphose ne se faisait chaque jour à nos yeux... La semence de ces mêmes poissons, portée dans des marais, *peut* aussi avoir donné lieu à une première transmigration de l'espèce du séjour de la mer en celui de la terre. Que cent millions aient péri sans avoir pu en contracter l'habitude, il suffit que deux y soient parvenus pour avoir donné lieu à l'espèce. »

Les poissons volants fournissent à l'auteur un exemple sur lequel il insiste d'une manière toute spéciale : « Entraînés par l'ardeur de la chasse ou de la fuite, emportés par le vent, *ils ont pu,* dit-il, tomber à quelque distance du rivage dans des roseaux, dans des herbages, qui leur fournirent quelques aliments tout en les empêchant de reprendre leur vol vers la mer. Alors, sous l'influence de l'air, les nageoires se fendirent, les rayons qui les soutiennent se transformèrent en plumes dont les membranes » desséchées formèrent les barbules ; la peau se couvrit de duvet, les nageoires ventrales devinrent des pieds ; le corps se modela, le cou, le bec s'allongèrent, et le poisson se trouva devenu un oiseau. »

Rien de plus simple pour Telliamed que la transformation des espèce marines rampantes en reptiles aériens. Ne voit-on pas ces derniers, vivre dans l'eau presque aussi facilement que sur la terre ? Les mammifères sont plus embarrassants. Cependant l'auteur cite rapidement les ours marins, les éléphants de mer, puis il donne quelques détails sur les phoques. Après avoir rappelé leurs habitudes et affirmé qu'on a vu ces animaux vivre plusieurs jours à terre, il ajoute : « *Il n'est pas impossible* qu'ils s'accoutument à y vivre toujours par la suite, par l'impossibilité même de retournera la mer. C'est ainsi sans doute que les animaux terrestres ont passé du séjour des eaux à la respiration de l'air. » Enfin arrivé aux groupes humains, Telliamed les regarde comme autant d'espèces distinctes formées de la même manière. Il réunit toutes les prétendues histoires d'hommes marins, et en conclut que nous aussi nous devons chercher dans la mer nos premiers ancêtres.

En résumé, de Maillet partage les êtres organisés en deux grands groupes, l'un aquatique et marin, l'autre aérien et terrestre. Partout le premier a engendré le second. La filiation est directe, chaque espèce marine donnant naissance à l'espèce terrestre correspondante. La transformation est le plus souvent analogue à la métamorphose de la chenille en papillon ; elle se manifeste alors chez un être déjà tout formé. Elle peut avoir lieu aussi parfois par suite du transport des œufs, qui, pondus par un animal marin, mais exposés à l'air, donnent naissance à des individus terrestres. Quelques espèces vivant presque indifféremment à l'air et dans l'eau peuvent, semble croire notre auteur, être considérées comme des « intermédiaires momentanés » entre les deux mondes ; mais dans aucun cas l'*hérédité* n'intervient dans ces phénomènes. La métamorphose s'accomplit dans l'individu, et celui-ci transmet à ses descendants les nouveaux caractères acquis de toutes pièces. Cette conception établit entre ce système de Telliamed et d'autres théories dont on a voulu le rapprocher une différence radicale.

Pour notre auteur, la transformation des êtres s'opère toujours sous l'empire de la *nécessité,* imposée par ce que nous appellerions aujourd'hui le *milieu,* et de *l'habitude,* qui façonne rapidement l'organisme. Elle est d'ailleurs la conséquence des changements subis par le globe lui-même. Le développement des êtres organisés marins a commencé peu après que les montagnes les plus élevées eurent été mises à sec ; celui des espèces terrestres date seulement d'une époque à laquelle les continents étaient à peu près ce qu'ils sont aujourd'hui. Ce développement est successif ; il dure encore, il se continuera dans l'avenir. À mesure que les mers baisseront davantage, les flores, les faunes marines et terrestres s'enrichiront de plus en plus. Nulle part, d'ailleurs, de Maillet ne donne à entendre que les espèces marines varient tant qu'elles restent dans leur premier élément, pas plus qu'il ne parle de changements survenus dans les espèces terrestres après la grande métamorphose qui en a changé la nature.

Tel est le système que, sur les instances de Fontenelle [1], de Maillet joignit à ses sérieuses études de géologie et de paléontologie. A

1 Ce fait est affirmé par l'abbé Lemascrier *[Vie de M. de Maillet)*, qui trouve avec raison que ce fut *gâter l'ouvrage.* Le secrétaire montre ici plus de jugement que l'auteur. Et pourtant il faut bien avouer que si le nom de Maillet n'est pas complètement oublié, il le doit précisément à ce qu'il y a de mauvais dans le livre.

Jean-Louis Armand de Quatrefages

tout prendre et à tenir compte de la date, il n'était pas mal conçu. L'auteur partait de faits matériels bien observés et d'une interprétation de ces faits au moins plausible à une époque où la théorie des soulèvements était loin de tous les esprits ; il s'appuyait sur une doctrine professée par les maîtres de la science ; il n'ajoutait qu'une hypothèse, celle de la *transmutation des espèces*. A l'appui de cette hypothèse, il n'invoquait guère que des arguments difficiles à réfuter, précisément à cause de ce qu'ils avaient de vague ; mais cela même dut séduire la plupart de ces esprits faciles à contenter, qui veulent avant tout qu'on leur explique l'inexplicable.

Il en est tout autrement pour quiconque se rend quelque peu compte de sa façon de raisonner. J'en ai cité quelques exemples. Au fond on n'y trouve guère que des rapprochements hasardés, des assertions gratuites, des appels à la *possibilité*. À se contenter de raisons pareilles, on est bien certain de ne jamais rester à court. Quelqu'un a-t-il jamais constaté la réalité de ces migrations d'un élément à l'autre, de ces brusques transformations ? Non certes, et Telliamed en convient tout le premier. Mais il répond qu'elles ne s'accomplissent que dans le voisinage des pôles ou dans des lieux tout aussi déserts. Voilà pourquoi selon lui elles n'ont pas encore eu de témoins. Elles n'en sont pas moins réelles, dit-il, car chaque jour on découvre en Europe, en France même, des espèces jusquelà inconnues. Or, comment admettre qu'elles aient pu échapper si longtemps à l'observation ? — Que répondre ? et comment réfuter un adversaire qui argué de ses convictions personnelles et invoque jusqu'à l'ignorance comme une preuve en sa faveur ?

C'est ce que fait à chaque instant Telliamed, entraîné par l'esprit de système bien loin de son point de départ et de sa méthode première. Il avait commencé par constater et étudier des faits vrais dont il comprit, mieux que la plupart de ses contemporains, l'importance et la signification précises ; il les avait coordonnés d'une manière assez rationnelle, et ce travail lui assignait un rang honorable parmi les savants de son temps. Non content d'avoir compris l'enchaînement des phénomènes, il voulut remonter à leur cause première et les expliquer. Ici l'expérience et l'observation lui faisaient défaut ; il les remplaça par l'hypothèse et l'imagination. Voilà comment un livre « commencé avec « toute la sévérité des méthodes scientifiques » [1] aboutit à des conceptions qu'on ne songe même plus à combattre.

ROBINET [2]

Un autre auteur dont le nom a été prononcé quelquefois dans la discussion des idées dont il s'agit ici, et qui ne le méritait guère, est Robinet. Cuvier le cite avec une sorte d'indignation en répondant à Lamarck [3]. Flourens se borne à le mentionner dans le livre qu'il a consacré à l'examen de la théorie de Darwin. Ces dédains sont certainement justifiés. Pour quiconque entend rester fidèle à la véritable science, Robinet est avant tout un rêveur qui croit pouvoir résoudre tous les problèmes possibles en vertu de quelques idées à priori présentées comme autant de principes indiscutables. Je ne le suivrai pas dans les détails d'un système qui embrasse l'ensemble des choses, je me bornerai à indiquer la manière dont il conçoit la nature, l'origine des êtres, y compris celle de l'homme.

Robinet distingue Dieu du monde, la nature incréée de la nature créée [4]. Celle-ci est un tout continu, formé d'existences variées ne laissant place à' aucune lacune, à aucune interruption. La nature ne va jamais par sauts, dit-il avec Leibnitz et Bonnet ; et cette loi de continuité, qu'il poursuit jusque dans ses conséquences les plus extrêmes, le conduit tout d'abord à nier la distinction entre la matière brute et la matière organisée. Pour lui, toute matière est vivante. Elle est entièrement composée de germes d'où proviennent toutes choses, les corps que nous appelons bruts comme les êtres organisés et vivants. La génération n'a d'autre but que de placer un certain nombre de ces germes dans des conditions favorables de développement. Quand un germe se développe, il ne fait que s'adjoindre

---

1 D'Archiac.

2 J. B. René Robinet, né à Rennes en 1735, mort dans la même ville en 1820. Les écrits qui lui ont valu une réputation passagère parurent en Hollande, où il habita quelques années. Avant de mourir, Robinet rétracta les opinions qu'il avait long-temps soutenues.

3 *Dictionnaire des sciences naturelles,* art. Nature.

4 *De la nature* (1766) ; — *Considérations philosophiques sur la gradation naturelle des formes de l'être, ou les Essais de la nature qui apprend à faire l'homme* (1768). Cuvier et Flourens ne citent que ce dernier ouvrage ; mais, pour se rendre un compte exact des opinions de Robinet, il est nécessaire de connaître le premier.

les germes voisins, dont il compose la substance de l'être complet, et auxquels il rend la liberté quand cet être meurt. Ces germes sont capables de réaliser toutes les formes possibles, dont ils sont le raccourci ; mais ils sont au fond de même nature, car, s'il en était autrement, il y aurait un de ces sauts qu'on ne saurait admettre. Par conséquent, il n'existe en réalité qu'un seul règne, et ce règne est le règne animal. Tout dans l'univers relève de l'animalité, les plantes, les minéraux et même les éléments admis par les anciens. La terre, le soleil, les astres, sont autant d'animaux immenses dont la nature nous échappe à raison de leur étendue et de la forme sous laquelle *l'être* s'est ici réalisé.

Dans ce règne universel, et toujours en vertu de la loi de continuité, il ne peut exister que des individus. *L'espèce* des naturalistes n'est qu'une illusion tenant à la faiblesse de nos organes. Incapables de saisir les différences minimes qui seules séparent l'un de l'autre les anneaux de l'immense chaîne, nous comprenons sous la dénomination d'espèce la collection des individus qui possèdent une somme de différences appréciables pour nous. Les idées de genres, de classes, de règnes, sont nées de la même manière, et n'ont en réalité rien de plus fondé. La preuve en est dans les dissentiments qui ont séparé et séparent les naturalistes, dans la difficulté qu'ils éprouvent à s'entendre sur la délimitation des groupes, dans la découverte journalière d'êtres intermédiaires venant combler les lacunes apparentes. S'il en reste encore un certain nombre, la science à venir les fera disparaître. Toutes les formes sont d'ailleurs transitoires. Jamais la nature ne se répète ; et, d'un bout à l'autre du grand tout, règnent sans cesse le mouvement, la variation, le changement. « Il pourra y avoir un temps auquel il n'y ait pas un seul être conformé comme ceux que nous voyons à cet instant de la durée des choses. »

Le monde matériel ou visible n'est en réalité qu'un ensemble de phénomènes déterminés par le monde invisible résultant de la collection des forces naturelles. Dans ces deux mondes, la loi de continuité veut qu'il y ait également progression. « Les forces s'engendrent à leur manière, » comme les formes matérielles. » Dans la constitution du tout, la nature n'a pu procéder que du simple au composé. Il suit de là que tous les êtres ont dû avoir pour point de départ un *prototype* formé par l'union de la force et de la forme réduites à leur état élémentaire. L'échelle universelle des êtres résulte du progrès nécessaire de cet élément premier. Or, le progrès s'accuse surtout par l'activité de plus en plus marquée, par la prédominance croissante de la force sur la matière. Des minéraux aux végétaux, des végétaux aux animaux et de ceux-ci à l'homme, la progression est frappante. Elle ne s'arrête pas là. « Il peut y avoir, dit Robinet, des formes plus subtiles, des puissances plus actives que celles qui composent l'homme. La force pourrait bien encore se défaire insensiblement de toute matérialité pour commencer un nouveau monde… ; mais, ajoute-t-il, nous ne devons pas nous égarer dans les vastes régions du possible. »

Nous avons déjà vu Robinet oublier bien souvent, cette sage maxime, et c'est au moment même où il vient de la tracer qu'il lui est le plus infidèle. Abandonnant le monde des forces pures, il revient sur notre globe et s'arrête à l'homme. Il voit en lui le chef-d'œuvre de la nature. Mais celle-ci, « visant au plus parfait, ne pouvait cependant y parvenir que par une suite innombrable d'ébauches ». À ce point de vue, « chaque variation du prototype est une sorte d'étude de la forme humaine que la nature méditait. » Ce n'est pas seulement l'orang-outan, d'ailleurs « plus semblable à l'homme qu'à aucun animal », qui doit être regardé comme une tentative faite pour réaliser ce terme final ; ce n'est pas seulement le cheval et le chêne ; ce sont encore les minéraux et surtout les fossiles. La preuve, selon Robinet, c'est qu'on trouve « des pierres qui représentent le cœur de l'homme, d'autres qui imitent le cerveau, le crâne, un pied, une main… » Le règne animal, le règne végétal, lui fournissent des faits analogues. À ces essais partiels succèdent des tentatives d'ensemble. Ici Robinet en arrive aux hommes marins, aux hommes à queue. Il passe ensuite en revue les principales populations humaines, et signale comme les plus belles les Italiens, les Grecs, les Turcs, les Circassiens. Là n'est pas toutefois le terme de la perfection. Jusqu'ici les sexes ont été séparés ; mais les essais d'hermaphrodisme déjà tentés chez nous par la nature marquent suffisamment le but qu'elle veut atteindre. Un temps viendra où l'homme réunira les attributs et les beautés diverses de Vénus et d'Apollon. Alors peut-être aura-t-il atteint le plus haut degré de la beauté humaine.

Nous ne nous arrêterons pas à discuter ces fantaisies, elles suggèrent pourtant quelques réflexions. Sans avoir vu et étudié par lui-même comme de Maillet, Robinet n'en possédait pas moins un savoir assez étendu en histoire naturelle. Il connaissait les écrits des naturalistes du temps : il invoque à l'appui de ses dires un certain nombre de faits bien réels. Comment donc s'est-il égaré au point que nous avons vu ? C'est qu'il s'est laissé entraîner par la métaphysique, et a subordonné l'observation à la théorie. De l'animal au végétal, de celui-ci au minéral, il ne peut, affirme-t-il, y avoir la moindre lacune, le moindre saut. Les deux premiers sont organisés et vivants, donc les derniers doivent l'être également. Pour ne pas être accessible à nos moyens de recherches, l'organisation des fossiles n'en existe pas moins. Il est vrai que « l'analogie est au-delà de nos sens ». Qu'importe ? « C'est outrager la nature que de renfermer la réalité de l'être dans la sphère étroite de nos sens ou de nos instruments. » En d'autres termes, l'intelligence doit, une fois le principe posé, se passer de l'expérience et de l'observation. — Nous sommes, on le voit, bien loin de la méthode scientifique.

Considéré au point de vue qui nous intéresse surtout, Robinet admet l'existence de germes se développant successivement en procédant du simple au composé. Les êtres ainsi réalisés forment une chaîne continue dont l'anneau inférieur est un prototype de la plus grande simplicité possible. L'homme est pour le moment le dernier terme de la série ; mais un être plus parfait, plus complet, peut très-bien le détrôner au premier jour. Toutefois cet être humain ne dérivera pas de l'homme actuel. C'est là une des conceptions les plus singulières de l'auteur et qui a été généralement mal comprise. Dans le système de Robinet, tout rapport de filiation est impossible. Pour lui, il n'existe pas d'espèces. Il existe seulement des individus produits — d'une manière absolument indépendante — au moyen de germes pris directement dans le fonds commun préparé par la nature. A proprement parler, il n'y a donc pas de *génération*. On peut presque dire qu'il n'y a ni père ni mère. C'est la nature qui a produit de tout temps et qui produit sans cesse tous les intermédiaires existants du prototype à l'homme ; c'est elle qui apparaît seule comme la grande *aima parens rerum*.

Évidemment cette conception est aussi opposée que possible aux idées de de Maillet, qui admet des germes d'espèces, l'existence de celles-ci et la transformation directe, individuelle, d'un poisson en oiseau, d'un ver marin en ver de terre, qui, à mesure qu'ils apparaissent, peuplent les continents par voie de filiation immédiate. On s'est donc trompé lorsqu'on a associé au point de vue des systèmes Robinet et de Maillet. Surtout on s'est complètement mépris lorsqu'on a placé le premier au nombre des philosophes qui ont cherché l'origine des êtres actuellement vivants dans les modifications de ceux qui les ont précédés.

BUFFON [1]

Dans un travail publié il y a quelques années [2], j'ai indiqué comment notre grand naturaliste, après avoir cru d'abord à l'invariabilité absolue de l'espèce, était passé subitement à l'extrême opposé. Pendant cette seconde phase de son évolution intellectuelle, Buffon admit non-seulement la variation, mais même la mutation et la dérivation des espèces animales. Les groupes composés d'espèces plus ou moins voisines lui apparaissaient alors comme ayant eu une souche principale commune de laquelle « seraient sorties des tiges différentes et d'autant plus nombreuses, que les individus dans chaque espèce sont plus petits et plus féconds ». Il a fait l'application de cette idée aux espèces du genre cheval connues de son temps ; il l'a appliquée aux grands chats du nouveau monde, le jaguar, le couguar, l'ocelot, le margai, qu'il rapproche de la panthère, du léopard, de l'once, du guépard et du serval de l'ancien continent. « On pourrait croire, ajoute-t-il, que ces animaux ont eu une origine commune. » Et pour expliquer la distinction actuelle, il remonte à l'époque où les deux continents se sont séparés. Il dit encore que les deux cents espèces dont il a fait l'histoire « peuvent se réduire à un assez petit nombre de familles ou souches principales desquelles il n'est pas impossible que toutes les autres soient

---

1 Georges-Louis Leclerc, comte de Buffon, né à Montbard en 1707, mort à Paris en 1788. Il est presque inutile de rappeler ici que c'est là un des plus grands noms de la science moderne. On a parfois contesté la valeur de l'œuvre de Buffon ; mais son livre, fruit d'un travail incessant poursuivi pendant un demi-siècle, n'en reste pas moins un des plus magnifiques et des plus sérieux monuments du genre humain. (*Histoire naturelle générale et particulière, avec la description du cabinet du Roi*, 1749-1769.)

2 *Unité de l'espèce humaine.* Isidore Geoffroy Saint-Hilaire avait déjà insisté sur ce point d'histoire scientifique. (*Histoire naturelle générale des règnes organiques*, t. II.)

Jean-Louis Armand de Quatrefages

issues ». Enfin, de la discussion détaillée de ces souches premières faite à ce point de vue, il conclut que le nombre en peut être estimé à trente-huit [1].

Certes Buffon à cette phase de sa carrière aurait mérité de figurer dans l'historique de Darwin. Mais on sait qu'après avoir, pour ainsi dire, exploré les deux doctrines extrêmes et contraires, ce grand esprit s'arrêta plus tard à des convictions qu'il conserva définitivement. L'espèce ne fut plus à ses yeux ni *immobile,* ni *mutable.* Il reconnut que, tout en restant inébranlables en ce qu'ils ont d'essentiel, les types spécifiques peuvent se réaliser sous des formes parfois très-différentes. En d'autres termes, il joignit à l'idée bien arrêtée de *l'espèce* l'idée non moins nette, non moins précise, de la *race.* Dans cette distinction fondamentale se retrouve l'empreinte du génie revenant à la vérité, éclairé par ses erreurs mêmes.

Buffon appliqua d'ailleurs à la formation des races la doctrine par laquelle il avait expliqué auparavant les altérations de l'espèce. « La température du climat, la qualité » de la nourriture et les maux de l'esclavage restèrent pour lui les causes déterminantes des modifications subies par les animaux : il trouva dans le monde extérieur la cause unique et immédiate de ces modifications. Nulle part il ne donne à entendre que l'être réagisse d'une manière quelconque, et vienne par lui-même en aide à l'action qui s'exerce sur lui. Ici Buffon fut évidemment incomplet. Mais il n'en eut pas moins le mérite de formuler nettement le premier les bases de la théorie des actions exercées parle milieu, et d'appeler l'attention sur l'influence de la domesticité.

LAMARCK [2]

Lamarck fut d'abord le disciple de Buffon, le familier de sa maison ; il entra à l'Académie des sciences l'année même où parut le dernier volume de l'*Histoire naturelle* (1779). Nous n'avons pas à montrer ici combien étaient mérités cet accueil et cette récom-

---

1 *Œuvres de Buffon : De la dégénération des animaux.*
2 Jean-Baptiste-Pierre-Antoine Monet, chevalier de Lamarck, né à Bargentin en 1744, mort à Paris en 1829. La nature de ce livre me force à combattre presque toujours les idées de ce grand naturaliste. Je dois d'autant plus rappeler que, par ses écrits de science positive, Lamarck a mérité d'être appelé le *Linné français.*

pense, non plus qu'à insister sur les mérites éminents du naturaliste. Ses études théoriques sur l'origine et la filiation des espèces doivent seules nous occuper.

Sur ce sujet, Lamarck a reflété les deux premières phases de son maître ; mais il s'est arrêté à la seconde. Il en avait accepté l'idée fondamentale, et la poursuivit jusque dans ses conséquences les plus extrêmes à l'aide de ses conceptions propres. En outre, doué d'un esprit à la fois méthodique et spéculatif, il céda à la tentation d'expliquer les phénomènes du monde organique en les rattachant à des idées philosophiques générales [1]. Par là, il faut le reconnaître, il se rapprocha de de Maillet et de Robinet. Toutefois il ne toucha pas aux problèmes cosmogoniques ; et son système, en ce qui nous intéresse, n'a aucun rapport avec celui du second, pas plus qu'avec les hypothèses du premier.

Après quelques généralités sur ce qu'on appellerait aujourd'hui la méthode naturelle, Lamarck se demande ce que sont les *espèces,* ces groupes élémentaires des deux règnes organiques. Il rappelle les incertitudes de la science et la difficulté qu'éprouvent souvent les naturalistes à caractériser les espèces voisines ; il insiste sur le grand nombre des « espèces douteuses », c'est-à-dire de celles qu'on ne peut distinguer nettement des races ou des variétés. Il revient à diverses reprises sur la gradation que présente l'ensemble des espèces et des types, De ces faits empruntés d'abord aux animaux et aux végétaux sauvages, il conclut que l'espèce en général ne possède pas la constance absolue qu'on lui attribue d'ordinaire [2]. Dans un chapitre spécial, il revient sur cette conclusion, et invoque les exemples de variation si nombreux, si frappants, que présentent les espèces domestiques. Il cite en particulier nos poules et nos pigeons [3]. Il montre les conséquences pratiques de ces faits au point de vue de l'étude et des classifications, puis il cherche à les expliquer.

Très-expressément et à diverses reprises, Lamarck, si souvent ac-

---

1 Lamarck a développé ses idées à plusieurs reprises dans plusieurs publications. Il les a surtout développées dans trois ouvrages dont voici les titres : *Philosophie zoologique* (1809) ; *Introduction de l'Histoire naturelle des animaux sans vertèbres* (1815) ; *Système des connaissances positives* (1820).
2 *Philosophie zoologique,* chap. III, et *Introduction.*
3 *Philosophie zoologique,* chap. VII, et *Introduction.*

cusé d'athéisme, proclame l'existence de Dieu [1]. Mais il distingue le Créateur de la *nature,* et celle-ci de l'*univers.* Ce dernier est l'ensemble inactif et sans puissance propre de tous les êtres physiques et passifs, « c'est-à-dire de toutes les matières et de tous les corps qui existent ». La nature au contraire est une puissance active, inaltérable dans son essence, constamment agissante sur toutes les parties de l'univers, mais dépourvue d'intelligence et assujettie à des lois. En d'autres termes, Lamarck admet l'existence d'une matière inerte et de forces. Ces dernières sont les véritables causes de tous les phénomènes. Parmi ces forces, il en est de subordonnées et qui naissent des puissances supérieures. Lamarck place la vie parmi ces forces dépendantes, « instituées par la puissance générale ». Pour lui, la vie naît et s'éteint avec les corps qui ont été son domaine ; elle n'est qu'un effet particulier plus ou moins passager, plus ou moins durable, des actions exercées par ce que nous appelons aujourd'hui les forces physico-chimiques ; et celles-ci seules ont peuplé le globe primitivement désert, en déterminant les *générations spontanées.*

Voici comment Lamarck explique le mécanisme de ces créations exclusivement dues aux forces générales.

L'attraction a formé dans les eaux du vieux monde, et forme journellement dans celles du monde actuel, de très-petits amas de matières gélatineuses ou mucilagineuses. Sous l'influence de la lumière, les *fluides subtils* (calorique, électricité) pénètrent ces petits corps. En vertu de l'action répulsive qu'ils exercent, ils en écartent les molécules, y creusent des cavités, en transforment la substance en un *tissu cellulaire* d'une délicatesse infinie. Dès lors ces corpuscules sont capables d'absorber et d'exhaler les liquides et les gaz ambiants. Le mouvement vital commence ; et, selon la composition de la petite masse primitive, on a un végétal ou un animal élémentaire, un byssus ou un infusoire. Peut-être même des êtres bien plus élevés prennent-ils naissance par le même procédé direct. N'est-il pas présumable, dit Lamarck, qu'il en est ainsi pour les vers intestinaux ? Pourquoi les choses ne se passeraient-elles

---

1 « On a pensé que la nature était Dieu même.., Chose étrange ! on a confondu la montre avec l'horloger, l'ouvrage avec son auteur ; assurément, cette idée est inconséquente. » *{Histoire naturelle des animaux sans vertèbres, Introduction.)* — « Elle (la nature) n'est en quelque sorte qu'un intermédiaire entre Dieu et les parties de l'univers physique pour l'exécution de la volonté divine. » *(Ibid.)*

pas de même pour des mousses, pour des lichens ?

Si le naturaliste, partant des êtres élémentaires directement engendrés par la nature, considère l'ensemble des animaux ou des végétaux, il reconnaît bien vite que d'un groupe à l'autre l'organisation s'élève par degrés et se perfectionne en se compliquant. Toutefois — et Lamarck insiste sur ce point avec une certaine vivacité — ce fait général n'est vrai qu'à la condition de procéder par grandes coupes. En réalité, il n'existe rien de semblable à l'échelle rigoureusement graduée qu'ont admise Leibnitz, Bonnet et d'autres philosophes ou naturalistes, Les animaux sont parfaitement distincts des végétaux, et chacun de ces règnes, étudié isolément, ne représente pas une série unique. Tous les deux ont, il est vrai, le même point de départ : dans l'un et dans l'autre, l'organisation, d'abord d'une simplicité extrême, s'est complétée par des moyens analogues ; mais chez tous les deux le développement régulier, normal, a été troublé par des circonstances accidentelles. De là proviennent des lacunes, des irrégularités portant tantôt sur la forme extérieure, tantôt sur l'organisation interne, et qu'on a eu tort de nier.

Toutefois, dans les familles, dans les genres et surtout dans les espèces, la loi générale se reconnaît d'une manière évidente, et de là même résultent les difficultés que le naturaliste rencontre à chaque pas dans la délimitation de ces groupes. Chaque jour d'ailleurs on découvre de nouveaux *intermédiaires* entre les types qu'on avait pu croire nettement séparés. C'est ainsi que les monotrèmes (ornithorynque, échidné) viennent de réunir aux mammifères les reptiles et les oiseaux [1].

Comment expliquer un pareil état de choses ? Lamarck répond à cette question par le *pouvoir de la nature*. C'est elle qui a tout produit. Or « il est évident, dit-il, qu'elle n'a pu produire et faire exister à la fois tous les animaux..., car elle n'opère rien que graduellement, que peu à peu ; et même ses opérations s'exécutent relativement à notre durée individuelle avec une lenteur qui nous les rend insensibles [2]. » Les êtres élémentaires, formés de toutes pièces par l'action des forces physiques, et ayant, grâce à elles, reçu la première étincelle de vie, se sont développés et se développent encore journellement ; la génération spontanée des proto-organismes date des

---

1 La découverte de ces types de transition était en effet assez récente.
2 *Histoire naturelle des animaux sans vertèbres, Introduction.*

Jean-Louis Armand de Quatrefages

premiers jours du globe, et est tout aussi active aujourd'hui que jamais. Ce sont ces proto-organismes qui ont donné naissance à tous les êtres que renferment le règne animal et le règne végétal, et les espèces les plus élevées en descendent par voie de filiation, de dérivation.

La nature dispose en maîtresse de la matière, de l'espace et du temps pour accomplir cette genèse des êtres. Mais à son tour elle est soumise à des lois. Les principales sont au nombre de quatre, et Lamarck les énonce en les étayant de considérations où se trouvent formulés les principaux points de sa doctrine. Nous ne saurions trop appeler l'attention du lecteur sur les principes posés ici par le naturaliste français.

La première de ces lois est que la vie, par ses propres forces, « tend continuellement à accroître le volume de tout corps qui la possède et à étendre les dimensions de ses parties jusqu'à un terme qu'elle amène elle-même ». Ce terme est la mort, suite naturelle de la vie. Mais avant qu'elle ait frappé même le petit corps gélatineux que nous avons vu naître par génération spontanée, celui-ci a été le siège de mouvements qui l'ont développé, grandi et déjà quelque peu modifié en bien.

Ce premier progrès, d'abord tout individuel, n'est que le premier pas fait dans la voie de perfectionnement que vont parcourir les descendants du corpuscule primitif, grâce à une autre loi placée par Lamarck au dernier rang, mais qui mérite de prendre place ici. « Tout ce qui a été acquis, dit-il, tracé ou changé dans l'organisation des individus pendant le cours de leur vie, est conservé par la génération et transmis aux nouveaux individus qui proviennent de ceux qui ont éprouvé ces changements. »

On comprend toute l'importance de cette loi, en vertu de laquelle les moindres modifications, accumulées de génération en génération, finissent par produire les changements les plus variés et les plus frappants. Lamarck en a fait ressortir toutes les conséquences essentielles.

Je me borne pour le moment à faire remarquer que l'action de l'hérédité telle que Lamarck l'a comprise n'est pas même indiquée par Telliamed, et qu'elle est en opposition absolue avec les idées fondamentales que Robinet professe sur la nature de la matière et des germes. J'ajouterai encore que, dans les idées de Lamarck, le *temps* intervient comme élément indispensable. Les modifications organiques sont graduelles, très-lentes ; et, pour devenir sensibles, elles exigent des périodes dont la longueur échappe à notre observation. Sous tous ces rapports, la *Philosophie zoologique* présente le contraste le plus frappant avec les enseignements de Telliamed, qui admet les métamorphoses individuelles et brusques.

Quelque insensibles et gradués que soient les changements, encore faut-il qu'ils soient déterminés par une cause et produits par certains procédés. La seconde loi de Lamarck répond à ces deux questions. « La production d'un nouvel organe dans un corps animal, dit cette loi, résulte d'un nouveau besoin qui continue à se faire sentir et d'un nouveau mouvement que ce besoin fait naître et entretient. »

Ici Lamarck se rapproche de Telliamed autant que le permettent les différences fondamentales des deux doctrines. Les *besoins* dont il parle ressemblent beaucoup à la *nécessité* invoquée par le philosophe indien pour motiver la transmutation d'un poisson volant en oiseau. Seulement le naturaliste français fait toujours intervenir le temps et un nombre indéterminé, mais fort considérable, de générations. Il parle aussi très-souvent de l'influence exercée par les circonstances, par le milieu, et l'on pourrait croire qu'il attribue au monde extérieur le pouvoir de modifier directement la formation et l'organisation des êtres. Lamarck se rapprocherait par là de Buffon ; mais il prend soin de prémunir lui-même le lecteur contre une assimilation poussée trop loin. Pour lui, si les conditions d'existence agissent sur les êtres vivants, c'est seulement parce que d'elles dépendent les besoins, et que la nécessité de satisfaire à ces besoins entraîne des *habitudes* [1].

Déjà nous avons vu de Maillet exprimer à peu près la même pensée ; mais Lamarck l'a développée, ou mieux l'a modifiée de manière à se l'approprier. Pour lui, *l'habitude* est le procédé général mis en œuvre par la nature pour transformer les animaux. Il résume ses vues à cet égard dans cette dernière loi : « Le développement et la force d'action des organes sont constamment en raison de l'emploi de ces organes. » De cette proposition essentiellement physiologique, il résulte que l'exercice doit fortifier les appareils de

1 *Philosophie zoologique,* chap. VII.

l'organisme, tandis que le repos tend nécessairement à en amener l'amoindrissement d'abord, l'annihilation ensuite.

Lamarck est ainsi conduit à admettre non-seulement des « transformations progressives », mais aussi des « transformations régressives » portant au moins sur certains organes. La manière dont il comprend l'origine des mammifères et le partage de cette classe en trois groupes fondamentaux présente une application simple et précise de cette théorie. Les mammifères dérivent directement de reptiles sauriens semblables au crocodile. Ils ont apparu d'abord sous la forme de mammifères amphibies qui possédaient quatre membres, mais peu développés. De ceux-ci, les uns, comme les phoques, contractèrent l'habitude de se nourrir de proie vivante, et, entraînés peu à peu sur terre sans doute par l'ardeur de la chasse, se transformèrent en mammifères onguiculés (carnassiers, rongeurs). D'autres, les lamantins par exemple, s'habituèrent à brouter ; et, gagnant peu à peu l'intérieur des continents formèrent la souche des mammifères ongulés (pachydermes, ruminants). Chez les uns et les autres, les nécessités de la locomotion terrestre, les habitudes que celle-ci entraîne, développèrent largement les membres et le bassin, cette ceinture osseuse qui sert d'attache aux pattes de derrière. Les mammifères aquatiques, qui prirent l'habitude de rester dans l'eau et de venir seulement respirer à la surface, perdirent peu à peu les membres postérieurs, qui ne fonctionnaient plus, et le bassin, désormais inutile. En même temps, les membres antérieurs, sous l'influence des habitudes commandées par le milieu, se raccourcirent et se changèrent en nageoires. De là est venu ce que nous appellerions aujourd'hui le *type aberrant,* auquel se rattachent la baleine et les autres cétacés. « Assurément, dit Lamarck, il entrait dans le plan de leur organisation d'avoir quatre membres et un bassin comme tous les autres mammifères. Ce qui leur manque est le produit d'un avortement occasionné, à la suite de beaucoup de temps, par le défaut d'emploi des parties qui ne leur étaient plus d'aucun usage [1]. »

---

[1] *Philosophie zoologique ; Additions.* — L'auteur revient, du reste, à diverses reprises sur ces considérations, et cite d'autres exemples, parmi lesquels il en est d'empruntés à l'homme lui-même. Il signale en particulier comme du au défaut d'exercice l'atrophie de l'œil chez certains mammifères et chez certains reptiles. La manière de se nourrir du fourmilier, du pic-vert, explique le développement de la langue de ces animaux ; la station assise et la progression par sauts imposées au kangourou par son

Lamarck ne se contente pas d'ailleurs de ces indications vagues sur la cause des transformations des types animaux ; il en précise le mécanisme, et prend pour exemple les mollusques gastéropodes (escargots, limaces). « *Je conçois*, dit-il, qu'un de ces animaux éprouve en se traînant le besoin de palper les corps qui sont devant lui. Il fait des efforts pour toucher ces corps avec quelques-uns des points antérieurs de sa tête, et y envoie à tout moment des masses de fluide nerveux..., des sucs nourriciers. *Je conçois* qu'il doit résulter de ces affluences réitérées qu'elles étendront » peu à peu les nerfs qui s'y rendent... *Il doit s'ensuivre* que deux ou quatre tentacules naîtront et se formeront insensiblement sur les points dont il s'agit. C'est ce qui » est arrivé sans doute à toutes les races de gastéropodes à qui des besoins ont fait prendre l'habitude de palper les corps avec des parties de leur tête ; mais, s'il se trouve des races qui n'éprouvent pas de semblables besoins, leur tête reste privée de tentacules, elle a même peu de saillie. » — Voilà comment Lamarck *comprend* que toutes les formes animales sont dérivées peu à peu de proto-organismes nés sous l'empire des forces physiques. Il ne se borne pas à indiquer ce fait capital, conséquence logique de tout ce qui précède ; il développe sa conclusion et dresse le tableau généalogique indiquant la filiation des classes dans le règne animal [1].

Lamarck a fait aux végétaux l'application de ses principes et a été conduit à des résultats analogues. Toutefois il reconnaît qu'on ne peut admettre dans les plantes rien de semblable aux *mouvements habituels* dont l'influence est si grande chez les animaux. Aussi les transformations s'accomplissent-elles ici, selon lui, grâce « à la supériorité que certains mouvements vitaux peuvent prendre sur les

mode de gestation sont encore, selon Lamarck, là cause de la petitesse des membres antérieurs et du développement énorme que présentent les membres postérieurs et la queue. L'habitude de sauter en étendant fortement les membres a développé les membranes latérales des *écureuils volants* et déterminé la formation des ailes des chauves-souris. Etc.

1 Lamarck a dressé par deux fois le tableau des origines des groupes classiques du règne animal. Ces deux essais de généalogie zoologique générale présentent d'assez grandes différences. Tous deux comptent deux séries légèrement ramifiées, et partent, l'une des infusoires, l'autre des vers intestinaux, formés les uns et les autres par génération spontanée. Dans le premier, Lamarck ne rattachait aux infusoires que les polypes et les radiaires ; il tirait directement des mollusques les poissons et les reptiles ; de ces derniers, les oiseaux et les mammifères amphibies. (*Philosophie zoologique*, t. II, *Additions*.) Voici le second de ces tableaux [*Animaux sans vertèbres*, supplément à l'*Introduction*) :

Jean-Louis Armand de Quatrefages

autres, sous l'influence des changements de circonstances ». C'est encore, on le voit, une sorte d'habitude.

Dans les deux règnes d'ailleurs, les causes du changement sont tout intérieures et individuelles. C'est l'organisme qui agit sur lui-même volontairement ou involontairement. Le monde extérieur, le milieu n'intervient que pour déterminer les actes ou les phénomènes, causes immédiates de toutes les modifications subies par les êtres vivants. Il y a là entre la manière de voir de Lamarck et celle de Buffon une différence radicale, une opposition complète.

À diverses reprises, Lamarck insiste sur l'accord existant entre les conséquences de sa théorie et les faits de la géographie, sur la facilité résultant de ses doctrines pour rendre compte des rapports mutuels des groupes zoologiques.... Tout ce qu'il dit sur ces diverses questions est généralement juste, surtout si l'on se reporte à l'époque où il écrivait. Les faits semblent donc ici confirmer de tout point la théorie. C'est encore un ordre de considérations que j'aurai à reprendre quand je comparerai à divers écrivains modernes l'auteur de la *Philosophie zoologique*.

Les tableaux de Lamarck, les déductions qu'il tire de ses principes, n'embrassent que les types actuels, ne comprennent que les espèces vivantes. À l'époque où il écrivait, la géologie, la paléontologie surtout, étaient loin d'être ce qu'elles sont devenues [1]. Il n'est

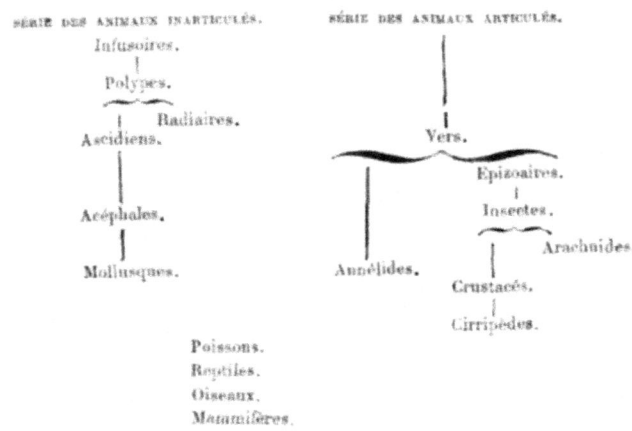

Ici les animaux vertébrés restent isolés, Lamarck déclarant qu'il ne peut préciser encore les termes de transition nécessaires pour déterminer leur origine.

1 La première édition des *Recherches sur les ossements fossiles* est de 1812 ; la *Descrip-*

donc pas surprenant qu'il n'ait pas demandé aux fossiles les enseignements qu'on y est allé chercher plus tard. Toutefois il n'a pas
laissé entièrement de côté les problèmes spéciaux soulevés par ces
restes organiques. Il les a très-nettement et très-positivement réso-
lus dans le sens de sa théorie. L'idée de la destruction des espèces
lui répugne, et, quand il s'agit des grands mammifères, dont Cuvier
commençait à décrire les ossements, il en attribue la disparition à
l'homme. Mais devant le nombre croissant des coquilles fossiles,
si différentes des espèces vivantes, qu'il déterminait et classait lui-
même, il est bien obligé de reconnaître que l'homme n'est pour
rien dans les modifications des faunes malaco-logiques. Il les attribue sans hésiter à l'influence des changements subis par le globe,
changements qui ont entraîné pour les êtres vivants des besoins
nouveaux, des habitudes nouvelles, et par conséquent des transformations. « Qu'on ne s'étonne pas, conclut-il, si parmi les nombreux
fossiles il s'en trouve si peu dont nous reconnaissions les analogues vivants ; si quelque chose doit nous surprendre, c'est que nous
puissions constater l'existence de quelques-uns de ces analogues. »

De toutes ces données résulte pour Lamarck l'idée qu'il se fait de
l'espèce considérée dans le temps. À proprement parler, elle n'existe
pas pour lui. « Parmi les corps vivants, dit-il, la nature ne nous
offre d'une manière absolue que des individus qui se succèdent les
uns aux autres par la génération, et qui proviennent les uns des
autres ; les espèces n'ont qu'une constance relative, et ne sont invariables que temporairement [1]. » Faisons-le remarquer tout de suite,
dans cette dernière ligne reparaît le naturaliste, effacé jusque-là par
le philosophe et le théoricien. Frappé de l'inégalité que manifestent
à tant d'égards les êtres organisés, de la progression presque régulière qu'il croyait avoir aperçue d'une extrémité à l'autre des deux
règnes, Lamarck veut expliquer cet état de choses, et par suite il
se laisse entraîner dans la région des hypothèses et des rêves. Mais
au milieu de ses spéculations il ne peut oublier les faits qu'il avait
si souvent observés par lui-même. Lorsqu'il n'envisage plus l'espèce
dans la durée indéfinie des siècles, lorsqu'il rentre dans les temps
accessibles à l'expérience et à l'observation, il va jusqu'à employer
l'expression « d'invariable ». Bien plus, dans sa *Philosophie zoolo-*

---

tion géologique des environs de Paris* est de 1822.
1 *Philosophie zoologique.*

Jean-Louis Armand de Quatrefages

gique, il accepte comme exacte une définition de l'espèce qui revient au fond à celle de Buffon, à celle de Cuvier, à celle de tous les naturalistes qui croient à la réalité de l'espèce, et qu'on a trop souvent oubliée [1]. Nous aurons à insister plus tard sur les enseignements qui résultent de cet accord.

Tel est l'ensemble de la doctrine de Lamarck. Il est facile de voir qu'elle lui appartient bien en propre, qu'elle n'a aucun rapport avec celle de ses prédécesseurs. Dans la route qu'il s'est tracée, l'auteur de la *Philosophie zoologique* côtoie parfois d'assez près de Maillet ou Robinet ; mais pour des points de détail seulement, et sans que jamais ses opinions s'identifient réellement avec les leurs. Au fait, tout rapprochement réel était impossible entre lui et ces deux écrivains, auxquels on a pourtant cherché à le rattacher ; car il partait de la génération spontanée et de l'épigenèse, tandis que toutes les théories de de Maillet et de Robinet reposent sur la préexistence des germes. On s'explique difficilement comment Cuvier lui-même a pu se méprendre sur ce point. Lamarck n'a pas davantage de rapports avec Buffon. Il ne prend en réalité à ce dernier que quelques expressions.

À ne voir que l'ensemble et à négliger les détails, le système de Lamarck est bien lié d'un bout à l'autre, et il faut reconnaître qu'il rend très-suffisamment compte des faits connus il y a soixante ans. Il ne faudrait pas ajouter grand'chose pour comprendre dans cette formule les découvertes modernes ; mais il faudrait en même temps accepter les hypothèses de l'auteur, et nous les examinerons plus tard. Nous croyons dès à présent pouvoir dire que peu de personnes sans doute adopteront l'explication donnée par Lamarck de l'origine des tentacules chez les colimaçons. Cet exemple, très-rnal-heureusement choisi par l'auteur, quelques autres de même nature et qui prêtaient à la plaisanterie, ont peut-être été cause du peu de retentissement réel qu'ont obtenu les théories de Lamarck. La contradiction, cet élément de succès parfois indispensable, leur fit d'ailleurs défaut, et elles sont restées peu connues en dehors du monde des naturalistes. Ailleurs, c'est le plus souvent sur parole qu'elles ont été exaltées ou condamnées, et le *Linné français* eût été à bon droit fort surpris, aussi bien de certains éloges que de cer-

---

1 « On appelle *espèce* toute collection d'individus semblables qui furent produits par des individus pareils à eux, Cette définition est exacte, car... »

tains blâmes adressés à ses écrits.

GEOFFROY SAINT-HILAIRE [1]

Étienne Geoffroy Saint-Hilaire est resté jusqu'à ces derniers temps, même pour beaucoup d'esprits cultivés, le représentant le plus élevé des doctrines qui reposent sur la transmutation de l'espèce, ou qui admettent cette transmutation comme une conséquence des faits observés. Cette opinion populaire s'explique en grande partie par l'éclat de la discussion qui s'éleva vers 1830 entre lui et Cuvier, discussion qui émut et partagea toute l'Europe savante [2]. On l'a souvent rapproché de Lamarck, et ces deux grands esprits ont été représentés comme s'étant laissé entraîner par les mêmes rêveries scientifiques. Rien n'est moins juste que ce rapprochement. Il n'existe *à* peu près aucun rapport entre leurs doctrines. Au point de vue théorique, Geoffroy était essentiellement l'élève de Buffon, et son fils a eu raison de faire ressortir cette filiation intellectuelle [3].

Pour l'auteur de la *Philosophie anatomique*, l'action du milieu est la cause unique des changements éprouvés par les organismes ; à ses yeux, Lamarck s'est trompé en admettant que l'animal peut ré-

1 Étienne Geoffroy Saint-Hilaire, né à Étampes en 1772, mort à Paris en 1844. On sait qu'il a été regardé comme le rival de Cuvier ; et, quoique son œuvre scientifique n'ait ni la grandeur ni la solidité de celle de son immortel antagoniste, la postérité reconnaîtra de plus en plus qu'il fut souvent dans le vrai en luttant contre l'auteur de l'*Anatomie comparée*, du *Règne animal*, des *Recherches sur les ossements fossiles*. On ne peut, entre autres, oublier que Geoffroy Saint-Hilaire fut toute sa vie le champion convaincu de l'épigenèse. Ses idées sur l'influence du monde ambiant sont exagérées sans doute, mais au fond plus exactes que celles de Cuvier. Les doctrines de Geoffroy Saint-Hilaire ont été exposées dans un grand nombre de mémoires, d'articles, etc. Il avait voulu en formuler l'ensemble dans sa *Philosophie anatomique* ; mais elles n'ont été réellement coordonnées que dans l'ouvrage consacré à la mémoire de son père par Isidore Geoffroy *(Vie, travaux et doctrines scientifiques d'Étienne Geoffroy Saint-Hilaire)*.

2 Cette discussion eut pour point de départ un rapport fait à l'Académie des sciences par Geoffroy Saint-Hilaire sur un mémoire très-important de M. Roulin, intitulé : *Sur quelques changements éprouvés par les animaux domestiques transportés dans le nouveau continent (Savants étrangers, t. VI)*. Le rapport de Geoffroy Saint-Hilaire a été imprimé dans les *Mémoires du Muséum*, t. XVII, et dans les *Annales des sciences naturelles*, 1829.

3 *Vie, travaux et doctrines scientifiques d'Étienne Geoffroy Saint-Hilaire*, et *Histoire naturelle générale des règnes organiques*, t. II.

agir sur lui-même par la volonté et les habitudes. Geoffroy ne fait aucune réserve à ce sujet, et paraît par conséquent, à l'exemple de Buffon, regarder les organismes comme passifs au milieu même des transformations qu'ils subissent. Toutefois il développa la pensée de son illustre devancier. Il donna au mot de *milieu* une signification beaucoup plus large ; il attribua en particulier une importance considérable à la composition chimique de l'atmosphère, une prépondérance marquée aux fonctions respiratoires. « Par l'intervention de la respiration, tout se règle », dit-il. On reconnaît ici le résultat des progrès accomplis en géologie, en paléontologie, et peut-être l'influence des travaux de M. Adolphe Brongniart sur la flore du terrain houiller. Dans les applications de la théorie, Geoffroy ne fit pourtant guère que généraliser et reporter aux animaux supérieurs les considérations admises par Lamarck au sujet des mollusques fossiles. Encore s'exprima-t-il d'ordinaire avec une grande réserve. « C'est, dit-il, une question que j'ai posée, un doute que j'ai émis, et que je reproduis au sujet de l'opinion régnante [1]. » Toutefois il formula dans le même travail une proposition aussi explicite et aussi étendue que possible. « Les animaux vivant aujourd'hui proviennent, par une suite de générations et sans interruption, des animaux perdus du monde antédiluvien. » En particulier, il fit descendre les grands sauriens, les crocodiles actuels, des crocodiles de l'ancien monde [2] ; mais il n'alla pas au delà. Jamais il ne prétendit faire remonter les espèces passées ou présentes à un prototype quelconque ; et, cette opinion lui ayant été prêtée, il répondit par une protestation formelle [3]. Geoffroy n'a pas cherché davantage à préciser l'origine première des êtres. Il s'est montré à cet égard bien plus prudent, plus sage que Lamarck.

Dans les développements de la doctrine générale, Geoffroy est aussi d'abord plus précis que son illustre prédécesseur. Il demande des enseignements à l'embryogénie, à l'histoire des métamorphoses, à la tératologie ou science des monstruosités. Prenant pour exemple la grenouille et l'expérience si curieuse faite par «William

1 *Sur le degré d'influence du monde ambiant pour modifier les formes animales.* (*Mémoires de l'Académie des sciences,* t. XII.)
2 C'est même à l'occasion de ses recherches sur des fossiles de cette nature trouvés en Normandie que Geoffroy Saint-Hilaire fut amené à développer ses idées relatives à l'origine des espèces actuelles. (*Mémoires de l'Académie des sciences,* t. XII.)
3 *Dictionnaire de la conversation,* art. Hérésies panthéistiques.

Edwards [1], il cherche dans la nature et y trouve facilement des espèces qui reproduisent les formes successives des batraciens les plus élevés. Le protée qui vit dans les lacs souterrains de la Carniole et conserve toute sa vie les branchies des têtards est à ses yeux une sorte de larve permanente, mais capable de se reproduire, et qui n'a qu'un pas à faire pour devenir semblable à nos lézards d'eau *(tritons)*. En s'appuyant sur ces faits, Geoffroy déclare que c'est chez l'embryon envoie de formation qu'il faut aller chercher les passages d'une espèce à l'autre, et il blâme Lamarck d'avoir cru à la possibilité des modifications chez un animal adulte.

Geoffroy s'éloigne encore de celui qu'on a pris pour son maître par sa manière de comprendre, au moins dans certains cas, la transformation des types. « Ce n'est évidemment point par un changement insensible que les types inférieurs d'animaux ovipares ont donné le degré supérieur d'organisation. » Cette déclaration est en opposition formelle avec les principes mêmes des doctrines de Lamarck, et l'on comprend sans peine ce qui a dû la dicter. En supprimant ainsi la nécessité de formes intermédiaires, en admettant la possibilité d'une modification brusque des types, Geoffroy répondait d'avance à l'une des plus sérieuses objections que soulève la théorie de la filiation lente des êtres, savoir : la difficulté de comprendre comment deux espèces, jusque-là réunies physiologiquement, en viennent à s'isoler. Lamarck, en prévoyant cette objection, en en signalant lui-même la gravité, avait dû mettre en garde Geoffroy Saint-Hilaire.

Après avoir donné les formules générales qui doivent, selon lui, rendre compte de la transformation des animaux, Geoffroy comprend, lui aussi, qu'il faut en venir à un exemple spécial. Ici il n'est vraiment pas plus heureux que Lamarck. Il avait reproché à celui-ci ses colimaçons adultes modifiant les formes de leur tête par l'influence du désir, de la volonté, et faisant naître ainsi des tenta-

1 William Edwards plaça dans une boîte à compartiments percée de trous et immergée dans la Seine douze têtards arrivés tout près de l'époque de leur transformation, et dont il détermina le poids. Un plus grand nombre de ces mêmes têtards furent placés dans un grand vase dont on se contenta de changer l'eau tous les jours ; mais ils y subissaient l'influence de la lumière, et pouvaient venir respirer l'air en nature à la surface de l'eau. Ces derniers se transformèrent en peu de jours. Sur les douze qui vivaient en pleine eau et dans l'obscurité, deux seulement subirent la transformation normale, mais beaucoup plus tard. Dix restèrent à l'état de larves, bien qu'ils eussent doublé et même triplé de poids. *(De l'influence des agents physiques sur la vie,* 1824.)

Jean-Louis Armand de Quatrefages

cules qui grandissent de génération en génération ; lui, il suppose un reptile qui « dans l'âge des premiers développements éprouve une constriction vers le milieu du corps, de manière à laisser à part tous les vaisseaux sanguins dans le thorax, et le fond du sac pulmonaire dans l'abdomen. C'est là, ajoute-t-il, une circonstance propre à favoriser le développement de toute l'organisation d'un oiseau. » La portion postérieure du poumon se transforme en cellules abdominales ou sacs aériens [1]. Agissant à la manière d'un soufflet, elle envoie dans la portion antérieure ou thoracique de l'air comprimé renfermant plus d'oxygène sous un moindre volume. De là résulte un surcroît d'énergie pendant la combustion respiratoire, et par suite l'élévation de la température, des modifications profondes dans le sang, l'accélération de la circulation, l'accroissement de l'énergie musculaire, enfin « le changement des houppes tégumentaires en plumes ». Voilà ce que Geoffroy, entraîné par ses convictions, appelle « soulever le voile qui nous cache comment la mutation de l'organisation est réellement *possible, comment elle fut et doit avoir été autrefois praticable* ». Quant à la succession des êtres, aux relations des espèces actuelles avec les espèces paléontologiques, les modifications de l'atmosphère, les progrès réalisés à la surface du globe, soit par l'action des phénomènes naturels, soit par l'industrie de l'homme, lui en rendent aisément compte. « Ce n'est pas là, dit-il, qu'est la difficulté ; l'évidence de ces raisonnements *satisfait notre raison.* »

Ainsi Geoffroy Saint-Hilaire a restreint bien plus que Lamarck le champ de ses spéculations ; il s'est éloigné de lui sur plusieurs points fondamentaux ; il a introduit dans cet ordre de recherches des considérations nouvelles empruntées aux progrès les plus récents de la science et à ses propres recherches. Considérées à distance et en bloc, ses idées n'ont rien qui répugne à l'esprit, et l'on comprend qu'elles aient séduit bien des intelligences comme elles l'avaient entraîné lui-même. Dès qu'il tente d'entrer dans les détails, il est néanmoins forcé de s'en tenir aux assertions les plus vagues ; dès qu'il veut citer un exemple, il n'est certainement pas plus heureux que son illustre prédécesseur : il finit, lui aussi, par en ap-

---

1 Chez les reptiles, le poumon consiste en une grande poche sur les parois de laquelle rampent les vaisseaux sanguins. Chez les oiseaux, il existe dans l'abdomen de grandes poches qui communiquent avec le poumon et en reçoivent de l'air qu'elles poussent jusque dans les os des membres par des canaux particuliers.

peler à ses convictions personnelles comme à une démonstration.

Pourtant, pas plus que Lamarck, il ne saurait sans injustice et sans erreur être rattaché à de Maillet, à Robinet. Il n'a évidemment rien de commun avec le dernier ; tout en admettant les modifications brusques et individuelles, il se sépare entièrement du premier en rattachant les transmutations organiques aux phénomènes embryogéniques, en niant leur possibilité chez l'adulte. D'ailleurs pendant toute sa vie, Geoffroy fut le promoteur ardent des doctrines épigénistes, qu'il eut le mérite de défendre contre Cuvier. Il ne peut donc être placé que fort loin de quiconque se fonde sur la préexistence des germes.

ISIDORE GEOFFROY
SAINT-HILAIRE [1]

Les théories de Lamarck, surtout celles d'Étienne Geoffroy Saint-Hilaire, ont compté en France un certain nombre de disciples, parmi lesquels on place d'ordinaire son fils, Isidore Geoffroy. Je ne crois pas ce jugement bien fondé, quoique Darwin l'ait reproduit tout récemment encore. On sait comment Isidore Geoffroy a, dans tous ses écrits, adopté et défendu les opinions de son illustre père ; souvent il les a développées et en a fait ressortir les conséquences. Pour tout ce qui touche à l'origine des espèces, il s'est au contraire borné à résumer ce qu'Étienne Geoffroy avait exposé d'une manière parfois un peu confuse. Bien plus, par le choix des citations, par les réflexions qu'il ajoute, il semble avoir voulu en restreindre plutôt qu'en étendre le sens. Quiconque aura lu attentivement l'ouvrage où il comptait résumer ses doctrines, et qu'il n'a pu achever, se rendra aisément compte de ce fait. Isidore Geoffroy est de tout point l'élève de Buffon ; il croit à la réalité de l'espèce, à la distinction de l'espèce et de la race. Rien dans son livre n'autorise à penser qu'il admît des transmutations analogues à celles dont

---

1 Isidore Geoffroy Saint-Hilaire, né à Paris en 1805, mort dans la même ville en 1861. Ses deux principaux ouvrages sont *l'Histoire générale et particulière des anomalies de l'organisation*, 1832-1836, et *l'Histoire naturelle générale des Règnes organiques*. Le troisième volume de ce livre n'est pas entièrement terminé, et le programme placé en tête du premier nous apprend que l'auteur avait à peine rempli le tiers du cadre qu'il s'était tracé d'avance.

Lamarck soutenait la réalité, à celles dont il s'agit aujourd'hui. Par cela même, il se trouvait entraîné loin de son père ; et il semble que la conviction du savant se soit trouvée chez lui en lutte avec le sentiment profond de piété filiale que nous lui avons tous connu. On dirait qu'il a cherché à les concilier en faisant quelques réserves relatives aux époques des grands phénomènes géologiques. En effet, l'idée de la modification des formes sans altération des caractères les plus fondamentaux de l'espèce ; en d'autres termes, l'apparition d'une race distincte succédant à la première réalisation d'un type spécifique donné, pourrait être acceptée à titre de compromis. Mais de là aux doctrines que nous examinons en ce moment, il y a bien loin. Isidore Geoffroy admettait la *variabilité* de l'espèce ; nulle part il ne parle de sa *mutabilité*. C'est donc bien à tort, ce me semble, qu'on a placé son nom parmi ceux des naturalistes qui, de près ou de loin, se sont rattachés à cette idée.

BORY DE SAINT-VINCENT [1]

Bory de Saint-Vincent est avant tout un disciple de Lamarck. A diverses reprises, et surtout dans l'article Création du *Dictionnaire classique d'histoire naturelle*, dont il dirigeait la rédaction, il développa sur plus d'un point la doctrine de son maître, et en tira des conséquences qui lui appartiennent en propre.

Bory admet la formation spontanée, journalière, d'espèces nouvelles ; non, il est vrai, sur nos continents, depuis longtemps peuplés d'animaux et de plantes, mais tout au moins sur les terres considérées par lui comme de formation récente. Il cite comme exemple l'île Mascareigne (Bourbon), qu'il croit assez récemment sortie des mers sous l'influence des forces volcaniques, et qui renfermerait, d'après lui, « plus d'espèces polymorphes que toute la terre ferme de l'ancien monde ». Sur ce sol relativement tout moderne, les espèces, dit-il, ne sont pas encore fixées. La nature, en se hâtant de constituer les types, semble avoir négligé de régulariser les organes accessoires. Dans les continents plus anciennement formés au contraire, le développement des plantes a forcément suivi une marche identique depuis un nombre incalculable de géné-

1 Bory de Saint-Vincent, né à Agen en 1780, mort à Paris en 1846.

rations. Les végétaux ont ainsi arrêté leurs formes, et ne présentent plus les écarts si fréquents dans les pays nouveaux.

On voit que, sans être bien explicite, Bory semble faire intervenir ici une donnée nouvelle, l'influence exercée sur la fixation des caractères spécifiques par l'action des ascendants placés eux-mêmes dans des conditions d'existence constantes. Ce serait pour ainsi dire plus sérieux de Darwin. Selon M. Naudin, la communauté d'organisation dans les êtres qui composent un règne ne peut s'expliquer que par la communauté d'origine. Dans tout autre système, les ressemblances entre espèces, ajoute-t-il, ne sont que des coïncidences fortuites, des effets sans causes. Si au contraire on admet un ancêtre commun, « ces ressemblances sont à la fois la conséquence et la preuve d'une parenté non plus métaphysique, mais réelle. Envisagé à ce point de vue, le règne végétal se présenterait comme un arbre dont les racines, mystérieusement cachées dans les profondeurs des temps cosmogoniques, auraient donné naissance à un nombre limité de tiges successivement divisées et subdivisées. Ces premières tiges représenteraient les types primordiaux du règne ; les dernières ramifications seraient les espèces actuelles [1]. » C'est bien, on le voit, l'idée de Lamarck étendue et précisée ; c'est bien aussi celle de Darwin, qui emploie précisément la même comparaison [2].

M. Naudin toutefois se rapproche davantage de Buffon dans la façon dont il comprend les êtres vivants envisagés au point de vue qui nous occupe. Il trouve en eux une certaine *plasticité,* une aptitude à subir des modifications en rapport avec « la différence des milieux dans lesquels ils se trouvent placés ». Cette flexibilité des formes a pour antagoniste la puissance de *l'hérédité.* Mais celle-ci à son tour a pour contre-poids une seconde force qui la règle et la domine au besoin. Cette force suprême est la *finalité,* « puissance mystérieuse, indéterminée, fatalité pour les uns, pour les autres volonté providentielle, dont l'action incessante sur les êtres vivants détermine à toutes les époques de l'existence d'un monde la forme, le volume et la durée de chacun d'eux en raison de sa destinée dans l'ordre de choses dont il fait partie. » Les *espèces naturelles,* telles que nous les voyons aujourd'hui, sont la résultante de ces deux

---

1 *Considérations philosophiques sur l'espèce et la variété. (Bévue horticole,* 1852.)
2 *De l'origine des espèces,* chap. IV.

forces. Elles sont d'autant plus fixes qu'elles ont derrière elles un plus grand nombre de générations, et qu'elles ont à remplir dans l'organisme général de la nature une fonction plus précise et plus spéciale. Les *espèces artificielles* que nous appelons races et variétés sont soumises aux mêmes lois pour tout ce qui en détermine la formation et la stabilité.

De là même on peut tirer la conséquence que les espèces naturelles et artificielles doivent être le résultat de causes immédiates semblables. Telle est en effet la conclusion de M. Naudin ; et là est certainement la conception la plus remarquable, la plus originale de son travail. « Nous ne croyons pas, dit-il, que la nature ait procédé, pour former ses espèces, d'une autre manière que nous ne procédons nous-mêmes pour créer nos variétés. Disons mieux : c'est son procédé que nous avons transporté dans notre pratique. » Quand, pour satisfaire à un besoin ou à un caprice, nous voulons faire produire à une espèce existante un type secondaire quelconque, nous choisissons les individus qui rappellent même de loin la modification que nous voulons réaliser ; nous les marions entre eux, et parmi leurs enfants nous choisissons encore ceux qui se rapprochent le plus de l'espèce d'idéal que nous avons conçu. Ce choix, ce triage, cette *sélection* poursuivie pendant un nombre indéterminé de générations finit par donner d'une manière plus ou moins complète le résultat cherché. « Telle est, ajoute M. Naudin, la marche suivie par la nature. Comme nous, elle a voulu former des races pour les approprier à ses besoins, et avec un nombre relativement petit de types primordiaux elle a fait naître successivement et à des époques diverses toutes les espèces végétales et animales qui peuplent le globe. »

Ainsi M. Naudin met en regard et assimile entièrement la sélection opérée par l'homme, la *sélection artificielle,* et la sélection opérée par la nature, la *sélection naturelle.* Nous retrouverons exactement les mêmes idées chez Darwin. Le botaniste français admet de plus que, dans la voie des transformations, la nature a dû aller bien plus loin que nous, d'abord à cause de sa puissance illimitée et du temps immense dont elle a disposé, puis à raison des conditions mêmes dans lesquelles elle agissait au début. Elle a pris les types primitifs à l'état naissant, alors que l'être encore jeune possédait toute sa plasticité, et que les formes n'étaient que faiblement enchaînées par la force de l'hérédité. Nous avons au contraire « à lutter contre cette force enracinée et accrue d'âge en âge dans les espèces vivantes par toutes les générations qui nous séparent de leur origine. » Par cette dernière considération, M. Naudin, on le voit, touche de très-près à Bory Saint-Vincent.

Quelque puissante que soit l'hérédité, comprise comme elle l'est ici, par M. Naudin, nous la dominons toutefois dans certaines limites, et obtenons des variétés, des races nouvelles, grâce à des moyens tombés aujourd'hui dans la pratique journalière. Quels sont ceux que la nature a mis en œuvre pour créer les espèces ? Ici une indication générale et vague ne suffit pas. Faut-il admettre une nature intelligente, agissant en vue d'un but déterminé et procédant par sélection raisonnée, comme le font nos éleveurs ? Ou bien la sélection naturelle serait-elle le résultat nécessaire de laits antérieurs ? M. Naudin ne nous dit rien à ce sujet. Pour obtenir une réponse, il faut adresser ces questions au naturaliste éminent, au penseur remarquable, dont le nom résume aujourd'hui pour l'univers entier tout l'ordre d'idées dont j'ai essayé d'indiquer le développement progressif.

Chapitre II
DARWIN
EXPOSÉ GÉNÉRAL DU DARWINISME.

Darwin nous apprend lui-même comment il a été amené à s'occuper du problème des espèces, combien il a mis de temps à en chercher la solution. C'est en Amérique, et lorsqu'il faisait partie de l'expédition scientifique du *Beagle* [1], que son attention fut pour la première fois éveillée sur ce point par quelques observations de géographie zoologique et de paléontologie [2]. Dès 1837, il commen-

1 Cette expédition quitta les côtes d'Angleterre le 27 décembre 1831, sous les ordres du capitaine Fitz-Roy. Elle dura près de cinq ans.

2 Il est du reste facile de comprendre que l'esprit de Darwin devait être facilement accessible à tout ordre d'idées mettant en doute la fixité de l'espèce et proclamant la perfectibilité graduelle des êtres organisés. C'était là pour notre auteur une sorte de tradition de famille. Son grand-père, Érasme Darwin, célèbre à la fois comme médecin et comme poète, en même temps qu'il était membre de la Société royale de Londres, ce qui atteste sa valeur scientifique, avait professé sur ces graves questions des doctrines qui rentrent par certains côtés dans celles que j'ai exposées. Elles ont

ça à recueillir les faits en rapport avec le sujet de ses méditations ; en 1844, il esquissa les conclusions qui lui apparaissaient comme les plus probables. C'est en 1858 seulement, et à propos d'une communication de M. Wallace, que, sur la demande d'amis communs, il fit imprimer pour la première fois quelques passages de ses manuscrits [1]. Lorsque parut, l'année suivante, la première édition de son livre, Darwin ne la présenta au public que comme un extrait fort abrégé de ses immenses recherches ; il s'engageait à compléter les preuves plus tard. Il a commencé à remplir cette promesse par la publication de deux volumes sur la *Variation des animaux et des plantes sous l'influence de la domestication.*

Si j'insiste sur ces détails, ce n'est pas précisément pour rappeler un historique connu de tous les lecteurs de Darwin ; c'est surtout pour montrer la consciencieuse persévérance apportée par l'auteur dans l'édification de son œuvre, pour faire ressortir l'esprit qui a présidé à ce vaste travail. Ce sont des faits que le savant anglais, déjà si riche de son propre fonds, a demandés à tous ses confrères, à toutes les branches de la science. Ces faits se pressent dans le livre où Darwin a exposé l'ensemble de ses idées ; ils sont bien plus multipliés encore dans ses publications récentes, dans ses mémoires. C'est dire combien l'analyse de cet ensemble de travaux

---

pourtant assez peu de rapport avec celles de son petit-fils. Érasme Darwin admet entre autres la génération spontanée, repoussée par Charles Darwin, et le perfectionnement rapide des espèces, ce qui l'éloigné à la fois de Lamarck et de son descendant. Je ne vois d'ailleurs rien dans son livre qui autorise à penser qu'il ait cru à la dérivation des types provenant les uns des autres, et les exemples qu'il cite (pucerons, tulipes, etc.) rappellent plutôt un perfectionnement exclusivement individuel ou tout au plus borné à la famille physiologique. *(Zoonomie,* section XXXIX, II.)

1 Le mémoire de M. Wallace avait été adressé par l'auteur à Darwin lui-même. Or, il renfermait sur les conséquences de la sélection naturelle relativement à la variation des êtres organisés une doctrine et des opinions bien semblables à celles qui préoccupaient depuis si longtemps notre auteur. On comprend combien il eût été pénible pour celui-ci de perdre le fruit de tant de veilles. Mais ses recherches étaient connues par quelques-uns des naturalistes les plus éminents de l'Angleterre, et, malgré les modestes réticences de Darwin, il est facile de comprendre que c'est à leur entremise que fut due la publication simultanée qui sauvegardait tous les droits. Les extraits de Darwin et le mémoire de M. Wallace parurent ensemble dans le troisième volume des *Mémoires de la Société Linnéenne de Londres.* Ajoutons que le travail de M. Wallace est des plus remarquables au point de vue des idées qui lui sont communes avec Darwin, et que ce dernier a saisi toutes les occasions de rendre justice au confrère éminent qu'il put regarder un moment comme un concurrent prêt à le devancer, et qui est resté un de ses auxiliaires les plus dévoués.

serait difficile, si je cherchais en ce moment à faire autre chose que de préciser la doctrine générale et d'en indiquer quelques-unes des principales applications.

Constatons d'abord les limites entre lesquelles Darwin a très-formellement circonscrit le champ de ses recherches ; il se distingue par là de quelques-uns des écrivains dont on l'a souvent rapproché. Robinet et de Maillet rattachaient leurs spéculations à tout un système de philosophie ou de cosmogonie. Lamarck omettait, il est vrai, ce dernier point de vue ; mais il cherchait à expliquer la nature même de la vie, admettait des générations spontanées, continuelles, et trouvait dans les êtres simples, journellement engendrés, le point de départ des organismes animaux et végétaux actuels et futurs. En outre il s'efforçait de montrer que tous les penchants, les instincts, les facultés observés chez les animaux et chez l'homme lui-même ne sont que des phénomènes dus à l'organisation. En d'autres termes, l'auteur de la *Philosophie zoologique* prétendait remonter aux origines et aux causes premières.

Telle n'est pas l'ambition de Darwin. « Je dois déclarer, dit-il, que je ne prétends point rechercher les origines premières des facultés mentales des êtres vivants, pas plus que l'origine de la vie elle-même. » Quant à la génération spontanée, voici comment il s'exprime en opposant sa doctrine à celle de Lamarck : « J'ai à peine besoin de dire ici que la science, dans son état actuel, n'admet pas en général que des êtres vivants s'élaborent encore de nos jours au sein de la matière inorganique. » Il se sépare ici de son illustre prédécesseur. En revanche, il s'en rapproche par ses doctrines physiologiques générales. Bien qu'ayant émis récemment des idées toutes personnelles sur le mode de formation des êtres, Darwin est en réalité épigéniste, comme l'était Lamarck, comme le sont tous les physiologistes modernes [1]. Par là, il se sépare radicalement de de

---

1 Dans son dernier ouvrage, Darwin a exposé, sous le titre de *pan-genèse,* une théorie destinée à expliquer le mécanisme de la reproduction, théorie qui présente un mélange assez singulier des notions généralement reçues aujourd'hui avec les idées de Buffon et celles de Bonnet. Adoptant avec raison les résultats qui ont démontré l'indépendance relative des éléments organiques, il admet entre autres que ces éléments peuvent donner naissance à une infinité de *gemmules cellulaires,* véritables germes d'une petitesse infinie, qui passent des ascendants aux descendants et circulent dans tous les tissus. Darwin touche ici à la *panspermie* de Bonnet. Les conséquences qu'il lire de celte première hypothèse relativement aux phénomènes de circulation, de reproduction des parties, rappellent presque exactement celles du philosophe gé-

Maillet, de Robinet, dont toutes les hypothèses reposent sur celle de la préexistence des germes, et il est vraiment difficile de comprendre comment, on a pu comparer ses conceptions aux leurs.

Comme Lamarck aussi, dès le début de son livre, Darwin signale la variabilité de l'espèce chez les animaux et les végétaux domestiques ou sauvages. Les faits généraux sur lesquels il appelle l'attention sont ceux-là mêmes qu'invoquait le naturaliste français, c'est-à-dire l'existence de nombreuses espèces douteuses, la difficulté qu'on rencontre souvent à distinguer l'espèce de la variété, la présence de nombreuses variétés héréditaires dans nos fermes, dans nos basses-cours, dans nos jardins, dans nos vergers, etc. Toutefois Lamarck, préoccupé avant tout des problèmes de la méthode naturelle et des rapports des êtres vivants entre eux, mêle à ses études sur la variabilité des considérations étrangères à cette question, et les espèces sauvages l'entraînent d'abord. Darwin, tout entier à son sujet, étudie en premier lieu les espèces domestiques. Par cela même, il s'est montré à la fois plus logique et pins précis que son prédécesseur.

En effet, le point de départ obligé de toutes les recherches analogues à celles dont il s'agit ici est évidemment là où le fait qu'il s'agit de mettre hors de doute et d'expliquer est le plus accusé, là où les causes dont il est le résultat sont le plus faciles à reconnaître. À ce double point de vue, les espèces sauvages, les espèces vivant en liberté, présentent à l'étude bien moins de facilités, que les espèces domestiques. Darwin l'a si bien compris, que c'est encore par l'histoire des êtres soumis à l'empire de l'homme qu'il a commencé la publication de ses preuves détaillées. Le premier chapitre du livre sur l'origine des espèces est devenu un ouvrage en deux volumes où l'auteur étudie les phénomènes de la variation chez les animaux

nevois. Ces *gemmules cellulaires* sont d'ailleurs capables de s'agréger comme les *particules organiques* de Buffon, et nous voilà tout près de la théorie de l'accolement. Elles peuvent en outre rester à « l'état dormant » pendant un nombre indéterminé de générations, et le développement tardif de ces gemmules expliquerait les faits d'atavisme, la génération alternante, etc. On voit que ces gemmules se comporteraient comme les germes des évolutionnistes, comme la *matière vivante primitive* de Buffon ; mais l'auteur admet qu'elles se produisent épigénétiquement dans les éléments organiques, et par là il rentre dans le courant des idées modernes. Darwin n'a du reste proposé qu'à titre provisoire cette théorie, qui, quoique s'inspirant de la science actuelle, me semble rappeler à bien des égards celle d'Érasme Darwin. (*Zoonomie,* section XXXIX.)

et les plantes sous l'influence de la domesticité [1]. Je n'analyserai pas ici ce livre, sur lequel j'aurai d'ailleurs à revenir bien souvent. Il suffira de lui emprunter un exemple pour montrer la nature des questions générales et le nombre immense de questions spéciales soulevées par cet ordre de recherches.

Le pigeon est un des animaux les plus anciennement domestiqués, et il a en outre attiré de tout temps l'attention des amateurs. D'après M. Birch, cité par Darwin, on reconnaît les pigeons parmi les mets d'un repas servi sous la 4e dynastie égyptienne, c'est-à-dire il y a au moins six mille ans. Au temps de Pline, de riches amateurs recherchaient les plus belles races avec un soin extrême, et la généalogie des pigeons était alors aussi régulièrement tenue à Rome que celle des chevaux l'est de nos jours en Angleterre. Plus tard, Akber-khan, au milieu de ses triomphes, se livrait avec passion à l'élevage de ces oiseaux, se faisait suivre partout de volières portatives, et surveillait lui-même le croisement des diverses races. Ce goût se retrouve chez les Persans et chez les autres Orientaux, à Ceylan, en Chine, au Japon. En Europe, on constate des faits de même nature. Avant de se passionner pour les tulipes, les Hollandais s'étaient occupés des pigeons, et l'on compte aujourd'hui en Angleterre de nombreux clubs d'éleveurs de ces mêmes oiseaux. A elle seule Londres en possède trois.

Quelle que soit l'idée qu'on se fasse des causes qui altèrent les formes animales, on ne sera pas surpris qu'une espèce adoptée ainsi par les hommes de loisir, de caprice et de mode, présente de nombreuses variations. Aussi les races sont-elles fort nombreuses chez les pigeons. Darwin en compte cent cinquante, et déclare ne pas les connaître toutes. Nul pourtant mieux que lui n'est au courant de la question. Il l'a étudiée sous toutes ses faces. Non content de s'être affilié à deux des clubs de Londres, il a profité du retentissement de ses premiers écrits pour obtenir des colonies anglaises les plus éloignées des spécimens de races très-diverses. Il a formé ainsi une collection, certainement unique dans le monde, et comprenant, indépendamment des individus empaillés, un très-grand nombre de squelettes ; puis il s'est mis à étudier ces matériaux avec la sagacité dont il a donné tant de preuves. Ces recherches, pour-

---

[1] *De la variation des animaux el des plantes sons l'action de la domestication,* par C. Darwin, traduction de M. Moulinié.

suivies pendant plusieurs années, ont permis à Darwin de préciser la nature et l'étendue des différences qui distinguent les races colombines, et de montrer d'une manière irrécusable que ces différences ne s'arrêtent pas à la surface du corps et aux formes extérieures, mais qu'elles atteignent jusqu'au squelette. Je me borne à signaler les plus saillantes en laissant de côté les diverses nuances de coloration.

Chez les diverses races de pigeons, la disposition des grandes plumes des ailes et de la queue change ; sur ce dernier point, le nombre varie de 12 à 42. Le bec s'allonge, se courbe et se rétrécit, ou bien s'élargit et se raccourcit presque du simple au triple ; il est nu ou recouvert d'une énorme membrane comme boursouflée. Les pieds sont grands et grossiers, ou petits et délicats. Le crâne entier présente d'une race à l'autre, dans ses contours généraux, dans les proportions et les rapports réciproques des os, des variations qui frappent au premier coup d'œil. Ces mêmes rapports se modifient si bien pour l'ensemble du squelette, que dans la station et la marche le corps est tantôt presque horizontal, tantôt à peu près exactement vertical ; les côtes sont deux et trois fois plus larges dans certaines races que dans d'autres, qui semblent en revanche perdre un de ces arcs osseux ; le nombre des vertèbres varie dans les deux régions postérieures du corps.

En résumé, l'importance de ces différences est telle que, si l'on eût trouvé à l'état sauvage et vivant en liberté la plupart des races de pigeons, les ornithologistes n'auraient certainement pas hésité à les considérer comme autant d'*espèces* séparées devant prendre place dans plusieurs *genres* distincts.

En présence d'un résultat aussi net, le grand problème que soulèvent toutes nos espèces domestiques, avec leur cortège de races et de sous-races, se pose tout entier. Faut-il voir dans nos pigeons les représentants de plusieurs espèces sauvages restées distinctes dans la nature, mais dont les descendants domestiques sont aujourd'hui confondus sous une dénomination commune, parce que le souvenir de leur origine multiple est tombé dans l'oubli ? Ou bien faut-il les accepter comme étant issus d'une seule espèce et comme différant au point que nous avons vu, parce que les caractères primitifs de cette espèce se sont profondément altérés sous la pression des circonstances ?

Buffon, Cuvier, s'étaient posé ces questions, et les avaient résolues dans le même sens. Tous deux avaient regardé le biset *(Columba livia)* comme la souche principale de nos races colombines ; mais tous deux avaient cru ne pouvoir expliquer la multiplicité, la diversité de ces races que par l'intervention d'une ou de plusieurs autres *espèces*. Darwin n'a pourtant pas hésité à se prononcer en sens contraire, à affirmer que tous nos pigeons descendent du biset seul ; et, pour quiconque aura suivi attentivement les faits et les raisonnements apportés à l'appui de cette conclusion, il sera évident qu'elle est incontestable. C'est là un résultat des plus considérables. En mettant hors de doute que plus de cent formes animales, transmissibles par voie de reproduction normale, peuvent dériver d'une forme spécifique unique, Darwin a rendu à la science un service signalé, et que tous les naturalistes devront reconnaître pour tel, quelles que soient leurs opinions ou leurs théories.

Comment l'homme a-t-il transformé le biset en pigeon paon, en grosse-gorge, en messager ? Éleveurs et naturalistes sont depuis longtemps d'accord sur ce point. La sélection, c'est-à-dire le choix des reproducteurs, a été le procédé universellement mis en usage. C'est elle qui depuis les temps les plus reculés a enfanté, on peut le dire, presque toutes nos races, domestiques et produit des résultats qu'il eût été impossible de prévoir au début.

Bien longtemps avant notre ère, en Chine et en Palestine comme aujourd'hui au Groenland ou en Cafrerie, aussi bien qu'en France et en Angleterre, l'éleveur a marié ensemble les individus de même espèce qui se distinguaient quelque peu de leurs frères et répondaient le mieux à ses besoins ou à ses caprices. À vrai dire, les sauvages, comme nos agriculteurs illettrés, agissent sans but bien défini. Tout au plus les uns et les autres cherchent-ils, au début, à retrouver dans les fils les qualités de quelque parent remarquable. Mais, guidés par les mêmes motifs, ils continuent à agir de même. De là il résulte qu'en vertu de la loi développée par Lamarck, et sur laquelle Darwin insiste à son tour avec juste raison, ils ajoutent sans s'en douter différences à différences. Les produits vont s'écartant de plus en plus du type primitif ; et, après un certain nombre de générations, l'éleveur se trouve avoir créé une race parfaitement distincte de la souche originelle.

Cette *sélection inconsciente,* comme la nomme Darwin, joue encore aujourd'hui, mais a surtout joué jadis, un rôle des plus actifs dans la multiplication des types dérivés. Bien tard seulement et presque de nos jours, au moins en Europe [1], des savants, des éleveurs, ont mis à profit les enseignements ressortant d'une expérience séculaire. Les Daubenton, les Bakewell, les Collins, les sir John Sebright, se sont proposé des buts bien définis, et ont établi pour les atteindre des règles dont une expérience journalière atteste l'exactitude. Nos expositions agricoles témoignent chaque année des prodiges réalisés par la *sélection consciente*, raisonnée ; et nous pouvons dire avec Youatt que, grâce à elle, « l'homme appelle à la vie quelque forme qu'il lui plaise ».

La réalisation artificielle de ces formes dans nos races domestiques nous éclaire-t-elle sur l'origine des *espèces,* c'est-à-dire sur les causes qui ont donné aux animaux, aux végétaux sauvages, les caractères qui les distinguent ?

Oui, répond Darwin. Si l'espèce varie entre nos mains, c'est uniquement parce qu'elle est fondamentalement variable. Or, les forces naturelles peuvent et doivent, dans des circonstances données, remplacer l'action de l'homme et produire des résultats analogues. Le temps aidant, ces résultats doivent devenir même plus marqués. Voilà comment ont pris naissance les espèces présentes. Les animaux, les végétaux que nous connaissons, ne sont que les dérivés d'êtres qui les ont précédés et qui ne leur ressemblaient pas. Des phénomènes de transformation s'accomplissent journellement sous nos yeux ; nous en trouvons la preuve dans ces variétés, dans ces espèces douteuses, causes de tant d'incertitudes pour les naturalistes. « Toute variété » bien tranchée doit être considérée comme une espèce naissante », et, pour l'ébaucher et la parachever, la nature emploie le même procédé que l'homme, — la sélection.

Ici nous touchons au vif de la doctrine de Darwin, à ce qui lui appartient le plus exclusivement en propre. Dans les faits invoqués par l'auteur anglais, dans la manière dont il est conduit à considérer les variétés et les races naturelles, nous retrouvons, il est vrai, le langage de Lamarck et de bien d'autres. Dans le rôle attribué à

---

1 Je fais cette restriction, parce qu'il me semble bien difficile d'admettre que la *sélection raisonnât et consciente* soit restée inconnue aux Chinois et aux Japonais, même en supposant fort exagérés ce que divers voyageurs nous disent des résultats obtenus par ces deux peuples, surtout dans la culture des végétaux.

la sélection naturelle reparaît une pensée très-nettement formulée par M. Naudin ; mais celui-ci, nous l'avons vu, s'était borné à une indication générale. Darwin au contraire a envisagé la question sous toutes ses faces ; il a montré les causes et les résultats de cette sélection ; il a étayé sa solution de preuves nombreuses empruntées à des faits précis. Les droits de M. Wallace mis à part, - et Darwin est le premier à faire cette réserve, — c'est à juste titre que la théorie de la sélection naturelle doit être considérée comme lui appartenant en entier.

Cette théorie repose sur un fait très-général, très-frappant, mais dont la signification et les conséquences avaient été méconnues, — l'extrême disproportion qui existe chez les animaux et les végétaux entre le chiffre des naissances et celui des individus vivants. Toute espèce tend à se multiplier en suivant une progression géométrique dont la raison est exprimée par le nombre des enfants qu'une mère peut engendrer dans le cours de sa vie. Il est clair que les moyens d'existence et l'espace lui-même manqueraient, bien vite si les animaux ou les plantes obéissaient librement à cette tendance. La terrible loi de Malthus appliquée à l'ensemble des êtres vivants se vérifierait plus rigoureusement encore que dans l'espèce humaine considérée isolément, car l'animal ou le végétal ne créé pas de nouveaux moyens d'existence. Une seule de leurs espèces, multipliée sans pertes et sans obstacles, aurait rapidement envahi la terre entière. Rien ne serait plus facile que de multiplier les preuves de ce fait.

Darwin cite l'éléphant, qui n'a qu'un petit a la fois, et suppose en outre que chaque femelle ne produit que trois couples de jeunes en quatre-vingt-dix ans. Au bout de cinq siècles, 15 millions d'individus n'en seraient pas moins descendus d'une seule paire primitive. Peut-être cette argumentation eût-elle frappé davantage, si l'auteur avait pris pour exemple un animal de très-petite taille, par exemple le puceron. Des données recueillies par Bonnet et d'autres naturalistes, il résulte que, si pendant un été les fils et petits-fils d'un seul puceron arrivaient tous à bien et se trouvaient placés à côté les uns des autres, à la fin de la saison ils couvriraient environ quatre hectares de terrain. Évidemment, si le globe entier n'est pas envahi par les pucerons, c'est que le chiffre des morts dépasse infiniment celui des survivants. Enfin il est clair que, si la multiplication des morues, des esturgeons, dont les œufs se comptent par centaines de mille, n'était arrêtée d'une manière quelconque, tous les océans seraient comblés en moins d'une vie d'homme.

L'équilibre général ne s'entretient, on le voit, qu'au prix d'innombrables hécatombes, et c'est la cause de celles-ci qu'il s'agissait de déterminer. C'est ce qu'a fait Darwin en appelant l'attention sur ce qu'il a nommé la *lutte pour l'existence* [1]. Sous l'impulsion des seules lois du développement, tout être, homme, animal ou plante, tend à prendre et à conserver sa place au soleil ; et, comme il n'y en a pas pour tout Je monde, chacun tend à étouffer, à détruire ses concurrents. De là naît la guerre civile entre animaux, entre végétaux de même espèce, la guerre étrangère d'espèce à espèce, de groupe à groupe. A peu près constamment d'ailleurs, la plante, l'animal, ont à se défendre contre quelques-unes des conditions d'existence que leur fait le monde inorganique lui-même, à lutter contre lui et contre les forces physico-chimiques.

En définitive, tout être vivant est en guerre avec la nature entière.

La lutte pour l'existence entraîne des *luttes directes* sur lesquelles il est inutile d'insister. Elle occasionne aussi ce qu'on peut appeler, des *luttes indirectes,* et produit, des alliances et des hostilités involontaires résultant des rapports nombreux et complexes qui relient parfois et rendent solidaires les êtres les plus différents. Darwin cite à ce sujet un exemple aussi curieux que frappant, lorsqu'il montre comment la fécondité des champs de trèfle et des plates-bandes de pensées dépend du nombre des chats vivant dans le voisinage.

Il faut ici se rappeler que la fécondation des végétaux se fait souvent par l'entremise des insectes, qui, tout en butinant pour eux-mêmes, vont porter d'une fleur à l'autre le pollen dont leurs poils se sont couverts. Il faut savoir encore que certaines fleurs sont visitées seulement par certaines espèces d'insectes. Or, Darwin s'est assuré que les trèfles et les pensées ne reçoivent la visite que des bourdons. Par conséquent, plus ceux-ci seront nombreux, plus sûrement s'accomplira la fécondation de ces deux plantes. Mais le nombre des

---

1 *Struggle for existence.* Mademoiselle Royer et M. Daily traduisent cette expression par les mots de *concurrence vitale.* Nous nous sommes rencontré avec M. Moulinié dans notre interprétation. Je crois, en effet, qu'elle rend mieux la pensée de l'auteur, surtout en ce qu'elle exprime non-seulement la *concurrence violente* que se font les êtres vivants, mais encore la *lutte* qu'ils ont à soutenir contre la nature inanimée.

bourdons dépend en grande partie de celui des mulots, qui font une guerre incessante à leurs nids. A leur tour, ceux-ci sont chassés par les chats. À chaque mulot mangé par ces derniers, un certain nombre de nids de bourdons échappe à la destruction, et leurs larves, devenues insectes parfaits, iront féconder trèfles et pensées. Ces végétaux se trouvent donc avoir par le fait les chats pour alliés et les mulots pour ennemis dans la grande bataille de la vie.

La lutte pour l'existence est évidente, et, comme on le sait, bien souvent sanglante chez les-animaux. Elle n'est ni moins réelle ni moins meurtrière chez les plantes. Nos chardons ont envahi les plaines de la Plata, jadis occupées uniquement par des herbes américaines ; ils y couvrent aujourd'hui à peu près seuls des étendues immenses et qui se mesurent par lieues carrées. En revanche, Darwin a appris de la bouche du regrettable docteur Falconer que certaines plantes américaines importées dans l'Inde s'étendent aujourd'hui du cap Comorin jusqu'à l'Himalaya. Dans les deux cas, les espèces indigènes ont évidemment succombé devant une véritable invasion étrangère.

Sans sortir de chez nous et de nos champs ou de nos jardins, il serait facile d'observer des faits entièrement semblables, bien que se passant sur une moindre échelle. Mais voici une expérience de Darwin qui montre clairement combien est rude la lutte entre végétaux d'ailleurs fort voisins les uns des autres. Sur un espace de trois pieds sur quatre où avaient été réunies, grâce à des soins spéciaux, vingt espèces différentes de plantes à gazon, neuf disparurent, entièrement étouffées par leurs compagnes peu après qu'on eut discontinué ces soins.

La lutte pour l'existence est donc un fait général, incessant. Sous le calme apparent de la plus riante campagne, du bosquet le plus frais, de la mare la plus immobile, elle se cache ; mais elle existe, toujours la même, toujours impitoyable. Il y a vraiment quelque chose d'étrange à arrêter sa pensée sur cette guerre sans paix, sans trêve, sans merci, qui ne s'arrête ni jour ni nuit, et arme sans cesse animal contre animal, plante contre plante. Il y a quelque chose de plus étrange encore et de vraiment merveilleux à voir naître de ce désordre même les harmonies du monde organisé, tant de fois chantées par les poètes, si justement admirées par les penseurs.

Jean-Louis Armand de Quatrefages

Il est aisé de comprendre que le plus grand nombre des combat-
tants succombe dans une pareille mêlée, et les chiffres cités plus
haut attestent qu'il en est bien ainsi. Or il est impossible d'attribuer
la victoire des survivants à une suite de hasards heureux qui les
auraient protégés durant toute leur vie. Évidemment ils doivent
leur salut à quelques avantages spéciaux dont manquaient ceux qui
sont restés sur le champ de bataille. La lutte pour l'existence a donc
pour résultat de tuer tous les individus inférieurs à n'importe quel
titre, de conserver ceux qui doivent à une particularité quelconque
une supériorité relative. C'est là ce que Darwin a appelé la *sélection
naturelle*.

On voit que celle-ci n'est pas une théorie. C'est un fait ; et un fait
dont la généralité est confirmé chaque jour, à toute heure. Bien
loin de répugner à l'esprit, la sélection naturelle se présente avec
un caractère de nécessité rigoureuse et comme la conséquence inévitable de tous les faits précédents. Cela même donne à l'action
qu'elle peut exercer quelque chose de fatal et d'inflexible qui rappelle les forces du monde inorganique.

L'action exercée à la longue par la sélection naturelle est facile à
prévoir. Elle résulte de la loi d'accumulation des petites différences
par voie d'hérédité, loi proclamée par Darwin avec la même in-
sistance que par Lamarck, et dont la pratique journalière des éleveurs, des cultivateurs, atteste la vérité, la généralité. Dans chacune
des générations qui se succèdent sous l'empire des mêmes conditions d'existence, les mêmes qualités, les mêmes particularités d'organisation, sont nécessaires à chaque individu pour se défendre
contre tous les autres et contre le monde extérieur. Ceux-là seulement résistent qui possèdent ces qualités, ces particularités au
plus haut degré. À chaque fois par conséquent, l'organisme fait un
pas de plus dans une voie qui lui est tracée d'avance, et dont il
ne peut s'écarter ; il obéit à ce que Darwin nomme la *loi de divergence* des caractères. Il s'éloigne donc de plus en plus du point de
départ, et en vient à différer d'abord légèrement, puis d'une façon
plus tranchée, de l'organisme primitif. Ainsi prennent naissance,
selon Darwin, non-seulement les *variétés* et les *races,* mais encore
les *espèces* elles-mêmes, qui ne sont pour lui que des variétés ou
des races perfectionnées.

La première partie de ces conclusions est inattaquable, mais je ne puis accepter la seconde. Ici, comme j'espère le démontrer, l'éminent naturaliste force la signification des faits précédents et ne tient pas un compte suffisant d'autres faits non moins généraux, non moins précis. Là est la cause de notre désaccord. Toutefois je n'hésite pas à reconnaître dès à présent combien la doctrine que j'aurai à combattre est séduisante, grâce à la solidité des bases sur lesquelles elle *semble* reposer. Mais, avant de la discuter, je dois en poursuivre l'exposition [1].

La sélection naturelle ou artificielle développe les caractères, elle ne les fait pas naître. Quelle est donc la cause de ces traits individuels, parfois d'abord très-peu marqués, mais qui, s'accusant davantage de génération en génération, finissent par distinguer nettement le petit-fils de l'ancêtre ? D'où proviennent surtout ces brusques écarts que Darwin me semble avoir trop négligés, qui tout à coup, sans cause appréciable, donnent à des parents des fils ne leur ressemblant pas, et transmettant à leur descendance des caractères exceptionnels ? En d'autres termes, quelle est la cause immédiate des déviations premières dans un type spécifique donné ?

Comme les naturalistes et les penseurs de tous les temps, Darwin s'est posé cette question. Avec ses devanciers les plus célèbres, il n'a pas hésité à reconnaître combien elle est encore obscure pour nous. Néanmoins il a cru pouvoir attribuer une influence sérieuse, et dans la plupart des cas prépondérante, à une altération plus ou moins profonde des fonctions dans les appareils reproducteurs eux-mêmes. À ce point de vue, la modification subie par le descendant ne ferait qu'accuser et traduire le trouble anatomique et fonctionnel préexistant chez ses père et mère. J'aurai plus tard à discuter cette opinion, comme aussi à montrer que Darwin a fait une trop faible part à l'influence des agents physiques, aux réactions de l'organisme. Il n'indique pas même ces dernières, et semble parfois refuser aux premières toute puissance d'adaptation. Or, il sera facile de montrer au contraire que, dans certains cas, où nous pouvons suivre la filiation et les effets des causes immédiates, ces actions et réactions exercent une influence évidente, et ont précisément pour résultat de mettre l'être transformé en harmonie avec le milieu qui lui a imposé des conditions d'existence nouvelles.

---

1 Il m'est permis de dire ici que les darwinistes les plus décidés, et Darwin lui-même, ont accepté cet exposé comme exact.

Comme Lamarck, Darwin voit dans l'usage habituel et dans le défaut d'exercice des organes deux puissantes causes de variation. Il insiste principalement sur la dernière, et explique, par le concours de l'inertie fonctionnelle et de la sélection, la disparition plus ou moins complète des ailes chez certains insectes, celle des yeux chez quelques animaux de diverses classes. Il ne va pas ici au delà du savant français, et emploie même ordinairement comme lui le mot d'*habitude*.

Mais Darwin redevient lui-même lorsqu'il appelle l'attention du lecteur sur les *corrélations de croissance*. Par cette expression, il désigne ce fait fort curieux, que certaines modifications réalisées dans un appareil ou un organe entraînent à peu près constamment des changements plus ou moins sensibles dans d'autres appareils, dans d'autres organes sans relation apparente avec les premiers. Il a vérifié expérimentalement un certain nombre de faits de cette nature chez les pigeons ; il en rappelle quelques autres signalés déjà par des naturalistes antérieurs, mais qui étaient restés isolés. En groupant ces divers résultats, il en tire une conclusion générale qui a dans sa théorie de très-fréquentes applications.

Les corrélations de croissance, telles que les entend Darwin, ne sont pas du reste un phénomène isolé. Isidore Geoffroy Saint-Hilaire avait déjà reconnu que quelque chose d'analogue se passe chez les monstres ; Cuvier avait insisté sur les harmonies organiques ; de tout temps, les physiologistes se sont occupés des sympathies qui se manifestent entre les organes fort éloignés et en apparence entièrement étrangers l'un à l'autre, la membrane du nez et le diaphragme par exemple. Ce sont là autant de faits du même ordre, et qui tous proclament les rapports intimes qu'ont entre elles toutes les parties du même être vivant.

La *compensation* et l'*économie de croissance* de notre auteur se rattachent à la même donnée générale. « Afin de dépenser d'un côté, dit-il avec Goethe, la nature est forcée d'économiser de l'autre. » Et il cite plusieurs exemples d'animaux ou de plantes qui montrent, à côté de l'exagération d'un organe, l'amoindrissement ou tout au moins l'état stationnaire d'un autre. Que la sélection intervienne, la *loi d'accumulation* accroîtra ces différences, et il se formera des races distinctes. Il est évident que les types nouveaux s'écarteront des types originels à la fois par l'amoindrissement des organes progressivement réduits et par le développement des appareils graduellement développés. C'est une application particulière du principe que Geoffroy Saint-Hilaire appelait la *loi du balancement des organes,* loi que tout montre être aussi vraie en physiologie qu'en anatomie et en tératologie.

Ainsi, selon Darwin, une influence primitive exercée par le père ou la mère sur le germe naissant et l'habitude quelque peu aidée par les actions de milieu engendrent d'abord des variations plus ou moins locales que la corrélation et la compensation de croissance multiplient encore. Parmi les caractères nouveaux résultant de ces diverses causes, les uns sont propres à aider l'individu dans la lutte pour l'existence, d'autres lui sont nuisibles, un certain nombre peuvent être indifférents. Ces derniers n'ont évidemment aucune influence sur la destinée de l'être ; mais on comprend qu'il ne saurait en être de même des autres. Les premiers lui assurent la victoire dans la bataille de la vie, les seconds entraînent inévitablement sa perte. Nous en revenons ainsi à la sélection, puis à l'hérédité, qui confirme et développent de génération en génération ces caractères différentiels.

On voit que le résultat général doit être un perfectionnement progressif analogue à celui qu'admettait Lamarck, mais bien plus logiquement motivé. « On peut dire par métaphore que l'élection naturelle scrute journellement, à toute heure et à travers le monde entier, chaque variation, même la plus imperceptible, pour rejeter ce qui est mauvais, conserver et ajouter tout ce qui est bon, et qu'elle travaille ainsi partout et toujours, dès que l'opportunité s'en présente, au perfectionnement de chaque être organisé par rapport à ses conditions d'existence organiques et inorganiques [1]. »

La dernière phrase de ce passage me semble avoir été oubliée par quelques-uns des plus dévoués disciples de Darwin. Elle est pourtant essentielle, en ce qu'elle implique une réserve importante que l'auteur du reste a formulée un peu plus loin. Le darwinisme, a-t-on dit, est la doctrine du progrès, et on l'a glorifié à ce titre. Il prouve, a-t-on ajouté, que la nature perfectionne sans cesse son œuvre en ne confiant la reproduction des êtres qu'aux plus forts, aux mieux doués. Cette conséquence est au moins exagérée. En tout cas, la supériorité dont il s'agit ici est toute relative ; elle est

1 *Origine des espèces,* chap. iv.

subordonnée aux conditions d'existence, en d'autres termes, au *milieu*. Or, un caractère qui, considéré en lui-même et à notre point de vue, constitue une véritable supériorité, peut devenir inutile et même nuisible dans certaines circonstances. La réciproque est également vraie.

Quelques exemples feront aisément comprendre notre pensée. À parler d'une manière générale, l'animal dont tous les sens sont bien développés est supérieur à celui qui est privé de la vue. Pourtant à quoi serviraient les yeux les plus perçants à ces reptiles, à ces poissons, à ces insectes vivant au fond des cavernes de la Carniole ou de l'Amérique, à l'abri de toute lumière ? N'est-il pas préférable pour eux que la part d'activité physiologique nécessaire au développement de ces organes soit reportée sur les sens de l'ouïe ou du toucher en vertu de la loi de compensation et d'économie ? La souris, la seule espèce de son genre qu'aient connue les anciens, a dû à sa petitesse même de survivre à l'invasion du rat noir apporté d'Orient par les navires des croisés. Plus tard, quand le surmulot est venu à son tour, vers le milieu du dernier siècle, attaquer ses deux congénères, il a promptement exterminé le rat noir, presque son égal en taille et en force, tandis qu'il n'a pu atteindre la faible et petite souris, abritée par les retraites étroites où ne pouvait pénétrer son grand et robuste ennemi.

Il est aisé de comprendre que des faits analogues doivent être extrêmement multipliés clans la nature, plus même que ne semble l'admettre Darwin. Qu'on en déduise les conséquences en leur appliquant la loi d'accumulation des différences par l'hérédité, et l'on reconnaîtra combien est logique cette déclaration expresse du savant anglais : « Il est très-possible que l'élection naturelle adapte graduellement un être à une situation telle que plusieurs de ses organes lui soient inutiles. En ce cas, il y aura pour lui rétrogradation dans l'échelle des organismes. » Darwin revient ailleurs sur cette pensée, et invoque en particulier à l'appui de ses dires les espèces animales aveugles que je rappelais tout à l'heure. Il se rencontre ici avec Lamarck et dans l'idée et dans les exemples. Nous voilà ramenés aux *transformations régressives* du naturaliste français.

Ce n'est pas à mes yeux un des moindres mérites de la théorie que j'expose. Le mot de *progrès* séduit aisément les esprits qui, se plaçant exclusivement au point de vue de l'homme et le prenant pour norme, ne comprennent la marche en avant que dans un sens unique. Or, il n'en est pas ainsi dans la nature, pas plus dans le monde organisé que dans le monde inorganique. Il n'y a ni haut ni bas dans l'ensemble des corps célestes, nos antipodes marchent sur leurs pieds aussi bien que nous. Chez les animaux et les plantes, les espèces dites supérieures ne sauraient exister dans les conditions où prospèrent par myriades des êtres regardés comme inférieurs. Ceux-ci sont donc plus parfaits que les premiers relativement à ces conditions. Or, la lutte pour l'existence et la sélection naturelle ont avant tout pour résultat forcé de satisfaire le mieux possible aux conditions d'existence, quelles qu'elles soient. Sans doute, si l'on accepte toutes les idées de Darwin, il a dû se manifester dans l'ensemble une complication croissante des organismes, une spécialisation progressive des fonctions et des facultés ; mais le contraire a dû inévitablement se passer aussi bien des fois. À tout prendre, le darwinisme est bien moins la doctrine de ce que nous appelons le progrès que celle de l'*adaptation*.

Cette appréciation générale de la doctrine surprendra peut-être quelques-uns des plus fervents disciples de Darwin ; mais pour les convaincre il suffira, je pense, de les renvoyer au maître lui-même et à cette déclaration si précise : « L'élection naturelle n'implique aucune loi nécessaire et universelle de développement et de progrès [1]. »

Là même se trouve un des arguments les plus plausibles proposés par Darwin pour mettre d'accord avec sa théorie l'existence du nombre infini des espèces inférieures et la persistance de certaines formes. De là aussi on déduit aisément l'explication d'un fait important reconnu d'abord par les botanistes, dont la zoologie fournirait de nombreux exemples, et qui sert à son tour à en expliquer plusieurs autres : c'est qu'une espèce présente d'autant plus de variétés ou de races qu'elle occupe une aire géographique plus considérable et qu'elle compte un plus grand nombre de représentants. En effet, pour lutter avec avantage contre les conditions variées résultant

---

1 Chap. IV, section XIV. J'aurai occasion de revenir plus tard sur cette déclaration, sur quelques-unes des conséquences que l'auteur en tire. Je me borne en ce moment à exposer la doctrine telle que l'auteur l'a conçue. Je dois seulement ajouter que Darwin a semblé oublier parfois ce qu'il disait d'une manière si nette, et qu'il justifia alors quelques-uns des reproches qui lui ont été adressés. (Voy. d'Archiac, Cours *de paléontologie stratigraphique*, t. II.)

Jean-Louis Armand de Quatrefages

d'une grande extension, comme pour prendre le dessus dans une région donnée, les individus appartenant à une espèce doivent posséder à un degré supérieur la plasticité organique et physiologique que Darwin admet aussi bien que Lamarck et M. Naudin. Il résulte encore de la loi d'adaptation que la lutte pour l'existence est inévitablement plus violente entre les êtres les plus rapprochés par leur organisation, soumis par conséquent aux mêmes besoins, et que les chances seront en faveur de ceux qui « pourront se plier à quelques conditions de vie moins rudement disputées. Ce qui est vrai pour les espèces l'est également pour les groupes, qu'il s'agisse de genres ou de familles.

Ces faits généraux auront évidemment une très-grande influence sur la distribution et la succession des êtres. On comprend en particulier que la diversité des caractères chez les habitants d'une même région est une des conditions les plus favorables à la multiplication des espèces, la lutte pour l'existence diminuant de violence par cela seul que chacune d'elles, adaptée à ses conditions particulières de vie, n'a pas de raisons pour empiéter sur ses voisines. Enfin il ressort de ce qui précède une conséquence sur laquelle Darwin insiste plusieurs fois. L'espèce, le genre, possédant un maximum de plasticité organique accusé par le grand nombre des formes qui les représentent, devront inévitablement avoir l'avantage dans la grande bataille de la vie. À eux donc seront réservées ces grandes conquêtes dont le règne végétal lui-même a fourni des exemples frappants.

Pour Darwin, ce travail de simple adaptation ou de perfectionnement se fait « insensiblement et en silence. — Nous ne voyons rien de ces lentes et progressives transformations, ajoute-t-il, jusqu'à ce que la main du temps les marque de son empreinte en mesurant le cours des âges, et même alors nos aperçus à travers les incommensurables périodes géologiques sont si incomplets, que nous voyons seulement une chose, c'est que les formes vivantes sont différentes aujourd'hui de ce qu'elles étaient autrefois [1]. » C'est là encore un des points sur lesquels Lamarck a le plus insisté. Comme lui, Darwin revient à bien des reprises sur l'extrême lenteur de l'action élective, et parfois dans des termes qui rappellent presque ceux de la *Philosophie zoologique*.

---

1 *Origine des espèces,* chap. VII.

Le savant anglais admet en outre que la sélection naturelle n'agit souvent qu'à de longs intervalles, qu'elle n'atteint à la fois qu'un très-petit nombre des habitants d'une même région. Ici est-il bien d'accord avec ses prémisses ? C'est ce que nous examinerons plus tard ; mais du moins il rend ainsi compte plus aisément d'un certain nombre de faits paléontologiques ; et, dans l'appréciation des rapports généraux, il n'a pas besoin d'aller aussi loin que Lamarck, qui ne voyait en somme, dans les êtres vivants, que des individus plus ou moins isolés.

Les principes précédents entraînent un certain nombre de conséquences secondaires qui complètent la doctrine, et permettent d'interpréter un grand nombre de faits de détail. La plupart se rattachent aux lois de l'hérédité, dont le rôle dans les phénomènes dont il s'agit ici est en effet prépondérant. Par exemple, Darwin admet que les caractères d'une utilité transitoire accumulés chez les parents non-seulement se transmettent comme les autres, mais encore apparaissent à la même époque de la vie et au moment précis où ils peuvent servir. C'est ce qu'on pourrait appeler la loi *d'hérédité à terme fixe*.

Notre auteur distingue encore de la sélection naturelle générale ce qu'il nomme la *sélection sexuelle*. On sait que dans presque toutes les espèces il s'élève chaque année, entre les mâles, des luttes excitées par la rivalité. Ces luttes sont souvent de vrais combats, comme chez le cerf, chez certains poissons. Elles peuvent être aussi remarquablement paisibles et revêtir le singulier caractère d'un concours dont les femelles sont juges. Ainsi, à l'époque des amours, certains oiseaux, le merle de la Guyane, les oiseaux de paradis, s'assemblent en grandes troupes. Alors chaque mâle fait parade de tous ses avantages, étale ses plumes et prend les poses les plus étranges, jusqu'à ce que les femelles aient fait leur choix. Or, violentes ou pacifiques, ces luttes ont le même résultat. Quoique survivant d'ordinaire à leur défaite, les vaincus ne contribuent que rarement à la propagation de l'espèce, et les vainqueurs transmettent à leurs descendants leurs caractères de supériorité. L'élection sexuelle vient, on le voit, en aide à la sélection proprement dite, et c'est elle surtout qu'on peut regarder comme étant essentiellement un élément de progrès. Les plus forts, les mieux armés, les plus beaux, ont seuls ici l'avantage, et, sans rien changer au type, leur influence tend sans cesse à le fortifier, à l'embellir.

Acceptons pour le moment toutes les idées de notre auteur, et voyons comment plusieurs espèces bien distinctes sortent, comme d'une souche commune, d'une espèce primitive unique. Nous supposons que celle-ci compte un nombre considérable de représentants occupant une aire géographique très-étendue, par conséquent plus ou moins accidentée et nourrissant un grand nombre d'autres espèces. Les effets du grand nombre et de l'extension pourront ainsi se manifester.

Dans ces conditions, chaque individu devra soutenir la lutte pour l'existence non-seulement contre le monde physique et contre les espèces étrangères, mais encore contre ses propres frères, doués des mêmes aptitudes et ayant à satisfaire aux mêmes besoins. Quelque semblables au début qu'on suppose tous ces êtres de même espèce, des nuances surgiront bientôt parmi eux. L'habitant des plaines contractera d'autres habitudes que celui des montagnes ; celui que le hasard aura fait naître dans un marécage subira des influences de climat opposées à celles qu'imposent des sables arides. Chez tous, d'inévitables altérations physiologiques survenant dans les organes reproducteurs modifieront quelque peu les caractères premiers. Dès lors la sélection naturelle, peut-être quelque peu indécise d'abord, s'accentuera davantage. Or, il est clair que les conditions de supériorité varieront dans les conditions physiques diverses que je viens d'indiquer, aussi bien qu'au milieu d'espèces faibles et inoffensives ou agressives et robustes, douées elles-mêmes d'armes et d'instincts différents. Par conséquent, les caractères élus, comme les appelle Darwin, ne sauraient être partout les mêmes. De là autant de têtes de séries divergentes distinctes, dans chacune desquelles l'hérédité accumulera les petites différences produites par les mêmes causes. Ces séries iront donc s'écartant de plus en plus, s'adaptant de mieux en mieux aux conditions d'existence individuelles. L'élection sexuelle différenciera les sexes ; et, par la supériorité des pères, assoira et perfectionnera les caractères des fils. Ce travail sera lent ; des milliers de générations seront nécessaires pour caractériser les simples *variétés*, les *races*. Dans certaines séries, les changements s'arrêteront à ce point, les modifications réalisées suffisant pour établir l'harmonie nécessaire entre les représentants de ces variétés ou de ces races et le milieu où elles vivent. D'autres séries pousseront plus loin leurs transformations, toujours pour atteindre le même but, pour adapter les organismes aux conditions d'existence ambiantes. À force de s'écarter du point de départ, elles s'isoleront à l'état d'*espèces* distinctes. Telle est, selon Darwin, la marche ordinaire des choses ; mais, si par exception une espèce, une variété, se trouvent dès leur apparition en harmonie avec le milieu qui les entoure, elles ne changent pas ou ne changent que très-peu, aussi longtemps que ce milieu reste le même [1].

Les descendants d'une espèce variable emportent toujours et nécessairement l'empreinte du type spécifique premier. Lorsqu'ils en sont arrivés à former un nombre quelconque d'espèces distinctes, ce cachet qui leur est commun établit entre elles d'évidentes affinités. Elles formeront donc un genre très-naturel. Or, chacune d'elles à son tour peut reproduire des phénomènes analogues et donner naissance, par voie de descendance modifiée, à de nouveaux groupes d'espèces formant de même autant de genres. Il est évident que ceux-ci, tout en élargissant leurs rapports, n'en conserveront pas moins de nombreux traits communs. De l'ensemble résultera donc une famille. Les espèces et les genres composant celle-ci reproduiront ce qui s'est passé ; la famille grandira et en enfantera de nouvelles. Un ordre sera constitué. Nous arriverions ainsi à la classe, à l'embranchement, au règne lui-même.

Alors pourquoi s'arrêter ? Pourquoi, comment isoler le règne animal et le règne végétal ? En présence des rapports étroits et nombreux que montrent leurs derniers représentants, en présence des êtres ambigus que la science n'a su encore placer avec certitude ni dans l'un ni dans l'autre, pourquoi, comment séparer d'une manière radicale les deux grandes divisions de l'empire organique, quand on j'amène à un point de départ commun les types les plus opposés appartenant à chacun d'eux ? Agir ainsi serait conclure en dépit de toutes les lois de l'induction et de la logique.

Aussi, quoique paraissant hésiter à admettre la conclusion der-

1 Darwin rend sensible ce mouvement de transformation et la succession des variétés (races) aboutissant à des espèces, par une figure très-simple composée de lignes qui s'élèvent en divergeant, et se ramifient à partir du point de départ représentant l'espèce primitive. Une de ces lignes, s'élevant verticalement et sans ramifications, figure les espèces qui n'ont pas varié, parce qu'elles se sont trouvées d'emblée adaptées à leurs conditions d'existence. *[De l'origine des espèces,* chap. IV.)

Jean-Louis Armand de Quatrefages

nière de sa doctrine, Darwin a été irrésistiblement entraîné à la formuler. Il lui était impossible, en effet, à moins d'ébranler dans ses fondements tout l'édifice si habilement élevé, de ne pas accepter ce qu'il appelle *un prototype primitif*, ancêtre commun des animaux et des plantes. Que pouvait être ce premier père de tout ce qui vit ? L'auteur se borne à l'indiquer comme ayant pu être une forme inférieure intermédiaire entre les deux règnes ; mais quiconque aura suivi attentivement sa pensée fera un pas de plus, et dira que cette forme devait être la plus simple, la plus élémentaire possible. La cellule, le globule de sarcode ou de cambium, isolés, mais organisés, vivants, doués du pouvoir de se multiplier, soumis par conséquent à la lutte pour l'existence et à la sélection, voilà d'où le darwinisme fait descendre de transmutations en transmutations les mousses comme les zoophytes, le chêne comme l'éléphant.

Chapitre III
ACCORD DU DARWINISME
AVEC CERTAINS FAITS
GÉNÉRAUX.

J'ai résumé aussi fidèlement qu'il m'a été possible la doctrine de Darwin. Je n'hésite pas à le répéter ; pour qui accepte certaines hypothèses que je discuterai plus tard et un mode d'argumentation qu'il me faudra combattre, pour qui oublie certains faits fondamentaux que j'aurai à rappeler, cette doctrine est, des plus séduisantes. Dans ses prémisses, elle présente à un haut degré le cachet de la science moderne ; elle ne marche qu'appuyée sur les faits. Si plus tard elle s'égare, c'est qu'il était impossible de ne pas le faire en cherchant à traiter un pareil sujet. L'auteur marche d'ailleurs logiquement de déduction en déduction, accumulant ce qu'il regarde comme des preuves directes, en cherchant de nouvelles dans les applications faites à l'histoire du passé et du présent des deux règnes organiques comme à celle des individus. Souvent on est surpris de l'accord qui existe entre la théorie et la réalité. Souvent des phénomènes jusqu'ici inexpliqués viennent se placer comme d'eux-mêmes dans le cadre tracé d'avance. Nous verrons tout à l'heure de curieux exemples de ces coïncidences.

Il est inutile d'insister sur les différences qui séparent Darwin de de Maillet et de Robinet. Le lecteur les a certainement déjà aperçues, et en a conclu avec raison que tout rapprochement entre ces trois hommes ne peut reposer que sur une appréciation parfaitement erronée de leurs œuvres. La théorie du savant anglais n'a d'autre rapport avec celle de Telliamed que de conclure également à la mutabilité des espèces. Elle est bien plus étrangère encore aux rêveries de Robinet. Celui-ci ne pouvait pas même aborder le problème fondamental dont il s'agit, puisqu'il supprimait la filiation proprement dite. Le darwinisme est aussi fort éloigné des conceptions un peu vagues de Geoffroy Saint-Hilaire, qui admettait seulement les transformations brusques accomplies pendant la période embryonnaire, et de celles de Bory, qui rattachait toutes les modifications des êtres organisés aux actions du milieu physico-chimique, sans rien dire du mécanisme de ces actions. En revanche, on ne peut méconnaître la presque identité de conception générale qui rapproche Darwin et M. Naudin. Mais le botaniste français s'est borné à émettre une idée, sans entrer dans les détails nécessaires pour qu'on pût en apprécier la valeur.

En définitive, Lamarck est le seul écrivain français qu'on puisse réellement comparer avec Darwin au point de vue qui nous occupe. Déjà on a pu reconnaître que les doctrines soutenues par ces deux esprits éminents présentent de nombreux et sérieux rapports, mais aussi des différences essentielles. Rapports et différences ressortiront de plus en plus dans le courant de ce livre, et je me borne à les indiquer d'une manière générale.

Darwin et Lamarck partent tous deux des phénomènes de variation observés dans les espèces domestiques ou sauvages, et les attribuent aux mêmes causes physiologiques ; par suite, tous deux admettent la variabilité indéfinie des espèces organiques et leur transmutabilité. Tous deux constatent la dégradation progressive que présentent dans leur ensemble les êtres organisés ; ils en concluent également que le point de départ de ces êtres doit se trouver, soit dans un petit nombre de formes, soit dans une forme unique, extrêmement simple, ayant engendré les autres par des transformations successives accomplies avec une lenteur à peu près infinie : les *proto-organismes* de l'un ressemblent beaucoup au *prototype* de l'autre. Mais Darwin prend l'existence de cet ancêtre primitif comme un fait primordial remontant à l'origine des choses, qui ne s'est pas reproduit et qu'il ne cherche pas à expliquer, Lamarck admet au contraire une génération spontanée, incessante, *actuelle* ; et par suite il voit naître de nos jours encore ces corpuscules gélatineux ou mucilagineux capables d'engendrer des animaux et des plantes. Pour expliquer leur transformation organique et la succession des espèces, il a recours à la *nature,* aux *fluides subtils,* à *l'influence* exercée par l'animal sur lui-même sous l'empire du désir ou du besoin ; en un mot, à ces assertions à la fois hypothétiques et vagues qu'on lui a justement reprochées. Au contraire, rien de plus net que les faits invoqués par Darwin, et auxquels il demande la solution du grand problème des espèces. Sans doute le savant anglais exagère la signification de ces faits, et se trouve par là même entraîné à une foule d'hypothèses inadmissibles. Mais, l'exagération admise et le mode d'argumentation accepté, il faut reconnaître qu'il fait preuve d'une étendue, d'une sûreté de savoir vraiment remarquables. Bien plus, je suis le premier à admettre que ses réponses à certaines objections sont parfaitement justes.

Je ne puis m'expliquer, par exemple, comment on a pu nier la lutte pour l'existence et la sélection naturelle. La première se traduit par des chiffres, et il dépend, pour ainsi dire, de nous de savoir ce qu'elle coûte annuellement à une espèce donnée. Bien loin d'être en contradiction avec ce que nous savons du monde organique, elle se présente à l'esprit comme un fait inévitable, fatal, qui a dû se produire dès l'origine des choses, partout et toujours.

C'est là ce qu'oublient parfois quelques naturalistes parmi ceux mêmes qui, à des degrés divers, se déclarent partisans des doctrines de Darwin. Ainsi M. Gaudry, disciple, il est vrai, assez indépendant de son maître, dans le remarquable ouvrage où il a ressuscité pour nous la faune fossile de Pikermi, trace un tableau charmant de ce que devaient être pendant la période tertiaire ces terres, de nos jours à demi désertes. Avec ce sentiment de poésie grave qu'inspire presque toujours une science élevée, il nous fait sentir vivement les harmonies de cette antique nature. Cinq espèces de grands chats, deux petits carnassiers jouant le rôle de nos fouines et de nos putois, étaient chargés de « tempérer ce que la fécondité des herbivores avait d'excessif ». Ceux-ci formaient la très-grande majorité de la faune. Les pachydermes, les ruminants, y étaient richement représentés. D'innombrables antilopes appartenant à diverses espèces distinctes paissaient à côté des hipparions, de deux espèces de mastodontes, de deux espèces de girafes, que dominait de toute sa masse le gigantesque dinothérium, le plus grand des mammifères terrestres qui, ait jamais vécu. « Ce géant du vieux monde, à la fois puissant et pacifique, que nul n'avait à craindre, que tous respectaient, était vraiment la personnification de la nature calme et majestueuse des temps géologiques... Ainsi, ajoute M. Gaudry, il n'y avait pas concurrence vitale ; tout était harmonie, et celui qui règle aujourd'hui la distribution des êtres vivants la réglait de même dans les âges passés [1]. »

Pas de concurrence vitale ! pas de lutte pour l'existence ! Hélas ! un pareil âge d'or n'a jamais été possible. Oublions, si l'on veut, ces carnassiers qui tempéraient ce que la fécondité des herbivores a d'excessif par des procédés évidemment semblables à ceux qu'employent encore les tigres et les lions ; négligeons les conditions diverses imposées au règne végétal tout entier par le climat, par l'atmosphère, par le sol ; ne parlons pas de luttes entre plantes, quelque incessantes qu'elles aient dû être alors comme aujourd'hui : la paix régnait-elle pour cela ? Ces verdoyantes prairies que se disputaient les représentants de cette ancienne faune n'étaient-elles pas en guerre perpétuelle précisément avec ces pacifiques herbivores dont M. Gaudry a retrouvé les restes ? Ces herbivores eux-mêmes échappaient-ils à la lutte ? Non. La rareté, l'absence même de tout être destructeur par nature, n'arrête pas la bataille de la vie. Pour que celle-ci existe, il n'est nullement nécessaire qu'il y ait des mangeurs et des mangés. Elle a certainement régné à Pikermi comme ailleurs. En somme, cette terre ressemblait assez à ces grandes solitudes de l'Afrique australe dont Levaillant, Livingstone, Delegorgue ont tracé de si magnifiques tableaux. Entre l'Orange et le Zambèze, le mastodonte et l'hipparion, sont représentés, peut-on dire, par l'éléphant et le couagga. Des troupeaux composés de milliers d'antilopes errent encore dans ces solitudes [2]. Or un voya-

1 *Animaux fossiles et géologie de l'Attique ; considérations générales sur les animaux de Pikermi.*

2 Livingstone assure avoir vu certains troupeaux qui comptaient plus de 40 000 individus.

Jean-Louis Armand de Quatrefages

geur français, Delegorgue, nous apprend ce qui se passe lors des migrations des euchores. Les bandes en sont si nombreuses, que les têtes de colonne seules profitent de la végétation luxuriante du pays. Le centre achève de brouter ce qui reste. Les derniers rangs ne trouvent plus qu'une terre nue ; et, sous les étreintes de la faim, jalonnent la route de cadavres.

Voilà bien la lutte pour l'existence chez une de ces espèces que nous prendrions pour type de l'animal inoffensif ; et la voilà d'autant plus terrible, comme l'a justement dit Darwin, qu'elle s'exerce entre des êtres semblables, ayant par conséquent à satisfaire les mêmes besoins.

Voilà aussi la sélection naturelle apparaissant comme la conséquence forcée de cette lutte. Chez les euchores, les plus forts, les plus agiles, gagnent la tête, repoussant en arrière les faibles, les alourdis. Les plus dures conditions d'existence incombent ainsi à ceux-là mêmes qui peuvent le moins résister. Leur mort devient inévitable, et l'épuration du troupeau en est le résultat.

Bien que reconnaissant l'exactitude de ces faits, quelques naturalistes ont vivement critiqué le terme de sélection et le rapprochement établi par Darwin entre ce qui se passe dans la nature et les procédés mis en œuvre par les éleveurs. C'est, a-t-on dit, prêter aux forces naturelles une sorte de spontanéité raisonnée qu'on ne saurait admettre.

Sans doute ; mais le savant anglais a répondu d'avance en signalant le premier ce que l'expression a de métaphorique. Quant au rapprochement lui-même, il est parfaitement fondé. Entre la lutte qui tue et l'éleveur qui d'une manière quelconque empêche les individus les moins parfaits de concourir à la production, il n'y a pas grande différence ; parfois la similitude est complète. Un cheval hongre, un bœuf, un mouton, un chapon, tout en conservant leur vie individuelle et continuant à rendre des services à leur propriétaire, n'en sont pas moins morts pour l'espèce. À ce point de vue, les seuls individus survivants sont ceux que nous appelons étalon, taureau, bélier, coq. M. Naudin, Darwin, ont eu raison d'assimiler notre sélection, toujours volontaire et plus ou moins raisonnée, à l'élimination qu'entraîne nécessairement le jeu des forces organiques et inorganiques. Seulement tous deux se sont mépris quant au résultat final, et n'ont pas fait une assez large part à l'intelligence. J'espère montrer qu'une fois engagé dans cette voie, l'homme a fait plus que la nature.

On ne saurait donc contester ni la sélection, ni les suites qu'elle entraîne, lorsqu'il s'agit des formes et des fonctions organiques ; mais peut-on admettre qu'elle existe et agisse, de la même manière sur le *je ne sais quoi* que nous appelons l'instinct ? Darwin s'est posé cette question, et l'a naturellement résolue dans le sens de l'affirmative. Ici encore on ne peut qu'adopter sa manière de voir dans une certaine limite.

En fait, les instincts sont variables comme les formes. Nous voyons chaque jour, sous l'empire de la domestication, les instincts naturels s'effacer, se modifier, s'intervertir. Certainement aucun des ancêtres sauvages de nos chiens ne s'amusait à arrêter le gibier ; le sanglier, devenu domestique, a perdu ses habitudes nocturnes. Dans la nature même et sous l'empire de conditions d'existence nouvelles, nous constatons des faits analogues. Troublés dans leurs paisibles travaux, les castors se sont dispersés et ont changé leur genre de vie ; ils ont remplacé leurs anciennes cahutes par de longs boyaux percés dans la berge des fleuves. D'animal sociable et bâtisseur qu'il était, le castor est devenu animal solitaire et terrier. Les instincts sont d'ailleurs héréditaires. La loi d'accumulation a donc prise sur eux, et ce fait se constate aisément. Le proverbe : « Bon » chien chasse de race », exprime une vérité scientifique qu'eussent au besoin mise hors de doute les expériences de Knight. Il n'est pas d'ailleurs besoin d'insister sur l'utilité de certains instincts. Darwin a donc pu très-logiquement leur appliquer toute sa théorie, admettre l'acquisition graduelle de chaque faculté mentale, et prévoir l'époque où la psychologie, guidée parce principe, reposera sur des bases toutes nouvelles.

En définitive, pour qui croit que la cellule primitive a pu se transformer au point de devenir anatomiquement et physiologiquement une abeille, un coucou, un castor, il n'est pas plus difficile d'admettre qu'elle ait acquis les instincts qui de tout temps ont attiré sur ces animaux l'attention des naturalistes.

Malheureusement c'est ici qu'il me faut abandonner un auteur avec lequel on aimerait à être jusqu'au bout en communauté de pensées. Sans doute l'espèce est *variable* ; sans doute, en présence des faits qui s'accumulent chaque jour, on doit reconnaître que ses limites de variation s'étendent bien au delà de ce qu'ont admis quelques-uns des plus grands maîtres de la science, Cuvier par exemple. Mais rien n'indique jusqu'ici qu'elle soit *transmutable*. Partout autour de nous des races naissent, se développent et disparaissent ; nulle part on n'a montré une espèce engendrée par une autre espèce, un type plus élevé sorti d'un type inférieur. C'est cette faculté de transmutation sans limites attribuée aux types organiques que je ne saurais accepter, qu'il s'agisse de l'organisme matériel, des manifestations physiologiques ou des instincts.

J'aurai plus tard à donner les raisons qui militent en faveur de ma manière de voir ; mais avant d'entrer dans la discussion du darwinisme, je dois suivre l'auteur dans les applications de sa théorie. Ce n'est pas la partie la moins curieuse, la moins attrayante de son œuvre.

Et d'abord constatons que, malgré les analogies incontestables existant entre les conceptions de Lamarck et de Darwin, le rapprochement des faits et des conséquences logiques des deux théories met tout d'abord en évidence la supériorité du naturaliste anglais. Lorsque avec l'auteur de la *Philosophie zoologique* on admet une génération spontanée toujours agissante, et par conséquent une incessante genèse, il est bien difficile de s'expliquer comment le nombre des types fondamentaux a toujours été si restreint ; comment il est resté constant pendant les myriades de siècles que suppose, dans toute théorie admettant la variation lente, la formation des espèces actuelles et des espèces éteintes. Pour expliquer ce fait capital, le savant français est obligé de recourir à des *lois préétablies*. Par cela même il sort des données exclusivement scientifiques. En outre l'apparition successive et la filiation des types de classes, telles qu'il les conçoit, s'accordent peu avec certains faits paléontologiques.

Il en est tout autrement dans la théorie de Darwin. Celle-ci expliquerait assez bien de quelle façon l'ordre admirable que nous constatons de nos jours s'est établi dès le début par la force des choses et comme de lui-même, comment il s'est maintenu à travers les âges. L'identité des conditions d'existence premières, la simplicité organique originelle, rendent compte d'une manière plausible du petit nombre des types primordiaux, règnes et embranchements. La complication croissante des organismes et leur différenciation progressive ressortent comme autant de conséquences forcées de ces premières modifications et de la lutte pour l'existence, dont les conditions ont dû varier et se compliquer par les changements survenus à la surface du globe. De la filiation ininterrompue des espèces et des deux lois de divergence et de continuité, il résulte non moins impérieusement que tout type réalisé dans ses traits généraux, tout en se modifiant graduellement, ne saurait s'effacer d'une manière absolue dans aucun de ses représentants ; que ses dérivés les plus éloignés en conservent toujours l'empreinte fondamentale et ne sauraient passer à un autre. Ainsi se trouve expliquée l'uniformité fondamentale du monde organique dans le passé et dans le présent, en dépit du temps et de l'espace.

Nous devons insister quelque peu sur cette dernière considération. C'est là incontestablement un des traits essentiels du darwinisme, et qui le sépare encore des autres doctrines transformistes. Telliamed admet la transformation individuelle des poissons en oiseaux ; Lamarck fait descendre ces derniers des reptiles. De pareilles déviations sont impossibles dans les idées de Darwin. Eût-il acquis le vol de l'aigle, tout animal qui compterait un poisson où un reptile *bien caractérisé* parmi ses ancêtres ne pourrait jamais être l'allié même des canards ou des pingouins ; il resterait attaché à l'une ou à l'autre des deux classes inférieures des vertébrés. Pour retrouver l'origine des trois types, il faudrait pouvoir remonter jusqu'à un *ancêtre commun* dont l'organisme encore indécis ne réalisait ni l'un ni l'autre.

Cette conséquence directe des données sur lesquelles repose toute la doctrine darwinienne pourrait être appelée la *loi de caractérisation permanente*. Elle a été parfois oubliée par quelques-uns des plus fervents disciples du savant anglais ; et pourtant la supprimer, ce serait ôter à sa doctrine un de ses étais les plus puissants. Elle seule en effet peut résoudre une foule de questions que soulève l'étude générale des êtres organisés dans le présent aussi bien que dans le passé ; .seule elle peut fournir jusqu'à un certain point une explication de l'ordre admirable du monde organique. Ce principe enlevé, toute cause de coordination disparaîtrait, et il faudrait, ou bien admettre avec Lamarck des *lois préétablies,* ou bien supposer que les transformations, livrées à tant de causes d'écart, n'ont produit que par un pur hasard ce tout harmonieux qu'étudient les naturalistes, qu'admirent les poètes et les penseurs.

À l'époque où Lamarck écrivait sa *Philosophie zoologique,* on était, à la rigueur, excusable de méconnaître les problèmes posés par la paléontologie naissante. Il ne saurait en être de même depuis que les faunes éteintes nous sont connues, au moins dans ce qu'elles ont de général. Toute doctrine de la nature de celles que nous examinons ici doit avant tout nous donner la clef de ce passé. Or, à voir les choses en bloc et au premier coup d'œil, celle de Darwin semble satisfaire à cette condition d'une manière remarquable.

Depuis longtemps les paléontologistes ont admis que la création animée a été en se perfectionnant des anciens temps jusqu'à nos jours. Agassiz, appliquant cette donnée aux représentants d'une même classe, a soutenu que les espèces éteintes rappelaient à certains égards les embryons des espèces actuelles. Il y a certainement de l'exagération et plus d'apparence que de réalité dans cette manière de voir ; mais, le fait seul qu'un homme aussi éminent qu'Agassiz ait cru pouvoir la soutenir, donne une idée des rapports existant entre les êtres organisés que nous voyons et ceux qui les précédèrent à la surface du globe. Ajoutons que les espèces éteintes viennent toutes se ranger très-naturellement à côté ou dans le voisinage des espèces vivantes. Pour les distribuer d'une manière méthodique, il n'a pas été nécessaire d'imaginer des nomenclatures, des classifications nouvelles. Pour trouver une place à tous les animaux fossiles découverts jusqu'ici, on n'a pas eu à créer une seule *classe* de plus. En revanche, ces fossiles ont comblé une foule de lacunes et rempli bon nombre de *blancs* dans nos cadres zoologiques ou botaniques. Les espèces éteintes et les espèces vivantes apparaissent donc comme les parties intégrantes d'un même système de création, réunissant par des rapports, au fond toujours identique, le passé et le présent du monde organisé.

Il est clair que ces faits généraux s'accordent avec la théorie que j'ai exposée.

Un autre fait sur lequel Darwin a appelé l'attention, et qu'ont mis hors de doute les travaux de nos plus célèbres paléontologistes, est l'étroite parenté qui relie parfois dans une même contrée les vivants et les morts. Les faunes fossiles tertiaires de certaines régions présentent en effet avec la faune de nos jours des affinités d'autant plus frappantes, que cette dernière est plus exceptionnelle. L'Australie avec ses marsupiaux, l'Amérique méridionale avec ses édentés, la Nouvelle-Zélande avec ses singuliers et gigantesques oiseaux, sont autant d'exemples remarquables de ce que Darwin appelle la *loi de succession des types*. Il est évident que ce n'est qu'un cas particulier, mais très-curieux, de la loi de caractérisation permanente, maintenant à un haut degré le cachet d'un type donné pendant le développement d'espèces nouvelles, de genres nouveaux, et à travers les changements subis par la croûte du globe.

Il est des faits d'une tout autre nature que la théorie doit également expliquer. Les types secondaires, simples modifications de types *d'ordre* ou de *classe*, sont loin de se propager toujours comme dans le cas précédent. On les voit au contraire se succéder et se remplacer, tantôt d'une manière progressive et lente, tantôt presque subitement. Une fois éteints, ils ne reparaissent plus. Il en est de même des espèces, et c'est de là que viennent l'importance et la sûreté des renseignements que l'étude des fossiles fournit aux géologues. Or, la sélection naturelle et la lutte pour l'existence rendent aisément compte de l'extinction, soit des espèces isolées, soit des groupes les plus nombreux. Sans même faire intervenir aucun élément étranger, il est clair que, dans une région donnée, l'une et l'autre ont assuré aux individus qui se modifiaient pour mieux s'adapter aux conditions d'existence, à leurs descendants qui s'isolaient et se transformaient en espèces, une supériorité de plus en plus marquée sur les espèces qui ne changeaient pas. Celles-ci, devenues inférieures au point de vue de l'adaptation, ne purent donc que succomber et être remplacées par des formes nouvelles. En pareil cas, la substitution dut s'accomplir progressivement et peu à peu. Elle put au contraire être brusque à la suite d'une invasion analogue à celles dont les animaux et les plantes de nos jours fournissent des exemples. Mais il faut alors supposer que les espèces conquérantes s'étaient formées ailleurs, car toute apparition subite d'un type ou d'une espèce comptant d'emblée de nombreux représentants est en désaccord complet avec les fondements mêmes de la doctrine darwinienne.

Ces changements dans les faunes paléontologiques embrassent

Jean-Louis Armand de Quatrefages

parfois le monde entier, et semblent s'être accomplis à la même époque. En même temps les types de remplacement présentent dans les deux mondes et dans les deux hémisphères une frappante analogie. Par exemple, les mollusques de la craie d'Europe ont leurs termes correspondants dans les deux Amériques, à la Terre de Feu, au cap de Bonne-Espérance et dans l'Inde. Les espèces ne sont pas identiques ; mais elles appartiennent aux mêmes familles, aux mêmes genres, aux mêmes sous-genres, et parfois les mêmes détails caractéristiques se retrouvent dans les deux mondes [1]. Cette transformation simultanée [2] des formes organiques, ce *parallélisme* des faunes a vivement excité l'attention des paléontologistes. De pareils phénomènes, dise MM. d'Archiac et de Verneuil, « dépendent des lois générales qui gouvernent le règne animal tout entier » ; ils posent évidemment à la science un problème des plus intéressants.

Eh bien ! encore ici la théorie de Darwin peut s'accorder avec les faits. Il suffit d'admettre que sur un point donné du globe existait, aux époques dont il s'agit, une famille, un genre même, dominant sur une contrée étendue, composé d'espèces à la fois très-nombreuses et facilement variables, capables par conséquent de s'adapter aisément aux milieux les plus divers. Un pareil groupe devra inévitablement s'étendre de proche en proche et en tout sens. Ses représentants, rapidement perfectionnés, détruiront et remplaceront les espèces locales, et ne s'arrêteront que devant des barrières infranchissables, telles qu'en présenteraient les terres pour des espèces marines. Dans ces migrations lointaines, et par suite des conditions d'existence qu'elles rencontreront, les espèces du groupe conquérant se modifieront sans doute, la loi d'adaptation tirera de ce fonds commun une foule d'espèces nouvelles ; mais la loi de caractérisation permanente maintiendra des rapports fondamentaux entre les genres et les familles qu'elles engendreront à leur tour, et, quand leurs descendants auront repeuplé le globe, ils porteront encore dans leurs traits caractéristiques le cachet de cette origine commune.

Ces modifications de toute sorte, ces migrations en tout sens,

1 Darwin.

2 Les mots *même époque, transformation simultanée,* sont pris ici dans le sens géologique et non dans le sens ordinaire. Ils peuvent en réalité comprendre des événements séparés par un laps de temps plus ou moins considérable.

s'accomplissaient, selon Darwin, pendant que le globe lui-même subissait les révolutions dont sa croûte solide a conservé les traces et passait par diverses alternatives de climat. Le monde organique recevait évidemment le contrecoup des événements géologiques, et son évolution régulière en était inévitablement troublée. Un continent effondré laissait isolées l'une de l'autre deux faunes jusque-là en contact ; un continent soulevé pouvait être peuplé à la fois de différents côtés, et recevoir ainsi des représentants de faunes précédemment bien distinctes ; une période glaciaire amenait au cœur de régions naturellement tempérées ou même chaudes des espèces des pays froids, qui plus tard pouvaient se séparer, les unes se retirant sur le sommet des montagnes, les autres fuyant vers le pôle, quand la température se réchauffait de nouveau. L'état présent n'est que la résultante de tout ce passé si complexe.

Cette conséquence de la doctrine darwinienne n'est pas une des moins frappantes. L'imagination s'arrête involontairement sur ce tableau de la continuité et de la corrélation des phénomènes, sur cette solidarité des premiers débuts et de ce qui pour nous est la fin des choses, sur cette étroite connexion du globe et des êtres vivants qu'il nourrit. Ajoutons que la distribution des faunes et des flores semble encore ici confirmer la théorie par certains faits généraux. Telle est en particulier la différence parfois très-grande que présentent les productions de contrées offrant d'ailleurs des conditions d'existence presque identiques en apparence. Les lois de l'hérédité comprises à la façon de Darwin, les grandes migrations accomplies sous la condition de la lutte pour l'existence et de la sélection naturelle, expliquent ce fait très-naturellement. Telle est encore l'influence des barrières naturelles arrêtant les migrations ou forçant à d'immenses détours les espèces envahissantes, qui se modifient en route, et s'écartent d'autant plus de la forme originelle, que le voyage est plus long.

De cet ensemble de causes et d'effets jouant à leur tour le rôle de causes résulterait très-naturellement l'un des traits les plus saillants de la distribution des êtres : je veux parler de ces grandes aires botaniques ou zoologiques nommées par, la plupart des naturalistes, *centres de création*. Darwin a désigné par cette expression le lieu d'origine de chaque espèce. Il a montré que sa théorie, conduit à regarder chacune d'elles comme ayant été d'abord cantonnée et n'ayant pu s'étendre que par voie de migration. Or, les genres ayant pris naissance comme les espèces, l'aire occupée par chacun d'eux a dû d'abord être continue. La descendance de plus en plus modifiée d'un petit nombre de genres dominants a donc envahi de proche en proche les régions voisines, emportant partout avec elle l'empreinte des types originels. Ainsi s'expliquent les analogies remarquables, la ressemblance générale des êtres qui peuplent les plus grands centres de création, Un continent, une mer. Les conditions d'existence variant d'ailleurs de l'un à l'autre dans l'ensemble et entraînant des exigences d'adaptation différentes, on comprend que chaque grand centre devra différer des autres, alors même que les types premiers qui ont peuplé à l'origine chacun d'eux eussent été voisins.

La migration des groupes isolés, les conditions rencontrées pendant le voyage, peuvent avoir aisément entraîné l'apparition des types spéciaux, en même temps que les conditions générales ont pu faire varier d'une manière analogue les représentants de types fort différents. L'Australie, l'Amérique du Sud, l'Afrique australe, présentent à un remarquable degré tous ces caractères. Ces continents, placés dans le même hémisphère et à peu près sous les mêmes parallèles, possèdent au moins par places des conditions d'existence fort semblables.   Les phénomènes d'adaptation devaient donc offrir une certaine analogie et engendrer des êtres présentant des rapports assez étroits. Ici encore les faits concordent avec les inductions théoriques. Darwin cite l'agouti, la viscache, comme représentant dans l'Amérique du Sud nos lièvres et nos lapins ; — l'émeu, l'autruche, le nandou, comme reproduisant des formes analogues en Australie, en Afrique et en Amérique. Il aurait pu citer encore tous les marsupiaux de l'Australie, dont le type se modifie, de manière à répéter pour ainsi dire, dans cette série particulière, les grandes divisions des autres mammifères. Évidemment sa théorie justifie aisément ce parallélisme depuis longtemps signalé par les naturalistes.

La doctrine de Darwin rend également compte d'un autre fait non moins important. Une contrée, centre de création très-distinct quand il s'agit d'un groupe animal, peut fort bien se fondre dans les régions voisines lorsqu'on étudie un groupe différent. À ne considérer que la classe des mammifères, l'Australie est un centre des plus isolés ; il en est de même de la Nouvelle-Zélande, si l'on s'en tient au groupe des oiseaux. Pour qui s'occupe des insectes, au contraire, ces deux contrées doivent être réunies entre elles et à la Nouvelle-Guinée [1]. Le développement successif des types généraux, le peuplement par migrations tel que l'entend le savant anglais, expliquent aisément cet état de choses incompatibles avec d'autres théories qu'ont pourtant soutenues quelques hommes d'une haute autorité [2].

Les espèces, les groupes de tout rang distribués à la surface du globe, ont entre eux des rapports multiples et variés dont la connaissance constitue le fond de la *méthode naturelle* telle que l'entendait Cuvier. C'est ici surtout que la doctrine de Darwin est faite pour entraîner les naturalistes. Certainement elle interprète bien mieux qu'aucune autre ces rapports et en explique l'origine. Ajoutons seulement qu'en substituant l'idée de *filiation* et de parenté réelle à la notion d'*affinité* et de simple voisinage, Darwin accroît de beaucoup l'intérêt déjà si grand qui s'attache à cet ordre de recherches. Il se rencontre ici parfaitement avec Lamarck ; et il est à regretter qu'il n'ait pas suivi l'exemple de son devancier en dressant le tableau généalogique des groupes principaux du règne animal, ou tout au moins en faisant l'application de ses idées à un certain nombre de types.

Mlle Royer, dans quelques-unes des nombreuses notes où elle a fait preuve souvent d'un vrai savoir, toujours de beaucoup d'imagination et d'esprit, a complété Darwin sur ce point. Partant de la classe des poissons, elle voit naître au sein des eaux, d'une part des poissons volants, pères des reptiles volants de l'ancien monde et de nos oiseaux actuels, et d'autre part des poissons rampants, qui se transformèrent en reptiles ordinaires, d'où sortirent à leur tour les mammifères. Il est à remarquer que, dans ces développements très-logiques de la pensée de son maître, Mlle Royer se rencontre avec Lamarck à peu près autant que le permettent les progrès de la science. Comme lui, entre autres, elle attribue à une métamorphose régressive l'apparition du type des cétacés.

Évidemment la conception de Darwin comme celle de Lamarck,

---

1 *Introduction à l'entomologie*, par Lacordaire.
2 Voyez, entre autres, la doctrine exposée par Agassiz dans les *Types of Mankind (Sketch of the Natural Provinces of the Animal world)*,

la sélection naturelle comme le développement par suite des habitudes, conduisent à admettre qu'il ne peut y avoir de distinction tranchée d'espèce à espèce, à plus forte raison de groupe à groupe. Nous savons tous pourtant qu'il n'en est pas ainsi, et c'est là certainement une des difficultés les plus graves des théories dont il s'agit ici. Nous avons vu le naturaliste français rendre compte de ces irrégularités par des *circonstances accidentelles,* quand il ne trouvait pas d'espèces intermédiaires, comme l'ornithorhynque. Ne tenant pas compte des données paléontologiques, encore bien imparfaites de son temps, il ne pouvait guère en effet invoquer d'autres raisons. Venu près d'un demi-siècle après lui, le savant anglais avait de bien autres faits à sa disposition, et c'est précisément la paléontologie qui les lui fournit. Comme l'avait fait Blainville, et bien d'autres depuis, c'est aux faunes, aux flores éteintes qu'il demande les types intermédiaires destinés à combler les différences trop tranchées qui isolent nos genres, nos ordres, nos classes. Parfois, il faut l'avouer, elles semblent répondre à son appel. « Le cochon et le chameau, le cheval et le tapir, sont des formes parfaitement distinctes pour tous et à première vue ; mais, si nous intercalons entre eux les divers mammifères fossiles qui ont été découverts dans les familles dont ces genres font partie, ces animaux se trouvent rattachés les uns aux autres par des liens de transition assez serrés. »

Toutefois la paléontologie est souvent muette, et ne fournit pas les types de transition désirés. Darwin explique ces lacunes par l'imperfection de notre savoir, par l'insuffisance des documents géologiques. Il ne pense pas que les couches du globe renferment les restes de tout ce qui a vécu. Il admet au contraire qu'un concours de circonstances assez difficile à réaliser a été nécessaire pour qu'il se formât des couches fossilifères. À l'en croire, nous devons donc renoncer à être jamais renseignés même sur des périodes entières ; et cependant il se croit autorisé, à conclure que l'ensemble des faits témoigne en sa faveur. C'est un des points sur lesquels j'aurai plus tard à revenir.

Les naturalistes n'ont pas à rechercher seulement les rapports de supériorité ou d'infériorité relative. Il en est d'autres plus obscurs, et plus délicats dont on se préoccupe aujourd'hui avec raison, et dont la doctrine de Darwin rend souvent compte d'une manière à la fois simple et plausible. Ces rapports sont ceux qu'on désigne par les expressions de *termes correspondants, d'analogues,* de *types aberrants,* de *types de transition.*

On donne le premier nom à des êtres qui, quoique appartenant à des types différents, n'en présentent pas moins des ressemblances secondaires tellement frappantes, qu'elles peuvent parfois masquer momentanément les différences radicales et faire croire à une parenté qui en réalité n'existe pas. Divers groupes de mammifères, par exemple, possèdent des représentants dont les uns sont faits pour mener une vie toute terrestre, dont les autres habitent les eaux. Pour les premiers, la distinction est aisée : personne ne confondra un carnassier et un pachyderme terrestre. Mais chez les représentants amphibies de ces deux ordres le type a dû subir des modifications profondes pour s'adapter à un genre de vie spécial ; et, les conditions d'adaptation étant les mêmes, il en est résulté des ressemblances qui ont fait longtemps hésiter les naturalistes. Le morse et le dugong, autrefois placés à côté l'un de l'autre, aujourd'hui séparés avec juste raison, sont des termes correspondants. Chez tous les deux la forme générale du corps s'est modifiée, les membres sont réduits à de simples palettes jouant le rôle de nageoires. Un pas de plus, et l'on arrive aux baleines, aux dauphins, que le vulgaire, trompé par les formes extérieures, confond avec les poissons, et qui ne sont en réalité que les analogues de cette dernière classe dans celle des mammifères. On vient de voir que le darwinisme explique aisément ces apparences de contractions morphologiques.

L'épithète d'aberrant peut s'appliquer à tout groupe qui s'écarte brusquement, par une ou plusieurs particularités frappantes, du type auquel il se rattache d'ailleurs par les caractères les plus essentiels. Des conditions d'adaptation exceptionnelles suffisent généralement pour justifier l'existence de ces espèces ou de ces groupes hors rang.

Il est un cas plus difficile à expliquer, et dont la théorie de Darwin rend également compte. Je veux parler des types de transition. J'ai proposé de comprendre sous cette dénomination les groupes ou les espèces chez lesquels l'écart résulte de la juxtaposition de certains traits caractéristiques empruntés de toutes pièces à des groupes fondamentalement distincts. Tels sont les échiures, dont les appendices antérieurs sont disposés par paires, comme chez les annelés, tandis que les postérieurs divergent autour du corps, comme chez les rayonnes. Tels sont, encore le lepidosiren, qui tient du reptile et du poisson ; l'ornithorynque, qui, véritable mammi-fère, touche à la fois aux oiseaux et aux reptiles par son organisa-tion. Pour Darwin, ce sont là autant de représentants peu modifiés des anciennes souches mères. Ils montrent ce qui existait avant que les rayonnes et les annelés, les poissons et les reptiles, les oiseaux et les mammifères, eussent été définitivement séparés, grâce à la loi de divergence. Les types de transition seraient donc plus anciens à la surface du globe qu'aucun de ceux qu'ils relient à titre d'inter-médiaires. Ici la théorie n'explique pas seulement des faits difficiles à interpréter, elle détermine en outre l'époque relative où ils ont dû apparaître.

La morphologie générale et l'anatomie philosophique présentent souvent avec la doctrine de Darwin un accord non moins saisis-sant.

Chacun sait que les membres antérieurs de l'homme, du lion, du cheval, de la chauve-souris, sont composés d'éléments identiques au fond. Les invertébrés présentent des faits encore plus frappants peut-être. Dans la trompe si longue et si flexible du papillon, on retrouve les pièces qui composent la courte et robuste armature de la bouche chez les coléoptères. Tous ces faits ne sont au reste que des applications particulières d'une loi générale, de la loi d'éco-nomie, si bien mise en lumière par M. Edwards. Lorsque, partant des types inférieurs, on étudie comparativement des organismes de plus en plus élevés, on ne les voit jamais se perfectionner brus-quement. Surtout, même alors que les fonctions augmentent en nombre, les instruments anatomiques chargés d'y subvenir ne pré-sentent pas pour cela d'emblée une multiplication correspondante. Il semble que, peu impérieux au début, chaque besoin physiolo-gique nouveau peut être satisfait par la simple adaptation d'un or-gane déjà existant. Parfois les fonctions les plus générales, les plus nécessaires à l'entretien de la vie, s'accomplissent de cette manière. La respiration se fait longtemps par la peau seule ; elle se localise ensuite sur quelques parties de l'enveloppe générale, sur certains points des organes locomoteurs, jusque dans la partie postérieure du tube digestif, bien avant qu'apparaissent des organes respira-toires proprement dits, branchies, poumons ou trachées. De là vient précisément cette gradation, cette progression des êtres, qui conduit par degrés du plus simple au plus composé, et qui a donné naissance à l'aphorisme : *Natura non facit saltus.*

Qui ne voit que cette adaptation d'un même organe à l'accomplissement de fonctions diverses, la lenteur avec laquelle apparaissent les organes nouveaux, l'économie qui semble présider sans cesse à la constitution des appareils organiques, le perfectionnement insensible, mais progressif, qui résulte de cet ensemble de causes, pourraient se déduire des lois de la sélection naturelle ?

Il y a plus. Dans tout organe composé de plusieurs éléments, les relations anatomiques entre ceux-ci sont à peu près invariables. Geoffroy Saint-Hilaire, qui le premier a formulé ce principe des connexions, disait avec raison : « Un os disparaît plutôt que de changer de place. » Il partait des animaux supérieurs, et descendait l'échelle. Procédant en sens inverse, nous dirons : L'intercalation d'un élément nouveau peut seule rompre les rapports des éléments préexistants. De la palette natatoire des tortues marines à l'aile des oiseaux et aux bras de l'homme lui-même, cette loi se vérifie aisément, bien que les fonctions à accomplir soient aussi différentes que possible, et que la forme des éléments osseux varie considérablement.

Ici encore les lois d'hérédité et de caractérisation permanente posées par Darwin expliquent logiquement les modifications subies par les éléments de ces membres. La première accumule les petites différences et produit la divergence ; la seconde maintient le plan général. L'esprit, en se figurant la succession des phénomènes, ne voit aucune raison qui puisse amener le déplacement d'un seul os, d'un seul élément organique, quelque raccourcissement, quelque élongation, quelque transformation morphologique qu'il ait subie.

De l'ensemble des règnes organiques, nous arrivons ainsi avec Darwin à l'espèce et à ses représentants adultes. Le savant anglais nous conduit plus loin encore, et rattache à sa doctrine le développement individuel lui-même.

Adoptant à la fois les idées de Serres et celles d'Agassiz, Darwin voit dans l'ensemble des phénomènes embryogéniques la représentation de la genèse des êtres. L'embryon est pour lui l'animal lui-même, moins modifié qu'il ne le sera plus tard, et reproduisant dans son évolution personnelle les phases qu'a présentées l'espèce dans sa formation graduelle. Il rend compte par là de la ressemblance extrême, de l'identité apparente si souvent constatée aux premiers temps de leur existence entre les animaux qui seront plus tard les plus différents, tels que les mammifères, les oiseaux, les lézards, les serpents [1]. L'identité de leur structure embryonnaire atteste à ses yeux leur communauté d'origine. À cette époque de leur vie, ils reproduisent les traits de quelque ancêtre commun d'où ils descendent tous. Les phases successives qu'ils ont à traverser pour atteindre à leurs formes définitives ne sont qu'une manifestation de la loi d'hérédité à terme fixe faisant reparaître chez l'individu, dans l'ordre où ils ont apparu, les caractères successivement acquis par les variétés, les races et les espèces qui ont précédé les types actuels. La même loi rend compte des différences qui distinguent les jeunes des adultes.

Le développement récurrent lui-même, ce phénomène singulier qui nous montre l'animal parfait très-inférieur à sa larve au point de vue de l'organisation, trouve encore dans cette manière de voir une interprétation satisfaisante, et révèle les transformations' régressives qui ont donné naissance à certains types inférieurs. La larve du taret, par exemple, possède un pied, un organe natatoire très-développé, des yeux ; elle est très-agile et parcourt en tout sens le vase qui la renferme. L'animal adulte a perdu tous ces organes. Retiré dans une galerie creusée dans quelque morceau de bois, il reste immobile, se bornant à développer et à contracter ses tubes respiratoires, à exécuter les mouvements obscurs de rotation nécessaires pour donner à sa prison les dimensions exactes de son corps. Le taret adulte est donc anatomiquement et physiologiquement bien au-dessous de sa larve. Au point de vue de Darwin, celle-ci reproduit pourtant les traits d'un ancêtre. Si le taret ne lui ressemble pas, s'il a rétrogradé dans l'échelle des êtres, c'est qu'il a été dégradé par les nécessités de l'adaptation.

Dans les applications de sa doctrine à l'embryogénie, Darwin ne compare guère les uns aux autres que les représentants d'une même

1 Darwin cite ici un fait intéressant qu'il emprunte à Baër : « Je possède, dit cet illustre vétéran de la science moderne, deux jeunes embryons préparés dans l'alcool dont j'ai omis d'indiquer les noms, et il me serait complètement impossible aujourd'hui de dire à quelle classe ils appartiennent. Ce peuvent être des lézards ou de petits oiseaux, ou de très-jeunes mammifères. »

classe, et tout au plus ceux de l'embranchement des vertébrés. Il ne passe pas d'un embranchement à l'autre, et semble s'arrêter devant une généralisation complète. J'aurais aimé à voir le savant anglais aller jusqu'au bout, et il le pouvait certainement sans se montrer beaucoup plus téméraire que nous ne l'avons vu jusqu'ici.

Si toute phase embryonnaire semblable ou seulement analogue atteste entre les animaux les plus différents une descendance commune, il doit en être à plus forte raison de même lorsqu'il y a identité au point de départ. Or cette identité, au moins apparente, existe entre tous les êtres vivants, à la condition de remonter assez haut. A leur début premier, tous les animaux se ressemblent et ressemblent aux végétaux : l'œuf, la graine, où se développera l'embryon et qui le contiennent virtuellement, débutent partout de la même manière. L'un et l'autre ne sont d'abord qu'une simple cellule. L'embryogénie nous ramène donc, soit au *prototype* de Darwin, soit à quelque chose de très-semblable. Pourquoi ne pas voir dans la cellule ovulaire le représentant de cet ancêtre commun de tout ce qui vit ? La loi d'hérédité à terme, une des plus heureuses inventions de l'auteur, n'est-elle pas là pour expliquer les phases qui séparent cette forme initiale de la forme indécise du vertébré à peine ébauché, comme elle a interprété le passage de celui-ci au type accentué de reptile ou de mammifère ? Tel est évidemment le dernier terme des idées darwiniennes appliquées à l'embryogénie.

La théorie de Darwin ne se borne pas à grouper les phénomènes présents et passés du monde organique, à les interpréter les uns par les autres. Elle permet encore de jeter un coup d'œil sur l'avenir, et de prévoir jusqu'à un certain point ce que seront les faunes, les flores qui succéderont aux plantes, aux animaux que nous connaissons.

Rappelons-nous les phénomènes généraux du développement et de l'extinction des êtres, et l'interprétation qu'en donne le savant anglais. En général, les genres qui ne comptent que peu d'espèces, les espèces représentées par un petit nombre d'individus, sont, d'après lui, en voie de disparaître. Au contraire, toute espèce largement développée, et à laquelle se rattachent un grand nombre de variétés, tout genre composé de nombreuses espèces répandues sur de vastes espaces, attestent par cela même leur vitalité, et réunissent les conditions nécessaires pour l'emporter dans la bataille de la vie. En vertu des lois que nous avons exposées, la victoire leur est assurée ; tôt ou tard ils anéantiront leurs rivaux et renouvelleront la face du globe. Ils se modifieront sans doute et enfanteront de nombreux sous-types ; mais la loi de caractérisation permanente arrêtera tout écart trop marqué. Les différences ne sauraient guère s'étendre au delà de ce que nous montrent les dernières époques géologiques. Dès à présent donc, le botaniste, le zoologiste, peuvent faire une sorte de triage approximatif parmi les types contemporains, prévoir la disparition des uns, l'extension et les évolutions des autres, et se figurer le monde de l'avenir à peu près comme ils reconstruisent le monde du passé.

Je viens de résumer, en me plaçant autant que possible au point de vue de l'auteur, la doctrine de Darwin et ses principales applications. Il n'est que juste de reconnaître ce qu'il y a de remarquable dans cette ingénieuse conception, dans la manière dont elle a été développée. Certes ce n'est pas un esprit ordinaire, celui qui, partant de la lutte pour l'existence, trouve dans la fatalité de ce fait la cause du développement organique ; qui rattache ainsi le perfectionnement graduel des êtres, l'apparition successive de tout ce qui a existé, existe et existera, aux fléaux mêmes de la nature vivante, à la guerre, à la famine, à la mort ; qui, dans l'évolution embryogénique d'un seul individu, retrouve l'histoire de tout un règne ; qui, dépassant les appréciations des plus hardis géologues, repousse dans un incalculable passé tous les faits organiques, en même temps qu'il nous en dévoile là succession et la marche ; qui nous montre un avenir non moins étendu et la nature vivante sans cesse en progrès, élevant peu à peu vers la perfection tout don physique ou intellectuel. Je comprends la fascination exercée par ces magnifiques prévisions, par ces clartés qu'une intelligence pénétrante, appuyée sur un incontestable savoir, semblait porter dans l'obscurité des âges. J'ai eu à m'en défendre moi-même lorsque, pour la première fois, j'ai lu le livre de Darwin.

Pourtant, au moment même où j'étais le plus sous le charme, je sentais naître dans mon esprit de nombreuses difficultés, de sérieuses objections. Je trouvais trop souvent l'hypothèse à côté du fait, le possible à la place du réel. Le désaccord entre la théorie et les résultats de l'observation se mêlaient trop souvent aussi aux coïncidences que j'ai signalées. Ce qui m'a toujours écarté de Lamarck me séparait également de Darwin. L'ensemble des résultats acquis à la science m'a conduit depuis longtemps à admettre dans de très-larges limites la *variation* des espèces : la même raison m'a constamment empêché d'en admettre la *transmutation.* Le premier ouvrage de Darwin, ses publications récentes, celles de ses disciples, n'ont pu changer mes convictions sur ces questions, beaucoup moins simples qu'on ne le croit souvent. Je dois donner les raisons de ce désaccord, et pour cela j'ai à discuter avec quelque détail les doctrines que je combats. Ce sera le sujet de la seconde partie de ce livre.

Deuxième partie
DISCUSSION DES DOCTRINES
TRANSFORMISTES

Chapitre I
OBSERVATIONS GÉNÉRALES.
— NATURE DES PREUVES
INVOQUÉES

Pour qui se place au point de vue des hommes qui ont émis les doctrines transformistes, la plupart de ces théories ont quelque chose de séduisant. Presque toutes en appellent d'abord à des faits et semblent s'appuyer sur la réalité seule. De Maillet lui-même est, au début de son livre, un géologue très-sérieux, bien au niveau de ses contemporains, en avance sur certains points ; les quatre lois fondamentales de Lamarck reposent sur des données positives et des appréciations physiologiques parfaitement justes ; les phéno-mènes embryogéniques et tératologiques invoqués par Geoffroy n'ont rien que de très-réel. Enfin, j'ai cherché à faire ressortir tout ce qu'il y a de vrai dans la lutte pour l'existence, dans la sélection naturelle, qui semble donner à l'édifice théorique de Darwin de si fermes assises. Malheureusement ces doctrines sont fort diverses, et quelques-unes s'excluent mutuellement. Par conséquent, ce-lui-là même qui serait disposé à les accepter sans trop de peine est bien forcé de se dire qu'elles ne sauraient être toutes exactes. La dé-fiance une fois éveillée, il ne tarde pas, à mesure qu'il les examine de près, à être frappé du caractère de plus en plus hypothétique et aventureux qu'elles présentent. Un moment arrive où la théorie ne concorde plus avec les faits. Quelques regrets qu'on éprouve, il faut bien alors renoncer à ces vastes horizons, à ces perspectives pro-fondes qui semblaient toucher aux origines de la nature vivante, et nous en expliquer le développement.

Telle est la conclusion à laquelle m'a toujours conduit l'étude de ces questions, et qu'il me reste à justifier. Je ne me dissimule pas d'ailleurs la difficulté que présente cette partie de mon travail, dif-ficulté qui tient à la fois à la nature du sujet et au mode d'argumen-tation mis au service des idées que j'ai à combattre.

Qu'on parcoure en effet les divers écrits dont j'ai parlé, on y verra partout les mêmes formules employées à chaque instant et de la même manière pour rendre compte des phénomènes. *Je conçois*, nous dit de Maillet, que le poisson se change en oiseau comme la chenille en papillon. *N'est-il pas possible*, répète bien des fois Lamarck, que le désir et la volonté poussent sur un point déterminé les fluides subtils d'un corps vivant, y accumulent par cela même des matériaux de nutrition, et déterminent ainsi l'apparition de l'organe dont le besoin se faisait sentir ? La *conviction personnelle*, la simple *possibilité*, sont ainsi présentées comme autant de *preuves* ou tout au moins d'arguments en faveur de la théorie.

Or, pouvons-nous leur reconnaître cette valeur ? Évidemment non. L'esprit humain a *conçu* bien des choses ; est-ce une raison pour les accepter toutes ? À ce compte, il faudrait croire également aux systèmes les plus opposés. Quiconque part d'une hypothèse et raisonne logiquement habitue bientôt son esprit à *concevoir* les conséquences des prémisses qu'il a lui-même posées. Mais que l'hypothèse change, les conceptions changent aussi ; les possibilités se transforment et se renversent pour ainsi dire. Voilà comment Geoffroy Saint-Hilaire, partant de la tératologie et de l'embryogénie, *concevait* parfaitement la déviation brusque des types animaux, et déclarait *évidemment inadmissibles* les modifications lentes, *seules concevables, seule possible* dans l'hypothèse de Lamarck. Darwin aussi ne *conçoit* que ces dernières, et il insiste presque à chaque page de son livre sur la *possibilité* de ces transformations.

Il faut évidemment des preuves plus sérieuses. Au fond, sauf ce qui implique contradiction, tout est *possible*. Ce mot a, du reste, dans le langage habituel, des acceptions bien diverses. Il existe des possibilités de différents ordres ; il en est un très-grand nombre qu'on ne saurait pas plus démontrer que réfuter. Si un naturaliste, s'étayant du grand nom d'Oken, de ses principes philosophiques et d'un certain nombre de faits incontestables, admettait dans toute son étendue le *principe de la répétition des phénomènes* ; s'il en tirait la conséquence que chaque planète a son Europe avec son Angleterre, et que dans chacune d'elles existe à ce moment un Darwin qui a expliqué l'origine des êtres vivants dans Saturne, dans Jupiter, je ne vois pas trop comment on s'y prendrait pour lui démontrer qu'il se trompe. Incontestablement la chose est *possible* ; en conclurons-nous *qu'elle est ?*

Je ne puis donc accepter comme exacte la règle que M. Daily semble poser dans l'intéressante *Introduction* de sa traduction de Huxley [1]. Pour qu'une explication soit valable, pour qu'une théorie puisse être reçue même à titre provisoire, il ne suffit pas qu'elles soient à l'abri de toute réfutation. Agir ainsi serait faire une trop large part à la fantaisie.

La science moderne est plus exigeante. Avant tout, comme l'a si bien montré M. Chevreul, elle en appelle à l'observation et à l'expérience ; elle n'accepte comme preuves que des faits bien définis, et dont l'exactitude a été établie par un contrôle raisonné [2]. Sans doute elle n'interdit pas les inductions logiques conduisant l'intelligence quelque peu au delà des conséquences positives et immédiates des phénomènes constatés ; mais elle refuse aux simples *conjectures* le droit de se substituer aux faits et de fournir prétexte à des conséquences. À plus forte raison, ne saurait-elle attribuer une autorité quelconque à des *possibilités*. Bien au contraire, lorsque ces possibilités, reposant sur une doctrine quelconque, se trouvent en opposition avec les phénomènes que présente le monde actuel, avec les lois qui le régissent, la vraie science ne voit plus en elles que des objections à opposer à cette doctrine.

En agissant ainsi, la science est dans son droit. Tout prouve en effet que les lois générales de notre globe n'ont pas varié depuis les plus anciens jours. Si nous ne les connaissons pas toutes, il en est du moins qui sont définitivement constatées, et nous possédons la notion d'un grand, nombre de faits précis. Toute théorie dont les conséquences vont à l'encontre de ces lois, de ces faits, doit donc être jugée inadmissible par le naturaliste, comme toute hypothèse conduisant à des conclusions contraires à une vérité démontrée

---

1 *De la place de l'homme dans la nature,* par T. Huxley, traduit par M. le docteur E. Daily.

2 On comprend que je me borne à rappeler ces règles. Le lecteur curieux de développements devra consulter avant tout les écrits du savant illustre dont je reproduis ici quelques expressions, et dont la vie entière a été consacrée à propager par son exemple et par ses livres la *méthode à posteriori expérimentale.* Je renverrai en particulier à son dernier ouvrage intitulé : *De la méthode à posteriori expérimentale, et de la généralité de ses applications,* 1870. — M. Chevreul nous apprend par une note qu'il dédiait ce volume à la mémoire de son père et de sa mère le jour même où il accomplissait sa quatre-vingt-troisième année.

est déclarée fausse par le mathématicien.

Je crois inutile d'insister sur ces considérations générales et d'en faire l'application à la plupart des naturalistes des temps passés. Qui donc aujourd'hui accepterait les *possibilités* invoquées par Lamarck et Telliamed pour expliquer l'apparition des tentacules chez un mollusque, ou la transformation d'un poisson en oiseau ? Mais pour porter sur d'autres êtres, pour s'appliquer à des cas différents, une manière de raisonner ne change pas. Or, tout autant, peut-être plus qu'aucun de ses prédécesseurs, Darwin a eu recours à des arguments de la nature de ceux que je combats d'une manière générale. Avec la conscience qui le caractérise toujours, il a voulu pousser jusqu'au détail l'application de ses idées fondamentales, et a abordé la solution d'une foule de problèmes particuliers. Par cela même, il s'est vu forcé de multiplier les hypothèses secondaires, d'invoquer les *possibilités* les plus diverses. Sans être bien sévère, il me semble difficile de les accepter toutes. Pour que le lecteur puisse en juger par lui-même, je citerai ici quelques exemples en choisissant les plus simples.

Voyons d'abord comment Darwin comprend la possibilité de la transformation de la mésange à tête noire ou charbonnière *(Parus major)* en un autre oiseau plus ou moins semblable au casse-noix *(Nucifraga caryocatactes)*, dont il posséderait au moins les instincts caractéristiques. Tout le monde connaît la première. Quoique la plus grande de nos espèces indigènes du même genre, elle n'atteint pas aux dimensions d'un moineau. Son bec, petit, mais aigu et presque conique, est relativement très-résistant. L'oiseau sait si bien s'en servir, qu'il casse et perce des graines fort dures et même des noisettes. Le casse-noix, moins commun, moins répandu surtout que la mésange, vit d'ailleurs souvent à côté d'elle. C'est un assez bel oiseau, à peu près de la taille du geai, à plumage brun foncé, semé par places de taches blanches. Il est armé d'un bec fort, allongé, droit, comprimé sur les côtés, et qui lui sert non-seulement à casser les noix et fruits analogues, mais aussi à ouvrir les cônes des sapins et d'autres arbres résineux pour en tirer les graines. En résumé, l'ensemble des caractères du casse-noix l'a fait placer par tous les naturalistes à côté des corbeaux. Toutefois il se distingue de ces derniers par la conformation des pattes et des pieds, qui en font un oiseau propre à grimper plutôt qu'à marcher ou à se percher, et cette disposition s'accorde avec ses habitudes. Tel est l'oiseau que Darwin prend pour terme de comparaison avec ; celui qui pourrait être le petit-fils de la charbonnière. Ici je crois devoir citer textuellement.

Après avoir rappelé que la mésange brise parfois les graines de l'if pour en manger l'amande, Darwin ajoute : « L'élection naturelle ne pourrait-elle conserver chaque légère variation tendant à adapter de mieux en mieux son bec à une telle fonction jusqu'à ce qu'il se produisît un individu pourvu d'un bec aussi bien construit pour un pareil emploi que celui du casse-noix, en même temps que l'habitude héréditaire, la contrainte du besoin ou l'accumulation des variations accidentelles du goût rendraient cet oiseau plus friand de cette même graine ? En ce cas, nous supposons que le bec se serait modifié lentement par sélection naturelle, postérieurement à de lents changements d'habitudes, mais en harmonie avec eux. Qu'avec cela les pieds de la mésange varient et augmentent de taille proportionnellement à l'accroissement du bec, par suite des lois de corrélation, est-il improbable que de plus grands pieds excitent l'oiseau à grimper de plus en plus jusqu'à ce qu'il acquière l'instinct et la faculté de grimper du casse-noix ? [1]. »

La transformation dont il s'agit ici est certainement une des plus simples dont parle Darwin. En somme, et malgré le contraste des images que feront naître les noms de mésange et de corbeau, il s'agit de deux animaux appartenant à la même classe, au même ordre, et que séparent seulement dans la plupart de nos classifications quelques groupes plus ou moins distincts de l'un et de l'autre. L'hypothèse ne touche d'ailleurs qu'à quelques organes et aux instincts. C'est bien peu de chose en comparaison des métamorphoses qu'exige la formation des types. Pourtant cet exemple permet de juger assez bien du genre d'argumentation auquel j'ai à répondre. Nous y voyons une simple analogie dans quelques actes suggérer la pensée d'une transformation *possible*. La *possibilité*, que l'une des deux espèces prenne goût à une nourriture particulière sert en quelque sorte de point de départ, et sert à motiver la *possibilité* des modifications du bec. Celles-ci, par corrélation de croissance, entraînent le développement des pattes. Acceptons cette conséquence, qu'autorisent dans une certaine mesure les

1 *Origine des espèces,* chap. VII, section 9.

mensurations prises par l'auteur sur diverses races de pigeons [1] ;
la question est-elle résolue pour cela, et sortons-nous de la pure
hypothèse ? Comment s'établit cette harmonie entre la friandise
croissante de l'oiseau et son organisation ? La sélection naturelle,
même telle que l'entend Darwin, y peut-elle quelque chose ? Pour
qu'il en fût ainsi, il faut que l'usage des graines de l'if comme nourriture assure un avantage dans la lutte pour l'existence. Certes, la
chose est *possible* ; mais elle n'est encore que cela.

À raison de leur vague même, les arguments de Darwin ne sont
rien moins que faciles à discuter directement. Peut-être le meilleur
moyen de faire apprécier ce qui leur manque est-il de faire voir
qu'on peut avec tout autant de chances d'être dans le vrai renverser
l'ordre de ces phénomènes hypothétiques et montrer que le casse-
noix pourrait tout aussi aisément donner naissance à un oiseau
plus ou moins voisin de la mésange. Cette hypothèse aurait même
l'avantage d'attribuer à la transformation une cause plus plausible,
ce me semble, que la friandise accidentellement développée.

Le casse-noix habite d'ordinaire les montagnes plantées d'arbres
résineux, dont il recherche les graines. Il en est souvent chassé par
la rigueur du froid et le manque de nourriture. Il descend alors
vers les plaines, et y arrive dans un état de faiblesse tel qu'on peut
parfois l'approcher à la portée du bâton [2]. Pour qui se place au point
de vue de Darwin, n'est-il pas *possible* que, dans ces migrations forcées, quelques individus se soient laissés séduire par la douceur
du climat et une abondance d'aliments qu'ils n'avaient pas encore
connues ? N'ayant plus à ouvrir les cônes résistants des sapins, leur
bec se sera en partie atrophié par suite du défaut d'exercice. La corrélation de croissance aura entraîné la réduction des pattes et des
pieds, et par suite l'oiseau aura perdu ses instincts grimpeurs. Enfin l'instinct qui pousse la charbonnière à s'attaquer à des graines,
à des fruits dont la dureté semble défier sa faiblesse, serait dans
cette hypothèse un de ces traits purement héréditaires admis par
Darwin, espèce de certificats d'origine qui attestent chez les descendants modifiés ce que furent leurs ancêtres.

En présence de ce résultat, dont aucun darwiniste sérieux ne

---

1 *De la variation des animaux et des plantes,* t. I.
2 De Lafresnaye, article Casse-noix, dans le *Dictionnaire universel d'histoire naturelle.*

contestera la légitimité, en présence de tant d'autres exemples que je pourrais emprunter au même ouvrage, comment accepter la donnée générale qui conduit à regarder comme indifférent le sens dans lequel s'accomplissent les modifications supposées, et qui permet de renverser en quelque sorte la marche des phénomènes ? Nous allons voir tout à l'heure des conséquences du même ordre, mais plus frappantes peut-être, ressortir d'hypothèses analogues et de faits acceptés par Darwin lui-même.

En effet, la difficulté s'accroît à mesure que les phénomènes deviennent plus complexes. Que l'on voie dans le darwinisme une doctrine de progrès ou simplement la théorie de l'adaptation progressive, il n'en résulte pas moins essentiellement que toute modification à sa raison d'être dans l'utilité qu'elle présente pour l'individu, et par suite pour l'espèce. Darwin et ses disciples reviennent à chaque instant sur cette conséquence immédiate du fait fondamental de la lutte pour l'existence, qui seul produit la sélection. Il suit de là que l'existence de toute particularité organique, surtout quand elle est bien accusée ou quelque peu exceptionnelle, doit être justifiée par l'usage même des organes.

Or, tant s'en faut qu'il en soit toujours ainsi. Des exemples du contraire abondent, et Darwin est le premier à les signaler. Il cite entre autres l'oie de Magellan et la frégate, qui ont des pieds palmés, et qui pourtant ne s'en servent pas pour nager. Ces palmures sont donc inutiles. Il insiste avec raison sur l'histoire d'un pic d'Amérique (*Colaptes campestris*) [1], qui, par toute son organisation, par les caractères essentiels au type, comme par des traits secondaires, accuse son étroite parenté avec notre espèce commune, et qui cependant ne se sert jamais de ses *pieds de grimpeur* pour grimper aux arbres. Enfin, l'inutilité de la queue chez un grand nombre d'animaux terrestres, les inconvénients mêmes qu'elle peut avoir pour eux en présentant un point d'attaque à leurs ennemis, peuvent facilement être appréciés de tout le monde.

Évidemment il faut chercher l'explication de pareils faits ailleurs que dans la sélection. Darwin s'adresse alors à l'hérédité, et développe ici toute une théorie spéciale. Les organes de peu d'importance et sans utilité actuelle « ont été jadis d'une grande utili-

---

1 Chap. VI, section 4. Darwin a vérifié par lui-même les observations plus anciennes de d'Azara.

té à quelque ancien progéniteur ; après s'être perfectionnés à une époque antérieure, ils se sont transmis sans changer d'état, bien que devenus de peu d'usage » [1]. Voilà, au dire du savant anglais, pourquoi l'oie de Magellan, la frégate, ont conservé la membrane interdigitale qui, « sans nul doute » [2], fut jadis utile à leur ancêtre inconnu ; voilà, au dire du savant anglais, pourquoi tant de mammifères et de reptiles terrestres ont une queue. Tous ils descendent d'espèces aquatiques. Or, chez celles-ci, la queue joue souvent un rôle des plus importants comme organe de locomotion. Bien que désormais à peu près sans usage, elle persiste, transmise par l'hérédité seule et comme un reste du passé.

Darwin ajoute que la sélection naturelle est sans action sur ces caractères inutiles ou de peu d'importance. Cette proposition sera, ce me semble, difficilement acceptée par quiconque admet les principes fondamentaux de l'auteur lui-même, qui voit dans la sélection « un pouvoir intelligent constamment à l'affût de toute altération accidentellement produite pour choisir avec soin celles de ces altérations qui peuvent de quelque manière et en quelque degré » tendre à perfectionner l'être premier [3]. Il est difficile de croire qu'un oiseau fait pour grimper, et qui ne grimpe pas, soit réellement adapté à ses conditions d'existence. Évidemment des pieds de marcheur ou de percheur lui seraient plus utiles que ses pieds de grimpeur. Par conséquent, ou bien la théorie est fondamentalement inexacte, ou bien la sélection devra la modifier.

Pour expliquer le contraste que présente le pic de la Plata, il faut donc adopter d'abord l'hypothèse d'un ancêtre ayant eu les habitudes indiquées par cette organisation spéciale, et ajouter que son descendant, modifié quant aux mœurs, ne l'est pas encore quant à la forme. Mais on peut aussi renverser les termes de l'interprétation, et voir dans l'oiseau dont nous parlons, au lieu d'une espèce en voie de cesser d'être pic, une espèce qui tend à le devenir, qui a déjà les pieds caractéristiques de ce groupe, sans en avoir encore acquis les instincts. Ces deux hypothèses absolument contradic-

---

1 Darwin, chap. VI, section 7.
2 Darwin, chap. VI, section 8.
3 Chap. VI, section 5. Dans le texte, ce passage s'applique exclusivement à l'œil ; mais il résume trop bien les idées que Darwin exprime çà et là relativement à l'organisation tout entière pour qu'on puisse me reprocher d'avoir outré en quoi que ce soit la pensée de l'auteur.

toires se justifient également au point de vue de la théorie darwinienne. Mais alors comment croire à ces généalogies si séduisantes dont nous entretiennent également Lamarck et Darwin, et dans lesquelles le même être peut figurer indifféremment comme aïeul ou comme petit-fils ?

Nous venons de voir Darwin déclarer que tout un ordre de caractères, fort nombreux cependant, échappent à la sélection et relèvent de l'hérédité seule. Il en appelle de nouveau à l'action réunie de ces deux agents quand il s'agit d'expliquer la formation des individus neutres qui constituent le plus grand nombre des habitants de nos ruches, de nos fourmilières et des sociétés analogues. Ce fait est certainement des plus étranges aux yeux du physiologiste, et Darwin déclare l'avoir regardé d'abord comme une difficulté capable de renverser toute sa théorie. Aussi le discute-t-il avec détail en prenant les fourmis pour exemple.

La stérilité considérée en elle-même ne l'arrête pourtant pas longtemps. Il l'assimile « à toute autre structure un peu anormale » ; il constate que d'autres insectes vivant isolés à l'état de nature se trouvent parfois frappés de stérilité. « Si de telles espèces, ajoute-t-il, avaient vécu à l'état social et qu'il eût été avantageux à la communauté qu'un certain nombre d'individus naquissent capables de travailler, mais incapables de se reproduire, je ne vois m aucune impossibilité à ce que l'élection naturelle fût parvenue à établir un tel état de choses. Je passerai donc légèrement sur cette première objection [1]. »

C'est, il me semble, aller un peu vite. Ici moins encore que dans les exemples précédents, on ne peut accepter comme preuve valable la *possibilité* affirmée avec une *conviction toute personnelle*. L'auteur n'ajoute rien à la valeur de cet argument en l'appliquant par comparaison et par une hypothèse de plus à des espèces qui ne présentent pas le phénomène dont il s'agit. Certes On trouve des individus isolés frappés de stérilité, non-seulement chez les insectes et les autres articulés, mais jusque dans les classes élevées du règne animal. De ceux-ci on peut dire en effet que l'altération des organes reproducteurs n'a rien de plus étrange que toute autre modification accidentelle et individuelle de l'organisme. Mais ces êtres stériles sont en réalité des *monstres par arrêt de développe-*

---

1 *Origine des espèces,* chap. VII, section 10.

ment anatomique ou physiologique, et restent isolés comme les autres *monstres*.

L'existence des neutres chez les abeilles, les fourmis, etc., est un fait d'un ordre absolument différent et bien autrement grave. Il ne s'agit plus de cas accidentels et tératologiques. Il s'agit de la production régulière, normale d'individus chez lesquels l'organisation se transforme de manière à *assurer l'infécondité*, bien qu'ils proviennent de pères, de mères et d'ancêtres tous féconds depuis que l'espèce existe. Il y a là une dérogation à l'une des règles les plus générales du monde organisé. En outre, au point de vue commun à Darwin et à Lamarck, le fait est en contradiction flagrante avec la loi la plus fondamentale de l'hérédité.

Ce qu'il fallait montrer avant tout, c'est comment cette exception a pu se produire, en vertu de la théorie ; ou tout au moins comment elle concorde avec elle. Ainsi penseront certainement tous les physiologistes.

Darwin, dont l'argumentation repose à peu près exclusivement sur la morphologie, ne s'arrête pas, on l'a vu, au phénomène essentiel. Il insiste au contraire sur les faits accessoires, qui le compliquent en effet parfois d'une manière extrêmement curieuse. Chez les fourmis, les neutres forment une caste à part, séparée des autres par sa structure propre tout autant que par ses instincts. Comme chez les abeilles, ce sont les travailleurs de la société. Mais, tandis que l'abeille ouvrière ressemble en somme beaucoup aux mâles et aux femelles, les fourmis neutres se distinguent nettement des autres par la forme de la partie moyenne du corps ; elles n'ont jamais d'ailes, et même parfois sont privées d'yeux. Chez certaines espèces, il existe plusieurs catégories de neutres parfaitement distinctes par les formes aussi bien que par les fonctions qui leur sont dévolues. Chez les écitons, on trouve des ouvriers proprement dits et des soldats ; chez les *Myrmecocystus* du Mexique, les neutres d'une certaine caste ne quittent jamais la fourmilière, et leur abdomen, extrêmement développé, sécrète une sorte de miel qui remplace pour cette espèce celui que les pucerons fournissent à d'autres [1]. Voilà donc dans le même nid, engendrées par le procédé

1 Darwin. On sait que la plupart des espèces de fourmis élèvent en captivité des troupeaux de pucerons pour se nourrir du suc sucré sécrété par eux : aussi a-t-on pu dire avec raison que ces petits insectes étaient les *vaches des fourmis*.

Jean-Louis Armand de Quatrefages

ordinaire, quatre formes animales sœurs, mais différentes, et dont deux sont incapables de se reproduire. Certes le fait est étrange, et l'explication n'en est pas aisée.

Pour en rendre compte, Darwin recourt comme à l'ordinaire à l'hérédité et à la sélection. Mais le propre de l'hérédité est de transmettre et d'accumuler dans les produits les caractères, les facultés des parents. C'est là un principe que l'expérience justifie, et que Darwin invoque aussi bien que Lamarck pour expliquer les transformations de toute nature. La sélection elle-même repose tout entière sur cette donnée fondamentale. Comment donc est-il possible que des individus *féconds* arrivent à procréer en immense majorité des individus *inféconds*, c'est-à-dire privés de la faculté la plus universellement attribuée aux êtres vivants et qu'ont nécessairement possédée tous leurs ancêtres ?

Il faut bien introduire ici une nouvelle hypothèse, et Darwin répond à cette difficulté en invoquant *l'utilité des neutres*. Les premières colonies où ils ont apparu ayant mieux prospéré que les autres, les mères qui les avaient produites auront transmis à leurs descendantes la faculté de donner naissance à des êtres semblables ; cette faculté, accrue par la sélection, a amené l'état de choses actuel. Puis il aura été utile à certaines colonies d'appliquer d'une manière plus complète encore « le principe de la division du travail social, dont l'homme civilisé a reconnu les immenses avantages ». Alors la sélection aura choisi parmi les neutres les petites variations accidentelles, et les aura de plus en plus caractérisées, et « ainsi s'expliquerait aisément ce fait merveilleux, que dans un même nid il puisse exister deux castes d'ouvrières stériles très-différentes l'une de l'autre, ainsi que de leurs communs parents. »

On objecterait vainement à Darwin que la lutte pour l'existence et la sélection qu'elle entraîne sont des faits essentiellement individuels, d'après la manière même dont il les a présentés dans ses premiers chapitres ; — que, s'ils peuvent agir par voie d'hérédité *continue* sur les descendants d'un ancêtre primitif, il est impossible d'en comprendre l'application à des familles de neutres que rien ne relie entre elles ; — que la fécondité ininterrompue des pères et des mères tend sans cesse, en vertu de la loi d'hérédité, à effacer la neutralité des enfants ; — qu'il y a par conséquent là quelque chose d'inexpliqué et d'inexplicable par les principes fondamentaux de sa théorie. Darwin a répondu d'avance que dans un cas pareil la sélection agit comme un horticulteur qui, ayant produit un légume exceptionnellement savoureux, « sème un plus grand nombre » de graines de la même race dans l'espérance d'obtenir » la même variété » [1].

On voit comment, chez Darwin aussi bien que chez ses devanciers, l'hypothèse entraîne l'hypothèse. Peut-il du moins, à l'aide de ces théories accessoires, de ces comparaisons, de ces métaphores, rendre compte de tous les faits ? Non, il le reconnaît lui-même avec une grande bonne foi et à plusieurs reprises. Il est vrai qu'il ajoute : « J'ai la conviction cependant que de pareilles objections ont peu de poids, et que ces difficultés ne sont pas insolubles [2]. » Mais cette *conviction* est-elle une preuve ou même un argument ?

Souvent aussi Darwin proclame hautement ce que le savoir actuel a d'incomplet. Mais, au lieu de trouver un motif de réserve dans ce défaut de notions précises et suffisamment étendues, il semble y puiser une hardiesse nouvelle. Les doctrines reposant sur l'instabilité des espèces ont été souvent combattues par les paléontologistes et les géologues. Pour répondre à leurs objections, Darwin consacre un chapitre entier à démontrer l'insuffisance des documents fournis par les sciences qui ont pour objet le passé de notre globe. « Pour ma part, dit-il en concluant, je regarde les archives naturelles de la géologie comme des mémoires tenus avec négligence pour servir à l'histoire du monde, et rédigés dans un idiome altéré et presque perdu. De cette histoire, nous ne possédons que le dernier volume, qui contient le récit des événements passés dans deux ou trois contrées. De ce volume lui-même, seulement ici et là un court chapitre a été conservé, et de chaque page quelques lignes restent seules lisibles. Les mots de la langue lentement changeante dans laquelle cette obscure histoire est écrite, devenant plus ou moins différents dans les chapitres successifs, représentent les changements en apparence soudains et brusques des formes de la vie ensevelies dans nos strates superposées et pourtant intermittentes. Lorsqu'on regarde de ce point de vue les objections que nous venons d'examiner, ne semblent-elles pas moins fortes, si

---

1 Darwin, chap. VII, section 10.
2 Chap. VI, section 3. Il s'agit ici de la difficulté que présente l'explication des modifications subies par le membre antérieur chez les chauves-souris.

même elles ne disparaissent pas complètement [1] ? »

À mon tour, je demanderai si cette conclusion est bien légitime. Certes Darwin est dans le vrai quand il refuse à certains naturalistes le droit de dogmatiser en s'appuyant sur des études incomplètes, sur des observations rares et isolées. Est-il pour cela autorisé à présenter comme autant de preuves en sa faveur les *lacunes* mêmes de la science, à en appeler aux volumes, aux feuillets *perdus* du livre de la nature ? Évidemment non.

Eh bien ! la moindre réflexion suffit pour reconnaître que cet appel à l'inconnu, si franchement énoncé dans le passage précédent, se retrouve au fond de toute argumentation analogue à celle que j'ai essayé de caractériser, chez de Maillet comme chez Lamarck, chez Geoffroy comme chez Darwin. Seul, en effet, l'inconnu peut ouvrir ce vaste champ des spéculations, où le possible se substitue au réel, où, malgré le savoir le plus étendu, malgré l'intelligence la plus ferme, on arrive presque fatalement à regarder comme concluant en sa faveur précisément ce qu'on déclare ignorer.

J'ai dû insister quelque peu sur la nature des arguments employés depuis l'époque de Telliamed jusqu'à nos jours en faveur des doctrines que je discute. J'ai dû prendre mes exemples surtout chez Darwin, le représentant actuel le plus avancé de cet ensemble d'idées. En agissant ainsi, je n'ai fait que me défendre. On sait comment, ont été traités de tout temps, comment on traite chaque jour les savants qui se refusent à adopter ces systèmes aventureux. Je ne parle pas seulement des disciples, toujours enclins à exagérer. Les maîtres eux-mêmes ont été parfois bien sévères pour qui ne suivait pas la bannière qu'ils avaient levée. De Maillet, Robinet, déclaraient s'adresser aux *philosophes* et non à d'autres. Geoffroy, Lamarck, en appelaient aux hommes *exempts de préjugés scientifiques*. Darwin, dont les écrits portent partout l'empreinte de la modération et du calme, déclare savoir d'avance que sa doctrine sera rejetée par le plus grand nombre des hommes de science, plus enclins à tenir compte des difficultés que des avantages d'une théorie. Il en appelle à « un petit nombre de naturalistes doués d'une intelligence ouverte, et surtout aux jeunes naturalistes qui s'élèvent et qui pourront regarder les deux côtés de la question avec impartialité. »

1 Conclusion du chapitre IX.

Eh bien ! c'est aux juges mêmes invoqués par Geoffroy, par Lamarck, par Darwin, que je m'adresse. C'est aux esprits exempts de préjugés, aux intelligences ouvertes et impartiales que je demande si, en matière de science, il est permis de regarder la conviction personnelle ou la possibilité comme des preuves et l'inconnu comme un argument. Certes, partout ailleurs que lorsqu'il s'agit de ces problèmes obscurs et des hypothèses qu'ils ont fait surgir, cette question serait superflue. Ce qu'on demanderait avant tout, ce serait des faits, des observations, des résultats d'expériences. Hâtons-nous donc de revenir sur ce terrain, véritable domaine de la science sérieuse.

Chapitre II

OBSERVATIONS GÉNÉRALES.
— STABILITÉ DES TYPES
SPÉCIFIQUES. FAITS
PALÉONTOLOGIQUES.

Les théories que je combats ont toutes eu leur moment de succès. Geoffroy Saint-Hilaire, Lamarck, ont eu et ont encore leurs disciples. Ceux de Darwin sont bien plus nombreux ; et parmi eux on compte quelques-uns des naturalistes qui ont conquis par leurs travaux personnels la plus sérieuse, le plus légitime autorité. Toutefois ce n'est pas ordinairement sans réserves que ces hommes d'élite ont accordé leur adhésion au savant acclamé par la foule comme un révélateur. Dans ses *Leçons sur l'homme*, Vogt se met parfois en opposition absolue avec la doctrine qu'il adopte néanmoins d'une manière générale. Huxley lui-même, qui s'est fait en Angleterre le défenseur éminent et zélé du darwinisme, reconnaît que cette doctrine ne peut être reçue qu'à titre provisoire. Il la compare à la théorie qui attribue la lumière aux ondulations d'un éther mis en mouvement par les vibrations des corps lumineux. « Le physicien philosophe, dit-il, peut admettre cette théorie, bien que l'existence de cet éther soit encore hypothétique. Il en est de même de la théorie de Darwin, qui ne pourra être acceptée définitivement qu'à la condition de montrer que le croisement sélectif peut donner naissance à une espèce physiologique [1]. »

Je reviendrai plus tard sur cette grave considération. Je veux montrer d'abord que, dans la comparaison qu'il vient d'établir, Huxley attribue au darwinisme une valeur très-exagérée.

Sans doute, en dehors de ses manifestations lumineuses, calorifiques, etc., personne ne connaît l'éther ; et en réalité nous ignorons ce qu'est cet agent. Mais lorsque la théorie des ondulations vint se substituer à celle de l'émission, elle rendit immédiatement compte, bien mieux que sa devancière, de tous les phénomènes alors connus ; elle en fit découvrir de nouveaux ; elle supporta, elle supporte encore tous les jours la rude épreuve de l'analyse mathématique. Sans connaître l'éther en lui-même, le physicien est donc autorisé à dire : Tout est comme si cet éther existait.

Or, c'est précisément cette preuve expérimentale qui manque à la doctrine de Darwin comme à celle de Lamarck, comme à toutes celles qui ont admis ou qui admettront une de leurs hypothèses les plus fondamentales, celle des transformations s'accomplissant avec une lenteur presque infinie. L'auteur français ne précise rien, il est vrai, quant au temps nécessaire pour obtenir une espèce nouvelle ; il se borne à répéter bien des fois qu'il s'agit de durées telles, que nos âges historiques s'effacent devant elles. Le savant anglais, plus explicite, demande au moins mille générations, tout en déclarant que le chiffre de dix mille lui paraîtrait préférable [2]. Qu'on juge des milliers de siècles qu'a dû exiger dans cette hypothèse le passage d'un type à l'autre, la réalisation d'un animal, d'un végétal supérieur dont le premier ancêtre était quelque chose de moindre et de plus simple que la plupart de nos infusoires, que les spores de nos conferves !

Quelque considérables que soient ces nombres, si loin qu'ils rejettent les origines de la vie organique, ils ne m'effrayent certainement pas. De plus en plus la science moderne peut affirmer que le inonde est beaucoup plus vieux que ne le croyaient nos pères. Mais il faut bien reconnaître que dans l'immense majorité des cas ils nous rejettent fort au delà des temps accessibles à l'expérience, à l'observation directe. Par conséquent, pour une foule de questions, ils nous conduisent sur un terrain absolument différent de celui

1 *De la place de l'homme dans la nature*, chap. II.
2 <u>*Origine des espèces*</u>, chap. IV, section 10.

qu'exploitent avec tant de succès le physicien et le chimiste. En fait, Lamarck, Darwin et tous ceux qui marchent après eux se sont placés dans des conditions telles que leurs théories se trouvent à peu près absolument en dehors de tout *contrôle*. À quel titre serait-il permis de les assimiler aux doctrines qui chaque jour, sous nos yeux, en appellent à ce critérium, et permettent non-seulement d'interpréter, mais encore de prévoir des phénomènes ?

Ajoutons que, dans les cas fort rares où l'expérience peut être interrogée, elle ne paraît pas répondre en faveur des doctrines que j'examine. Les chiffres mêmes invoqués par Darwin permettent une objection que résout, il est vrai, la théorie de Lamarck, mais que me semble laisser subsister dans toute sa force la doctrine du savant anglais, quoiqu'il croie l'avoir réfutée. Depuis longtemps, et surtout depuis qu'elle est facilement accessible aux Européens, l'Égypte nous a ouvert ses hypogées ; la science y a puisé largement. En comparant les espèces animales et végétales qu'on y a recueillies à celles qui vivent de nos jours, on n'a jamais trouvé aucune différence. Sur ce point, toutes les études faites par les botanistes aussi bien que par les zoologistes ont confirmé les conclusions de la commission chargée d'examiner les collections rapportées d'Égypte par Geoffroy Saint-Hilaire [1]. Voilà donc cinq ou six mille ans que ces espèces n'ont pas varié, en supposant que les échantillons les plus anciens ne remontent qu'à la quatrième dynastie [2]. Or, soit chez les plantes, soit chez les animaux, on a pu souvent étudier ici les parties les plus délicates du squelette, et constater qu'elles n'ont pas changé. Quant au squelette, Darwin lui-même reconnaît qu'il est resté le même depuis la fin de la période glaciaire, et l'on pourrait remonter encore plus loin pour certaines espèces. Nous arrivons ainsi aux âges géologiques, à ces périodes dont l'auteur anglais évalue la durée par millions d'années, et pourtant les espèces qui les ont traversées pour arriver jusqu'à nous ont conservé les caractères qu'elles montraient au début.

Comment accorder cette constance des formes animales ou végétales avec les théories qui admettent la mutabilité des espèces ?

1 *Annales du Muséum*, t. I. Ce rapport, fait par Lacépède, ne parle que des animaux. Pour les végétaux, on peut consulter entre autres le mémoire de Kunth dans les *Annales des sciences naturelles* (Ire série, t. VIII), et une lettre de Robert Brown dans le même recueil (t. IX).
2 *Aperçu de l'histoire ancienne d'Égypte*, par A. Mariette-bey.

Jean-Louis Armand de Quatrefages

La réponse de Lamarck est simple et logique. Pour lui, toute modification de l'organisme suppose un besoin nouveau qui s'est fait sentir et a produit de nouvelles habitudes. Ce besoin lui-même est causé d'ordinaire par un changement dans les conditions d'existence. Que celles-ci restent les mêmes, et l'espèce n'a aucune raison pour se modifier. Voilà, dit Lamarck, pourquoi les animaux, les végétaux de l'ancienne Égypte ressemblent à ceux de nos jours. Voilà, dirait-il aujourd'hui, pourquoi nos espèces n'ont pas varié depuis l'époque glaciaire ; pourquoi les espèces boréales, qui pendant cette époque étaient descendues jusque chez nous, ont conservé tous leurs caractères, grâce à la retraite qu'elles ont su trouver près du pôle quand la température générale de l'Europe s'est adoucie. Dans le système de la *Philosophie zoologique,* cette explication est suffisante, car cette théorie comporte une constance temporaire indéfinie aussi bien que des variations incessantes.

Il en est tout autrement de la doctrine de Darwin. Ici la variation dépend de la *sélection,* commandée elle-même par la *lutte pour l'existence.* Or, celle-ci ne s'est pas plus arrêtée sur les bords du Nil que partout ailleurs ; elle a régné pendant et après l'époque glaciaire tout autant que de nos jours. La sélection n'a pas pu s'arrêter davantage. Si elle n'a rien produit, c'est qu'elle n'a exercé aucune action pendant les périodes dont il s'agit.

Telle est la conclusion inévitable à laquelle conduisent les principes fondamentaux de toute la théorie, et qu'ont vainement cherché à combattre quelques disciples enthousiastes de Darwin. Ils oubliaient que leur maître lui-même, avec cette loyauté qu'on ne saurait trop signaler, l'accepte comme ressortant des faits. Mais il est par cela même conduit à formuler des idées fort différentes, ce me semble, de celles qu'il exprime dans d'autres passages. « La théorie de l'élection naturelle, dit Darwin, ne suppose pas un développement nécessaire ; elle implique seulement que des variations accidentellement produites dans une espèce quelconque se conservent sous de favorables conditions [1]. »

Ainsi cette sélection, forcément incessante et universelle, car la bataille de la vie ne s'arrête jamais ni nulle part ; ces victoires des plus forts, des mieux doués, conservant, accroissant, accumulant de génération en génération les caractères de supériorité, n'ont à peu

1 *Origine des espèces,* chap. IV, section 15.

près constamment d'autre effet que de conserver ce qui est ! L'action modificatrice est subordonnée à un accident ! Et cet accident ne s'est pas produit une seule fois, que l'on sache, chez une seule des centaines d'espèces animales ou végétales recueillies sur les points les plus divers et qui ont traversé des milliers d'années, peut-être des millions de siècles ! Voilà ce que reconnaît ici Darwin ; et il n'y voit pas même matière à difficulté. Que penserait-on, se borne-t-il à répondre avec M. Fawcett, d'un homme qui nierait le soulèvement du Mont-Blanc parce que la chaîne des Alpes n'a pas grandi depuis trente siècles ? La sélection, ajoute-t-il, n'agit également que d'une manière intermittente, par accident, tantôt sur une espèce, tantôt sur une autre, toujours très-rarement ; rien de semblable ne s'est passé depuis les temps dont il s'agit, et voilà pourquoi la nature vivante ne fournit aucun fait en faveur de la théorie.

Il serait bien facile de discuter cette comparaison et l'application qu'en fait l'auteur non-seulement aux productions de l'immuable Égypte, mais encore aux nombreuses espèces qui ont subi les changements de climats, les migrations admises par lui. Acceptons toutefois cette explication, restreignons autant qu'on le voudra la sphère d'influence de la sélection, qui semblait d'abord devoir être universelle et incessante. Faisons remarquer seulement qu'en présence de ces résultats, il est bien difficile de comprendre quelle raison peut conduire à regarder les variétés, les races actuelles, comme autant d'espèces en voie de formation.

Remontons maintenant au delà de la période glaciaire, abordons les époques franchement géologiques. Ici s'ouvre devant nous l'immensité des temps écoulés. Je l'accepte avec toute l'extension que commandent les théories reposant sur une transformation lente, et que lui attribue Darwin. C'est donc par millions de siècles que nous allons compter. Trouverons-nous plus aisément ce fait décisif, mais nécessaire pour justifier la théorie, savoir : deux espèces bien distinctes reliées l'une à l'autre par ces mille ou ces dix mille intermédiaires dont il a été déjà question ? Non, répond Darwin lui-même, « la découverte à l'état » fossile d'une pareille série bien graduée de spécimens » est de la dernière improbabilité » [1].

Certes on doit lui savoir gré de cet aveu, que n'eût pas fait un homme d'une bonne foi moins parfaite, ou seulement emporté

---

1 *Origine des espèces*, chap. IX, section 8.

par l'esprit de système. Darwin n'a pu ignorer les résultats fournis à son compatriote M. Davidson par l'étude des brachiopodes
fossiles des îles Britanniques. Grâce à d'immenses matériaux recueillis avec une persévérance rare, aux rapprochements qu'il a
pu faire, cet habile et sagace observateur a réduit à cent les deux
cent soixante espèces acceptées jusque-là ; il a ramené à une seule,
quinze espèces isolées par ses prédécesseurs [1]. On comprendrait
sans peine que Darwin eût invoqué cet exemple et quelques autres
de même nature comme témoignant au moins de la probabilité de
ces transmutations si difficiles à montrer. S'il n'en a rien fait, c'est
que pour lui, comme pour l'auteur du beau travail que je viens de
rappeler, il n'y a là que la répétition d'un fait qui se produit souvent
dans toutes les grandes collections, et dont notre Muséum a été
bien des fois témoin. Les races, les variétés tranchées d'une espèce
très-variable sont prises pour des espèces tant qu'on ne connaît
qu'elles ; elles sont ramenées à leur type spécifique aussitôt qu'on
a pu recueillir les intermédiaires qui les unissent. C'est ce que Davidson a fait pour les brachiopodes fossiles, comme Valenciennes
l'a fait pour bien des mollusques vivants, grâce à la multiplicité des
échantillons dont il disposait. Dans la théorie de Darwin, il s'agit
de tout autre chose, et les développements mêmes qu'il a donnés à
sa pensée prouvent qu'il ne s'y est pas trompé.

Incontestablement les êtres organisés considérés en bloc présentent un progrès organique croissant graduellement des plus
simples aux plus compliqués. Par conséquent, lorsque l'on considère deux termes de cet ensemble quelque peu éloignés, on constate
qu'ils sont reliés l'un à l'autre par des termes intermédiaires. Ce fait
avait été reconnu depuis bien longtemps et exprimé d'une manière
heureuse par l'aphorisme de Leibnitz : « La nature ne fait pas de
saut. » Mais dès qu'on entre quelque peu dans les détails, il faut
bien reconnaître que cette appréciation générale doit être modifiée. L'échelle des êtres telle que l'ont admise Bonnet, Blainville, etc.,
n'est qu'une conception théorique fort souvent en désaccord avec
la réalité. C'est ce que Lamarck a bien compris, et nous avons vu
qu'il explique par des modifications *accidentelles* les irrégularités,
les hiatus que l'observation révèle à tout naturaliste. Ces irrégularités n'en restent pas moins comme autant d'objections sérieuses à la

---

1 Lyell, *Ancienneté de l'homme prouvée par la géologie,* chap. XXII.

manière dont il comprend la filiation directe des types.

Par sa conception des *ancêtres communs* à caractères encore indéterminés, Darwin échappe à cette difficulté ; mais il en fait naître de nouvelles. Plus encore que Lamarck, il devrait montrer les chaînons qui rattachent à un seul et même type un certain nombre de types aujourd'hui distincts ; il devrait pouvoir signaler chez des groupes existant dans la nature des faits comparables à ceux qu'il met si bien en évidence quand il s'agit des races de pigeons. Or, il déclare à diverses reprises ne pouvoir le faire. Il avoue franchement qu'il y a là une objection des plus graves ; « mais, dit-il, l'insuffisance extrême des documents géologiques suffit, je crois, à la résoudre » [1].

Constatons une fois de plus cet appel à l'*inconnu.*

Remarquons ensuite avec M. d'Archiac qu'il existe aujourd'hui bon nombre de terrains bien circonscrits, bien étudiés, dont nous connaissons sans doute à peu près tous les fossiles. Ajoutons avec M. Pictect qu'on découvre très-fréquemment de nouveaux et riches gisements. Si la doctrine de Darwin est fondée, n'est-il pas surprenant que l'immense majorité des objets journellement récoltés par une foule de collecteurs ardents appartienne toujours aux espèces figurant déjà dans nos collections [2] ? Comment se fait-il que les études monographiques les plus approfondies faites sur des animaux aussi sédentaires que les oursins viennent encore multiplier les exemples de ces apparitions brusques d'un type nouveau, incompatibles avec toute théorie fondée sur la transformation lente [3] ?

La manière dont Darwin présente ce qui a dû se passer entre les espèces souches et leurs dérivés est bien loin de suffire pour expliquer le contraste frappant que présentent ici sa théorie et les faits. Quelque acharnée qu'ait pu être la lutte entre les *variétés mères* et leurs filles, quelque supériorité qu'on accorde aux descendants sur les ascendants, toujours est-il qu'il a dû se produire d'innombrables intermédiaires entre le moment où une espèce a commencé à varier et celui où les espèces dérivées de cette souche se sont consti-

---

1 *Origine des espèces*, chap. IX, section 1.
2 Pictet, *Sur l'origine des espèces (Bibliothèque de Genève,* 1860).
3 Voyez les résultats généraux que l'étude des échinides fossiles a donnés à M. Cotteau. *(Rapport sur la paléontologie de la France,* par M. d'Archiac.)

tuées. C'est une des conséquences forcées de la sélection telle que la comprend Darwin, et il l'énonce lui-même à diverses reprises. « Plus le procédé d'extermination a dû agir sur une grande échelle, plus aussi le nombre des variétés intermédiaires qui ont existé autrefois sur la terre doit être énorme. Pourquoi alors chaque formation géologique et même chaque couche stratifiée n'est-elle pas remplie de ces formes de transition ? Comment se fait-il encore que, dans les faunes fossiles aussi » bien que dans la faune actuelle, les espèces soient en général si tranchées et si distinctes [1] ? »

À ces questions qu'il pose lui-même, à bien d'autres de même nature, Darwin répond comme nous avons vu tant de fois, *par l'inconnu*. Dans sa pensée, les terrains superposés et en apparence de formation continue n'ont été déposés qu'à des époques séparées par d'innombrables siècles ; tout ce qui s'est passé dans l'intervalle nous échappe : là est pour lui l'explication de la difficulté.

Mais, en vérité, n'est-il pas malheureux pour ses idées que tant de faits témoignant contre elles aient été conservés dans ce qui nous reste du grand livre, et que toujours ceux qui auraient plaidé en leur faveur aient été inscrits dans les volumes égarés, sur les feuillets perdus ?

Ce n'est pas que Darwin et ses disciples, tout aussi bien que ses prédécesseurs, n'invoquent jamais défaits précis et parfaitement vrais ; mais les conséquences qu'ils en tirent sont-elles justifiées ? Je ne le pense pas. Par exemple, toute découverte d'un être vivant ou fossile qui vient se placer entre deux autres est regardée par eux comme un argument à l'appui de leur doctrine. Nous avons vu Lamarck parler dans ce sens de la découverte, alors récente, de l'ornithorhynque. Vogt [2] et M. Daily [3] tiennent le même langage à propos des genres lepidosiren et protoptère, qui relient les reptiles

---

1 Chap. IX, section 1. Vogt répond à cette objection en attribuant au milieu une action directe et rapide produisant les transformations en un petit nombre de générations. Il argüe de ce qui s'est passé en Amérique lorsqu'on a transporté nos animaux domestiques dans ce continent. Mais, d'une part, cette argumentation repose sur un rapprochement entre la race et l'espèce que je combattrai plus loin ; d'autre part, en attribuant une influence aussi grande au milieu, Vogt s'éloigne entièrement des doctrines dont il s'agit en ce moment : il abandonne Darwin pour Buffon et Geoffroy Saint-Hilaire. *{Leçons sur l'homme,* 16ᵉ leçon.)

2 *Leçons sur l'homme.*

3 *De la place de l'homme dans la nature,* par T. Huxley, *Introduction.*

amphibies aux poissons. Tous ont cité en outre avec Darwin les recherches du regrettable Falconer et d'Owen sur les mammifères fossiles. M. Gaudry ajoute à ces faits déjà nombreux ceux qu'il a recueillis lui-même à Pikermi ; et, tout en s'écartant à certains égards des idées fondamentales de Darwin, il conclut de la même manière et par des raisons semblables. Huxley invoquait plus récemment l'*Archœopteryx* de Meyer et le *Compsognathus* d'André Wagner, qui viennent se placer entre les reptiles et les oiseaux [1].

Je suis bien loin de mettre en doute les observations des hommes éminents que je viens de citer. Je reconnais sans aucune peine que ces travaux ont remplis bien des lacunes dans la classe des mammifères comme dans le tableau général du règne. Néanmoins ce résultat et les résultats analogues témoignent-ils, comme on l'affirme si haut, en faveur des idées, soit de Lamarck, soit de Darwin ? Non, car ils peuvent être revendiqués comme démonstratifs par quiconque fait intervenir la *loi de continuité*, de quelque façon qu'elle soit comprise.

Certes, combler la distance qui sépare la plante de l'animal a dû sembler à nos pères tout autrement difficile que de trouver des intermédiaires entre le mastodonte et l'éléphant. Or, Leibnitz, dont les doctrines différaient fort, on le sait, de celles que j'examine, avait osé prédire qu'on trouverait un jour un être tenant à la fois des deux règnes. La découverte de l'hydre d'eau douce sembla lui donner raison. Bonnet y vit une preuve irrécusable de la justesse de ses propres idées, aujourd'hui pourtant si universellement, si justement abandonnées [2]. Si le naturaliste genevois était encore vivant, il ne manquerait pas de tirer la même conséquence des faits dont il s'agit. Ainsi ferait aussi Blainville, qui, le premier peut-être, a eu l'idée de placer dans un tableau unique les animaux vivants et les animaux fossiles, pour combler les vides les plus frappants de nos cadres zoologiques, et qui employait cet argument pour démontrer la série animale et une création unique. Blainville, Bonnet, Robinet lui-même, seraient logiques en agissant ainsi ; car, tout autant que les doctrines de Lamarck et de Darwin, les leurs admettent ou entraînent à des degrés divers la loi de continuité, bien qu'étant en

---

1 *On the Animals which are most nearly intermediate between Birds and Reptiles. (Royal Institution of Great Britain*, weekly evening meeting, February 1, 1869.)
2 *Considérations sur les êtres organisés.*

opposition absolue avec celles que j'examine en ce moment.

C'est de cette continuité même que Lamarck et Darwin, cherchent à rendre compte. Tous deux ne voient en elle que le résultat de la filiation, de la transmutation lente des espèces. Voilà donc deux phénomènes nettement définis invoqués à titre de causes. Il est clair qu'il faut en démontrer l'existence avant d'en indiquer le mode d'action. Or, peut-on considérer comme démontrant cette existence les faits qui inspiraient à Leibnitz son célèbre aphorisme, ou des faits analogues qui ne sont au fond que la répétition des premiers, et qu'on présentait tout à l'heure comme étant la conséquence de ces mêmes phénomènes qu'il s'agit de mettre en évidence ? En vertu des théories les plus différentes et à la seule condition d'admettre la loi de continuité, on a pu prévoir, on peut prévoir encore la découverte de nombreux types intermédiaires. En dehors de toute théorie et au nom de l'analogie seule, on peut prédire que la science ne s'arrêtera pas où elle est de nos jours. À la surface des terres qu'elle n'a pas encore explorées, dans les couches fossilifères qu'elle n'a pas encore remuées, elle trouvera certainement bien des termes à intercaler dans nos séries organiques ; elle n'aura pas pour cela dévoilé la cause qui leur donna naissance et régla leurs rapports. Constater la fréquence d'un fait qu'on avait cru rare ou exceptionnel, ce n'est pas l'expliquer.

En définitive, lorsqu'on découvre un nouvel être vivant ou fossile et qu'on veut le classer d'après les rapports naturels indiqués par ses caractères propres, il faut bien le placer parmi les êtres déjà connus. Par cela seul, on comble une lacune et l'on resserre le réseau. Pour qui n'envisage qu'un petit nombre de rapports et dispose les êtres en une seule série, comme Blainville, ce nouveau venu se trouvera inévitablement entre deux autres qui seront ainsi plus intimement reliés ; pour qui tient compte des dix et vingt rayons dont parle Cuvier [1], il pourra arriver que ce fossile serve de lien entre des séries multiples, parallèles comme celles d'Isidore Geoffroy, ou ramifiées comme celles de Lamarck, de Darwin, de M. Gaudry. Quelle que soit la cause à laquelle on rapporte l'existence des êtres organisés dans le passé et dans le présent, ces résultats seront identiquement les mêmes. Ils ne pourraient être en désaccord qu'avec une doctrine admettant que les êtres à découvrir ne sont

1 *Histoire naturelle des Poissons,* par G. Cuvier et A. Valenciennes.

en rien comparables aux êtres connus. Ils concordent avec toutes les autres, et par conséquent ils ne peuvent être regardés comme témoignant en faveur d'aucune d'elles en particulier.

M. Gaudry en a jugé autrement. Partisan déclaré des doctrines darwiniennes, il a cherché, en groupant les résultats les plus sûrs obtenus par ses devanciers, en leur joignant ses nombreuses observations personnelles, à dresser les généalogies d'un certain nombre d'espèces vivantes [1]. Prenant, par exemple, comme distinctes cinq espèces de rhinocéros d'Asie et d'Afrique, il remonte à travers les périodes passées presque jusqu'aux plus anciens terrains tertiaires, et trouve dans le paloplothérium de Coucy [2] l'ancêtre commun de quatre genres entièrement éteints et de tous les rhinocéros vivants ou fossiles. Il ramène de même les chevaux proprement dits et les ânes à l'hipparion de San Isidro [3].

Ces conclusions soulèvent tout d'abord une difficulté. L'intervalle qui sépare les divers mammifères portés sur ces tableaux est loin d'être toujours le même ; M. Gaudry est le premier à nous en prévenir. Avec la bonne foi du vrai savant, et à l'exemple de son maître, il signale lui-même les lacunes parfois très-significatives que présentent ces généalogies, et, en parlant des hipparions, il déclare les avoir joints au genre cheval, « malgré des différences assez notables ». Il est évident qu'on ne franchit ces différences et qu'on ne relie ces deux genres qu'à l'aide d'une hypothèse jusqu'à présent non justifiée. Supposons toutefois que les rapports indiqués fussent tous égaux, en valeur à ceux que l'auteur regarde comme les plus étroits, y aurait-il dans ce fait quelque chose qui autorisât à conclure qu'ils ont la filiation pour cause ? Je ne puis le penser, et ici j'en appelle au monde actuel.

Quiconque prendra au hasard dans une famille naturelle quatre ou cinq genres voisins, et disposera ces genres et leurs espèces comme l'a fait M. Gaudry pour ses fossiles, pourra certainement dresser des tableaux fort semblables aux siens ; mais, à quelque point de vue qu'on se place et quelle que soit la théorie, personne n'en conclura que ces genres descendent de l'espèce à laquelle ses caractères auront assigné le dernier rang. Or, en pareille matière,

---

1 *Considérations générales sur les animaux fossiles de Pikermi.*
2 *Paloplothérium eodiciense,* dans le calcaire grossier de l'éocène moyen.
3 *Hipparion prostylum.*

on ne peut juger de deux façons différentes, selon qu'il s'agit de ce qui est ou de ce qui a été. Je ne peux donc accorder aux tableaux de M. Gaudry la signification qu'il leur attribue.

Ces tableaux ont pour la science un intérêt réel en ce qu'ils permettent de saisir d'un coup d'œil les rapports multiples que présentent certains mammifères des anciens mondes entre eux et avec leurs représentants actuels ; ils n'apprennent rien quant à la cause qui a déterminé ces rapports.

Il en est d'eux comme de celui qu'avait tracé Lamarck sous l'empire d'idées différentes, et qui devait représenter, dans la pensée de l'auteur, la *filiation* des classes animales. Considéré comme expression des rapports naturels, il a été confirmé sur bien des points, là même où il est en désaccord avec la dernière pensée de Cuvier [1] ; qui donc l'accepterait aujourd'hui comme arbre généalogique du règne animal ?

Il ne faut pas croire d'ailleurs que les rapprochements opérés par les découvertes même les plus récentes soient aussi étroits qu'on pourrait parfois le supposer d'après le langage de quelques partisans de Darwin. Le cochon et le chameau, le cheval et le tapir sont bien loin d'être réunis par la multitude de formes de transition qu'exigerait la vérification de la théorie. Pour ramener à leur juste valeur certaines exagérations, il suffit de jeter un coup d'œil sur les tableaux mêmes que je viens de citer, de parcourir les commentaires de l'auteur, qui certes n'a pas cherché à diminuer ce que les faits pouvaient avoir de favorable pour des opinions qu'il partage. L'interprétation la plus large de ces résultats ne saurait y montrer rien qui diffère de ce qui nous entoure. La nature vivante fourmille de genres aussi voisins et souvent bien plus rapprochés que ne le sont ceux qui figurent dans ces tableaux ; nos espèces sont tout aussi voisines et souvent bien davantage, à coup sûr. Qui ne distingue à première vue un âne d'un cheval, un zèbre de tous les deux et d'une hémione ? Or M. Gaudry lui-même déclare que toutes ces espèces se ressemblent tellement par le squelette, qu'on ne saurait les déterminer d'après les caractères ostéologiques seuls. Si elles venaient à être ensevelies ensemble, les paléontologistes futurs n'en feraient qu'une.

---

1 En particulier pour les cirripèdes, que Cuvier plaçait parmi les mollusques, et que Lamarck rattachait avec raison à la série des annelés.

C'est la répétition dans le genre *cheval* de ce que le Dr Lund avait constaté au Brésil pour le genre *rat*. Avant de s'être procuré les espèces vivantes, il en avait ramassé les débris rejetés par une espèce de chouette *(Strix perlata)* ; il avait comparé les os ainsi obtenus, et n'avait pu distinguer par ce moyen que deux ou tout au plus trois espèces. Ses recherches ultérieures lui apprirent qu'il en existe huit [1].

L'étude isolée du squelette tend donc à rapprocher, parfois jusqu'à la confusion, des espèces d'ailleurs très-distinctes. Par conséquent, lorsqu'elle nous montre des « différences assez notables » entre le type des hipparions et celui des chevaux, il est permis d'en conclure que la distance réelle a dû être sensiblement plus grande qu'on ne peut en juger par l'examen des fossiles. En réalité, il existe entre ces deux genres un de ces hiatus incompatibles avec la doctrine de Darwin aussi bien qu'avec celle de Lamarck. Pour le combler, il faut encore en appeler à l'inconnu. Peut-être cet inconnu répondra-t-il demain en faisant découvrir un nouveau terme intermédiaire. Mais, guidé par l'analogie et par l'ensemble des faits connus jusqu'à ce jour, on peut prédire que jamais l'hipparion ne sera réuni au cheval par un nombre de formes suffisant pour fournir aux doctrines de la filiation lente rien qui ressemble à une preuve quelque peu démonstrative.

Toutes les réflexions précédentes s'appliquent à plus forte raison aux intermédiaires placés entre deux types plus éloignés que ne le sont entre eux les genres et les familles. Malgré la juste autorité du nom de Huxley, je ne puis, par exemple, souscrire aux conclusions d'un de ses derniers écrits [2]. L'*Archœopteryx* de Meyer, le *Compsognathus* d'André Wagner, présentaient certainement des formes fort singulières, à en juger parleurs squelettes. A tout prendre, ils ne faisaient pourtant que relier les reptiles aux oiseaux, à peu près comme l'ornithorhynque les rattache aux mammifères et le lepidosiren aux poissons. Or, d'une part ces types de transition sont encore fort loin de n'importe quelle espèce appartenant franchement à l'une de ces trois classes ; de l'autre le fait de leur existence peut être invoqué, comme nous l'avons vu plus haut, par des doc-

---

1 *View of the Fauna anterior to the last Geological Revolution. (Magazine of Natural History,* 1841.)
2 *On the Animals which are most nearly intermediate between Birds and Reptiles.*

trines fort différentes. Leibnitz, aussi bien que Lamarck, n'eût pas manqué d'y trouver autant de preuves en sa faveur ; Robinet s'en serait emparé comme d'une démonstration ; il suffit de lire avec quelque soin les écrits de Geoffroy Saint-Hilaire pour reconnaître qu'il les eût accueillis avec joie comme diminuant le bond qu'aurait dû faire la nature en sautant brusquement d'un type bien défini à l'autre. Pour s'autoriser de ces faits, pour y trouver des arguments, il n'est pas nécessaire d'admettre d'une manière absolue la loi de continuité, telle qu'elle ressort rigoureusement des idées de Lamarck et de Darwin ; il suffit de l'accepter d'une manière générale, et d'être, n'importe à quel titre et à quel degré que ce soit, *évolutionniste* comme Huxley et M. Gaudry [1], *dérivatiste* comme Owen, ou *transformiste* comme MM. Vogt et Daily. Mais on peut aussi croire à la création et à la série animale, telles que les entendait Blainville ; ou admettre la préexistence des germes, soit à la façon de Bonnet, soit à la manière de Robinet ; ou bien être épigéniste avec Geoffroy et les physiologistes modernes..., etc.

Ainsi ces faits trouvent leur place dans les doctrines les plus diverses, parfois les plus opposées. Par cela même tout juge désintéressé reconnaîtra qu'ils ne peuvent venir en aide d'une manière spéciale à aucune d'elles [2].

Chapitre III
OBSERVATIONS GÉNÉRALES. — FAITS PHYSIOLOGIQUES. — PROTOTYPE ET PROTO- ORGANISMES.

J'ai dû suivre la doctrine de la transformation lente sur le terrain des espèces éteintes, dans ce champ de mort où elle va chercher quelques-uns des arguments qu'elle croit les plus sûrs. J'ai hâte de

1 *Cours annexe de paléontologie, Leçon d'ouverture.* M. Gaudry emploie le mot *dévolution* comme Huxley ; mais il me semble se rapprocher bien plutôt d'Owen par la manière dont il envisage les questions dont il s'agit ici.

2 Je pourrais emprunter bien d'autres objections aux travaux, aux écrits des paléontologistes : je préfère renvoyer à leurs ouvrages, et surtout à celui dans lequel M. d'Archiac a résumé avec toute l'autorité de son nom les raisons qui l'empêchent d'adopter les idées darwiniennes. Je dois toutefois faire remarquer que, sur les questions qui touchent à la physiologie générale, je suis parfois en désaccord avec mon éminent et regretté confrère. *(Cours de paléontologie stratigraphique,* t. I.)

rentrer dans les domaines de la vie, bien plus instructifs à coup sûr.

La paléontologie ne nous révèle que des formes. Par suite elle ne permet de voir que le côté morphologique des problèmes complexes posés par l'existence et l'origine des espèces. En outre ces formes sont forcément incomplètes, car le polypier, la coquille, le squelette, ont perdu les parties molles qu'ils protégeaient ou qui les enveloppaient. Si des analogies plus ou moins exactes permettent parfois de concevoir approximativement ce qu'étaient les animaux perdus, toujours est-il qu'en réalité nous ne les connaissons pas. Par cela seul, et même à ne tenir compte que de la forme, bien des éléments d'appréciation sont perdus pour nous. Le genre cheval, si instructif à tant de titres, nous en a fourni un exemple frappant.

Par-dessus tout, dans les animaux, dans les plantes, il y a autre chose à considérer que la matière modelée par la vie. Il faut tenir compte de la vie elle-même, ou mieux de ses manifestations. À côté de la morphologie et de l'anatomie vient se placer la physiologie ; et, s'il est un phénomène essentiellement physiologique, essentiellement vital, c'est celui delà reproduction, delà filiation des êtres. Comment aborder les problèmes qui touchent de près ou de loin à ceux qui nous occupent, si l'on se place dans des conditions telles qu'on ne puisse utiliser ce qui, dans notre savoir, a le plus de rapport avec eux ? Pour quiconque entend rester sur le terrain de la science, les diverses théories transformistes sont avant tout des questions de physiologie générale. C'est principalement à ce point de vue que nous les envisagerons dans la suite de ce travail.

Constatons d'abord que, considérées ainsi, toutes les théories transformistes se partagent naturellement en deux groupes bien distincts.

Les unes veulent que la transformation s'opère brusquement, sans transition, et que la modification puisse être d'emblée assez considérable pour faire apparaître non-seulement une espèce nouvelle, mais même un type inconnu jusque-là. De Maillet regardant comme possible la métamorphose d'un poisson en oiseau, Geoffroy Saint-Hilaire faisant naître directement celui-ci d'un reptile, représentent cet ordre d'idées, quelles que soient d'ailleurs les différences énormes qui les séparent.

Dans les théories qui admettent la *transformation brusque,* le temps n'intervient en rien ; l'hérédité n'agit qu'en transmettant les caractères subitement apparus. Dans cette hypothèse, par conséquent, un assez petit nombre de générations auraient suffi pour donner naissance à toutes les formes que nous connaissons, alors même qu'elles descendraient toutes, soit de quelques types initiaux, soit d'un seul prototype premier. La doctrine de Geoffroy en particulier se prêterait parfaitement à cette dernière conclusion, énoncée par Darwin comme ressortant avec logique de ses propres idées.

Dans les théories du second groupe, dont nous nous occupons surtout, les choses se passent bien différemment. Les espèces engendrées ne se détachent des espèces parentes que par degrés à peine marqués. Pour s'élever ou s'abaisser, elles ont à gravir ou à descendre des pentes à peine sensibles ; d'innombrables générations doivent se succéder avant qu'un changement réellement appréciable ait été réalisé. Lamarck et Darwin sont les représentants les plus élevés de cet ordre d'idées ; du moins parmi les naturalistes qui ont cherché dans l'expérience et l'observation les bases de leur théorie [1]. Il est même difficile de les séparer malgré les différences qui existent entre eux sur quelques points essentiels, malgré la supériorité de la conception du savant anglais. A chaque instant, en effet, l'étude de l'un réveille le souvenir de l'autre, et cela presque autant par les contrastes que par les analogies de la pensée et de l'expression.

Dans les théories qui partent de la *transformation lente,* le temps devient un élément nécessaire à l'accomplissement du phénomène, et se compte par centaines, par milliers de siècles. L'hérédité joue un rôle important ; elle ne se borne pas à transmettre les modifications acquises, elle les conserve toutes et les accumule, amenant

1 Sans cette réserve, il eût été injuste de ne pas placer à côté des deux savants que je nomme l'illustre chef des *naturalistes philosophes de la nature,* Oken, qui a exercé une si grande influence, surtout en Allemagne, et qui a compté parmi ses disciples quelques-uns des naturalistes les plus éminents de ce pays. Mais, comme je l'ai déjà dit, Oken, partisan enthousiaste de Schelling, cherchait dans les faits la confirmation de, ses *à priori,* bien plus qu'il ne leur demandait une science positive. Aussi ses conceptions générales, aujourd'hui à peu près abandonnées, sont-elles presque autant du ressort de la métaphysique que du domaine des sciences naturelles. Voilà pourquoi j'ai cru ne pas devoir en parler, malgré l'intérêt que présenterait la comparaison de quelques-unes des idées admises par Oken avec celles auxquelles sont arrivés d'autres naturalistes.

ainsi peu à peu des différences que rien n'eût permis de prévoir et dont les origines sont d'ordinaire impossibles à retrouver.

Lamarck et Darwin, partant des êtres les plus élevés en organisation, signalent la dégradation progressive présentée par l'ensemble des règnes, et arrivent ainsi aux formes les plus simples. Tous deux voient dans ces dernières les représentants, au moins extrêmement voisins, des formes initiales d'où proviennent toutes les espèces supérieures. Mais ici l'accord cesse entre les deux savants.

Le naturaliste français cherche à rendre compte de l'existence de ces proto-organismes, de leur persistance dans le temps et dans l'espace. Il trouve une explication facile et logique de ces faits dans la génération spontanée, à laquelle il rattache l'apparition des premiers êtres vivants, et qu'il regarde comme s'accomplissant encore journellement sous l'empire des forces physico-chimiques. Celles-ci, pense-t-il, organisent constamment et de toutes pièces les premières ébauches animales et végétales ; la différenciation des deux règnes est le résultat de leur action uniforme, mais s'exerçant sur des matériaux quelque peu différents. Dans cette hypothèse, la présence, partout reconnue, des infusoires les plus simples, des algues les plus rudimentaires, n'a plus rien d'étrange. Le monde inorganique fournit incessamment des matériaux qui, vivifiés par la chaleur, la lumière, l'électricité, se transforment en organismes élémentaires constituant pour chaque règne une sorte de fonds de réserve chaque jour renouvelé, et où la nature trouve toujours à puiser pour enfanter des formes nouvelles. Mais la nature n'est pas, pour Lamarck, une puissance indépendante. Dans ses actes, elle est assujettie à des lois, « expression de la volonté suprême qui les a établies » [1]. Par conséquent elle ne peut s'égarer, et voilà comment ses productions rentrent toutes dans ce cadre dont la paléontologie, malgré ses immenses progrès, n'a pas eu à multiplier les cases principales [2].

1 *Histoire naturelle des animaux sans vertèbres, Introduction.* Quelques pages plus haut, Lamarck s'exprime ainsi : « Parmi les différentes confusions d'idées auxquelles le sujet que j'ai ici en vue a donné lieu, j'en citerai deux comme principales... et celle qui fait penser à la plupart des hommes que la *nature* et son *suprême auteur* sont pareillement synonymes. » J'ai déjà cité d'autres passages analogues.

2 *L'Eozoon canadense* lui-même, ce fossile singulier qui a rejeté l'apparition des êtres vivants si fort au delà des époques silurienne et cambrienne, a trouvé sa place toute préparée dans le groupe des foraminifères, à côté de genres depuis longtemps connus et décrits. {*On the Structure, Affinities and geological Position of Eozoon canadense,* by

Darwin ne remonte pas aussi haut que Lamarck. Il ne cherche nullement à expliquer l'existence de son prototype, et nous avons vu comment il s'exprime au sujet de la génération spontanée. Cette réserve a été blâmée par quelques-uns des partisans aussi bien que par certains adversaires du savant anglais. On lui a reproché de laisser sa théorie incomplète, de ne pas tenir ce que promettait le titre de son livre en reculant devant la question d'origine première. Je ne puis m'associer à ces critiques, quel que soit le sentiment qui les ait dictées. Tout homme a bien le droit de fixer lui même les limites où s'arrête son savoir.

D'ailleurs la déclaration de Darwin en ce qui concerne la génération spontanée est pleine de mesure et de sens. Il tient ici le langage du vrai savant. Sans doute la science n'a pas démontré l'impossibilité de la formation d'un être vivant sous la seule action des forces physico-chimiques ; sans doute rien n'autorise à affirmer que cette impossibilité ait existé de tout temps dans le passé, qu'elle doive exister à jamais dans l'avenir. Toutefois, en présence des recherches modernes, en présence des faits acquis très-récemment encore, quiconque aura suivi attentivement les discussions soulevées par la question des générations spontanées, quiconque aura présent à l'esprit le détail des expériences invoquées des deux côtés, n'hésitera point à regarder ces générations sans père ni mère comme un phénomène étranger à notre monde actuel.

Or, la génération spontanée manquant, la théorie de Lamarck perd tout point de départ. Darwin, en se refusant à expliquer l'origine de la vie, en prenant l'être vivant comme un fait primordial, échappe de ce côté à toute difficulté.

En revanche, pour être accepté, ce fait hypothétique doit évidemment concorder avec les faits réels, ou tout au moins ne pas être en désaccord avec eux. Or ici la conception de Darwin soulève à son tour une objection des plus sérieuses. Au fond, elle consiste à admettre qu'une cause inconnue quelconque a joué à la surface du globe le rôle d'une puissance créatrice, et cela une seule fois, pendant un temps limité et d'une seule manière.

Eh bien ! c'est là une supposition impossible à accepter pour quiconque se place exclusivement au point de vue scientifique. Aucun des groupes de phénomènes étudiés par n'importe quelle science

W, Carpenter)

ne nous présente un fait semblable ; aucune des causes de phéno-mènes ayant reçu un nom ne s'est comportée, ne se comporte ainsi. Pour si loin qu'on les ait poursuivies et en tant qu'elles se prêtent à l'observation, on les a constamment trouvées à l'œuvre, accusant leur action énergique ou faible, intermittente ou continue, par des effets multipliés et divers. La cause qui a produit les êtres vivants a-t-elle procédé d'une tout autre manière ? S'est-elle manifestée à l'origine des choses et a-t-elle ensuite disparu, ne laissant comme trace de son passage qu'une seule et unique empreinte ? N'a-t-elle agi un instant sur notre terre que pour engendrer un archétype et s'arrêter ensuite à tout jamais ? Cette hypothèse absolument arbitraire a contre elle toutes les analogies tirées de l'histoire de toutes les branches du savoir humain. L'homme de science ne peut donc accepter le fait initial admis par Darwin.

Le savant anglais ne dit nulle part s'il suppose que son prototype ait été représenté par un ou plusieurs individus. Mlle Rover, suppléant sur ce point au silence du livre qu'elle a traduit, admet de la manière la plus large la multiplicité des organismes primaires. Le fait d'un ancêtre unique lui paraîtrait un miracle. « Si cet ancêtre a existé, dit-elle, ce ne peut être que la planète elle-même, » qui, « à l'une des phases de son existence, aurait eu le pouvoir d'élaborer la vie ». La surface de la terre, alors baignée par « les eaux, aurait produit en nombre immense des germes sans aucun doute tous semblables [1]. » M. Daily a fait remarquer avec raison que ce caprice subit de la « matrice universelle » constituerait un miracle non moins incompréhensible que celui qui répugne à Mlle Royer [2]. De cette hypothèse découlent d'ailleurs des conséquences fort graves, qu'accepte sans hésiter le traducteur de Darwin. « La multiplicité infinie des germes, dit Mlle Royer, dut nécessairement produire à l'origine la multiplicité infinie des races, et de cette infinité de races ont surgi de nombreuses séries indépendantes les unes des autres, ayant toutes leur point de départ dans les premières formes des êtres primitifs. »

---

1 *Origine des espèces*, chap. XIV, section 4, note. Mlle Royer a développé ses idées dans un ouvrage publié récemment sous ce titre. Je regrette de ne pouvoir suivre l'auteur dans ses développements ; mais on comprendra que je ne puis aborder ici l'examen de toute la littérature transformiste. C'est le fond même de la doctrine que j'ai seul à apprécier.
2 *De la place de l'homme dans la nature, Introduction.*

Il me paraît difficile que le traducteur ait été ici l'interprète fidèle de la pensée du maître. Si l'on donne pour point de départ aux êtres organisés un seul parent qu'on peut supposer hermaphrodite ou une paire primitive unique, la loi de caractérisation permanente rend compte du plan général conservé dans l'empire organique depuis les plus anciens temps jusqu'à nos jours. Ce parent était vivant ; il a transmis à tous ses descendants la vie avec tout ce qu'elle entraîne de phénomènes généraux communs aux animaux comme aux plantes. Après une période d'indécision dont nous trouvons encore les traces, un premier partage a eu lieu parmi ses fils ; les deux règnes ont pris naissance, et à partir de ce moment tous les dérivés de la première algue ont été des végétaux, tous les petits-fils du premier infusoire ont été des animaux. La caractérisation successive des embranchements, classes, ordres, familles, a toujours eu les mêmes conséquences. Le premier zoophyte n'a eu que des zoophytes pour enfants et petits-enfants ; le premier vertébré, fût-il inférieur en organisation à l'*Amphioxus*, n'a produit que des vertébrés, et parmi ceux-ci le premier mammifère a engendré tous les autres. « Ainsi a pris naissance et a grandi, selon Darwin, le grand arbre de la vie, qui remplit l'écorce de la terre des débris de ses branches mortes et rompues, qui en couvre la surface de ses ramifications toujours nouvelles et toujours brillantes [1]. » De ce mode de développement résulteraient très-naturellement, comme je l'ai déjà dit, les rapports qui existent entre tous les êtres vivants, entre leurs groupes, quelque multipliés qu'ils soient, quelque éloignement que le temps et l'espace aient interposé entre eux.

Si le développement du monde organique a eu lieu autrement et par séries indépendantes, comment se fait-il que les représentants de ces séries rentrent tous dans le cadre que les naturalistes ont pu tracer à l'aide de la nature vivante seule, et dont la paléontologie n'a fait que subdiviser les cases principales ? Comment ces formes, « ayant une généalogie à part qui les rattache en ligne directe à la cellule primordiale », trouvent-elles si naturellement leur place non-seulement dans les mêmes règnes, embranchements ou classes, mais bien souvent en outre dans les mêmes ordres, les mêmes familles ? Mlle Royer attribue ce résultat à « l'unité de la loi organique de la surface du globe ». Elle ne dit pas quelle est cette

1 Conclusion du chap IV.

loi.

Or, on ne peut invoquer ici ni la sélection résultant de la lutte pour l'existence, ni la divergence des caractères dépendants de l'hérédité, car toutes deux ont pour conséquence forcée de multiplier et d'accentuer les différences. Une « infinité de germes » obéissant à ces lois seules aurait nécessairement engendré une infinité d'êtres divergeant en tout sens. Pour que ces « lignées indépendantes », isolées, et dont la loi de caractérisation permanente n'a pas réglé les rapports, eussent pu s'harmoniser à travers le temps et l'espace dans le tout que nous connaissons, il aurait fallu de toute nécessité que leurs écarts eussent des bornes imposées par quelque chose de supérieur. Mlle Rover n'indique rien à cet égard ; mais on voit qu'après s'être singulièrement rapprochée de Lamarck par la conception d'une genèse primitive qui ressemble fort à un acte de génération spontanée, elle pourrait bien être près d'adopter encore quelque chose de fort analogue aux lois que l'auteur de la *Philosophie zoologique* regardait comme réglementant la nature.

Or, la théorie darwinienne a précisément pour but de substituer, à tout ce qui de près ou de loin ressemblerait aux lois régulatrices de Lamarck, l'enchaînement des faits naturels et la sélection qui en résulte. Les principes mêmes du savant anglais conduisent donc fatalement à regarder le prototype comme ayant eu au début, pour tout représentant, un seul ou tout au plus deux individus de sexe différent.

Sans doute, l'existence d'un pareil être n'a eu soi rien de rigoureusement impossible. Mais il faut bien reconnaître que cette hypothèse est absolument gratuite, qu'elle est en opposition flagrante avec l'analogie scientifique, c'est-à-dire avec le seul guide qui puisse nous diriger dans l'appréciation de ces questions obscures. Elle ne peut donc être acceptée par quiconque entend rester sur le terrain de la science seule.

Or, cette hypothèse n'est pas seulement une extension, une conséquence logique, mais d'importance secondaire, qu'on puisse accepter ou rejeter sans toucher au reste de la théorie, comme Darwin semble l'admettre [1]. Elle est en réalité le point de départ obligé de toute la doctrine, et la résume pour ainsi dire. Toutes

1 *Origine des espèces*, chap. XIV, section 4, et *Variations des animaux et des plantes, Introduction*.

les raisons invoquées en faveur de la sélection considérée comme cause de la dérivation lente et de la caractérisation des embranchements, des classes, même des genres et des espèces, s'appliquent rigoureusement à la différenciation des règnes. Toutes les objections qu'on adresserait à celle-ci retomberaient sur celles-là. Si les ressemblances passagères des embryons d'une même classe témoignent en faveur de l'origine commune des êtres qu'elle comprend, la ressemblance fondamentale des corps reproducteurs, la motilité de certaines spores végétales, accusent l'origine commune des animaux et des végétaux. Si l'existence de quelques termes intermédiaires ou d'un petit nombre d'espèces ambiguës peut être invoquée à titre de preuve par le darwinisme quand il s'agit de montrer que tous les vertébrés descendent d'un ancêtre commun, l'existence de groupes entiers que se disputent ou se renvoient les botanistes et les zoologistes témoigne bien plus encore que les plantes et les animaux ont eu le même parent primitif.

Ainsi, sous peine d'être inconséquent, le darwinisme est forcé de faire remonter l'origine de tout organisme jusqu'à la cellule première, jusqu'à ce prototype unique en faveur duquel il est impossible d'invoquer le moindre argument scientifique.

Prenons-le pourtant tel que Darwin nous le donne, comme un être primordial, ne se rattachant à rien, dont l'existence, inexpliquée et inexplicable, serait en désaccord avec tout ce que nous savons ; en d'autres termes, acceptons ce prototype comme un *mystère,* et suivons-le dans ses transformations. Ici un premier fait se présente, et doit nous arrêter d'autant plus, que Darwin lui-même a bien compris qu'il constituait une objection sérieuse à sa théorie, surtout quand on veut voir en elle la *doctrine du progrès.*

Rien ne prouve que le prototype soit réalisé de nos jours encore par des descendants demeurés stationnaires. Peut-être se cache-t-il dans la foule de ces êtres ambigus dont Bory de Saint-Vincent composait son *règne psychodiaire* [1]. Mais nous le rencontrerions sous le microscope, que nous ne pourrions le reconnaître, faute de renseignements. En revanche, nous pouvons affirmer que la

---

1 Bory de Saint-Vincent avait proposé l'adoption d'un règne spécial destiné à recevoir les êtres qu'il regardait comme tenant à la fois de la plante et de l'animal. Cette division nouvelle du monde organique n'a été adoptée par aucun naturaliste, que je sache ; mais les causes qui en avaient suggéré la pensée à Bory subsistent toujours.

science moderne a découvert un certain nombre de ses dérivés les plus immédiats. Les dernières conferves, les infusoires les plus simples, et surtout bon nombre de ces êtres dont nous ne savons encore que faire, ne diffèrent probablement pas beaucoup de cet ancêtre putatif commun.

Ce n'est pas la petitesse des organismes inférieurs qui autorise ce langage. L'esprit, appuyé sur quelques notions élémentaires de mathématiques, conçoit des êtres infiniment plus petits que la dernière des monades, que le plus imperceptible des vibrions. Il n'en est pas de même de la simplicité d'organisation. Celle-ci a des limites. Quand nous voyons l'être vivant réduit à une simple cellule, à un corpuscule d'apparence homogène dont il est impossible de dire s'il est ou non isolé du monde ambiant par une enveloppe propre, nous pouvons affirmer que nous sommes peu éloignés des confins de la structure organique. Gomment des êtres d'une simplicité pareille peuvent-ils coexister avec leurs descendants graduellement perfectionnés, avec ceux qui occupent le premier rang dans les deux règnes ?

Dans la doctrine de Lamarck, la réponse à cette question est à la fois facile et logique. L'existence simultanée des extrêmes de complication organique et de tous les intermédiaires est la conséquence naturelle d'une génération spontanée journalière, entretenant ce fonds général d'ébauches vivantes où les espèces nouvelles ont pris et peuvent à chaque instant prendre naissance. Les plus anciennes, celles dont les circonstances ont stimulé les besoins et multiplié les habitudes, occupent aujourd'hui le premier rang ; les autres se trouvent naturellement étagées selon la date de leur naissance et l'énergie ou la faiblesse des stimulants qu'elles ont rencontrés.

Il est fâcheux que cette explication repose sur une erreur que reconnaîtront, je pense, les plus hardis partisans actuels de l'hétérogénie. Il est bien évident que, si la génération spontanée était un phénomène aussi constant, aussi régulier, aussi incessant que le croyait Lamarck, la réalité en eût été depuis longtemps mise hors de doute.

La persistance des types inférieurs est bien plus difficile à expliquer pour quiconque se place à un point de vue analogue à celui de Darwin. Il y a dans ce fait comme une protestation contre la généralité de l'application des principes mêmes de la doctrine. Le savant anglais l'a bien senti lui-même. C'est ici surtout qu'il laisse de côté le *progrès organique,* qu'il se rattache au principe de *l'adaptation,* et formule relativement aux conséquences de l'élection naturelle, des restrictions bien peu d'accord, il me semble, avec le langage qu'il tient ailleurs. « Quel avantage, dit-il, pourrait-il y avoir pour un animalcule infusoire, pour un ver intestinal, ou même pour un ver de terre, à être doué d'une organisation élevée ? Et si ces diverses formes vivantes n'ont aucun avantage à progresser, elles ne feront aucun progrès ou progresseront seulement sous de légers rapports par suite de l'action élective qui tend à les adapter de mieux en mieux à leurs conditions d'existence, mais nullement à changer ces conditions, de sorte qu'elles peuvent demeurer dans leur infériorité actuelle pendant une suite indéterminée d'époques géologiques. En effet, nous savons, d'après les documents paléontologiques, que plusieurs des formes les moins élevées de la série organique, telles que les rhizopodes et les infusoires, sont demeurées pendant d'immenses périodes à peu près dans l'état où nous les voyons aujourd'hui [1]. »

Tel est le langage de Darwin lui-même, tels sont les faits qu'il accepte. À plus forte raison admettrait-il que les êtres plus simples et à caractère indécis dont je parlais tout à l'heure ont traversé sans grand changement « un nombre » indéterminé d'époques géologiques ». Comment se fait-il qu'en dépit de la lutte pour l'existence et de la sélection, ils aient conservé à travers ces époques, à travers les changements de conditions d'existence qu'elles ont présentées, à travers les millions de millions de siècles qu'elles comprennent d'après lui, une simplicité d'organisation qui fait songer au prototype ? C'est, répond Darwin, que « des variations favorables peuvent ne s'être jamais présentées, de sorte que l'élection naturelle n'a pu agir en les accumulant. »

Voilà donc *l'imprévu, l'accident,* en d'autres termes ce que nous appelons le *hasard,* accepté comme dominant ces lois qui semblaient d'abord si fortement, si logiquement enchaînées, ou tout au moins reconnu nécessaire pour que ces lois puissent s'exercer. An delà de cette hypothèse extrême, on ne peut évidemment plus rien supposer.

1 *Origine des espèces,* chap. IV, section 14.

Suffit-elle au moins pour rendre compte des variations premières du prototype, pour expliquer le premier partage accompli à l'origine des choses entre les animaux et les végétaux, pour éclairer les premiers pas faits « vers la différenciation et la localisation des organes pour des fonctions de plus en plus spéciales ? » Non, répond franchement Darwin. « Je ne saurais résoudre complètement ce problème. D'ailleurs, comme nous n'avons aucun fait pour nous guider dans la recherche d'une solution, on peut regarder toute spéculation sur ce sujet comme vaine et sans base. »

Je me garderai bien d'ajouter un seul mot à ces aveux si loyaux, mais en même temps si graves pour la doctrine entière, qui se trouve ainsi reposer sur l'existence d'un prototype que l'homme de science pure ne saurait accepter, en même temps que ses lois les plus fondamentales sont subordonnées à *l'accident,* au *hasard.*

Chapitre IV
L'ESPÈCE ET LA RAGE.
— HYBRIDATION ET MÉTISSAGE.
ATAVISME.

Lamarck ne s'est pas laissé arrêter par la nécessité d'admettre, comme point de départ de l'évolution lente telle qu'il la comprenait, un phénomène universel, incessant, et que pourtant nul n'a pu constater. Darwin ne s'est pas inquiété davantage des difficultés fondamentales de sa conception. « Nul ne doit s'étonner, dit-il, qu'il reste encore beaucoup de choses inexpliquées sur l'origine des espèces, si l'on songe à notre profonde ignorance concernant les relations mutuelles des habitants du monde durant les époques successives de son histoire. » Il passe outre après cette réflexion, et, laissant en plein inconnu les premières évolutions du type organique fondamental, c'est aux types secondaires déjà accusés, aux espèces déjà caractérisées, qu'il applique sa théorie. C'est donc à elles que s'adresse en particulier l'hypothèse des *variations fortuites,* qui seules permettent à la sélection d'entrer en jeu et d'enfanter des espèces nouvelles. À vouloir suivre pas à pas le savant anglais, je devrais aborder dès maintenant l'examen des causes qu'il assigne à ces accidents dont l'influence est si grande. Mais, pour apprécier ce qu'il dit à ce sujet, j'aurais à opposer l'espèce à la *race*, et je dois rappeler d'abord combien diffèrent en réalité ces deux choses si souvent confondues.

Isidore Geoffroy Saint-Hilaire, après avoir comparé dans les moindres détails les doctrines émises relativement à l'espèce depuis Linné et Buffon par les botanistes et les zoologistes les plus éminents, résume sa remarquable discussion en des termes qui, dans la bouche du fils d'Étienne Geoffroy, ont une importance qu'on ne saurait méconnaître, une signification trop souvent oubliée. « Telle est l'espèce et telle est la race dit-il, non-seulement pour une des écoles entre lesquelles se partagent les naturalistes, mais pour toutes ; car la gravité de leurs dissentiments sur l'origine et les phases antérieures de l'existence des espèces ne les empêche pas de procéder toutes de même à la distinction et à la détermination de l'espèce et de la race. Tant qu'il s'agit seulement de l'état actuel des êtres organisés (accord d'autant plus digne de remarque qu'il n'existe guère qu'ici), tous les naturalistes pensent de même, ou du moins agissent comme s'ils pensaient de même [1]. »

Ces paroles posent nettement la question, et renferment un grave enseignement. Elles nous rappellent que souvent il y a pour ainsi dire deux hommes dans le même naturaliste, selon qu'il étudie le monde organique avec la seule intention de le connaître tel qu'il est, ou qu'il s'efforce d'en scruter les origines pour l'expliquer. Elles nous apprennent que les écoles existent seulement lorsqu'on se place en dehors des temps et des lieux accessibles à l'observation, qu'elles s'effacent dès qu'on rentre dans la réalité. Dans ce dernier cas, « de Cuvier à Lamarck lui-même, il n'y a plus qu'une manière de concevoir l'espèce [2]. » C'est que les faits s'imposent aux esprits les plus prévenus ; c'est qu'en présence de *ce qui est,* il n'est pas possible d'arguer de *ce qui pourrait être.*

Or, à moins de supposer dans les lois générales du monde organique des changements que rien n'indique, il faut bien admettre que les choses se sont passées autrefois comme elles se passent aujourd'hui, et, par conséquent, que l'espèce et la race sont de nos

---

1 *Histoire naturelle générale des règnes organiques, t.* III, ch. XI, sect. 7.
2 Isidore Geoffroy.

jours ce qu'elles ont toujours été. Pour savoir ce que sont ces deux choses telles que les ont comprises Linné comme Buffon, Cuvier aussi bien que Geoffroy Saint-Hilaire et Lamarck, interrogeons donc le présent. Lui seul peut nous éclairer quelque peu sur le passé. Comme j'ai, du reste, abordé cette question ailleurs avec détail, comme elle a été traitée *ex professo* par divers auteurs [1], je serai bref, et j'insisterai seulement sur quelques considérations nées des dernières controverses auxquelles ont donné lieu quelques faits récemment acquis.

D'après M. Buchner, qui reproduit ici une opinion exprimée par un éminent professeur de Heidelberg, G. Bronn, « l'idée d'espèce ne nous est pas donnée par la nature même » [2]. S'il en était ainsi, on ne trouverait pas un si grand nombre d'espèces portant des noms particuliers chez les peuples les plus sauvages et chez nos populations les plus illettrées. La notion générale de l'espèce est au contraire une de celles qu'on ne peut pas ne point avoir, pour peu qu'on regarde autour de soi. La difficulté est de la formuler nettement, de lui donner la précision scientifique.

Cette difficulté est très-réelle. Elle tient à ce que l'idée générale repose sur deux ordres de faits de nature fort différente et qui semblent assez souvent être en désaccord. Présentez au premier paysan venu deux animaux entièrement semblables, sans hésiter il les déclarera de même espèce. Demandez-lui si les petits d'un animal quelconque sont de même espèce que ses père et mère, il répondra oui, à coup sûr. L'immense majorité des naturalistes pense et parle au fond comme le paysan. Un bien petit nombre seulement n'a vu avec Jean Ray et Flourens que le côté physiologique de la question ; d'autres, un peu plus nombreux, entraînés par les habitudes ou forcés par la nature de leurs travaux à ne voir que la forme, se sont placés, à la suite de Tournefort, exclusivement au point de vue morphologique, et parmi eux nous rencontrons surtout quelques botanistes, entomologistes et paléontologistes.

Quant aux naturalistes proprement dits, quant à ceux qui s'oc-

1 *Revue des cours scientifiques*, 1868 ; *Unité de l'espèce humaine ; Cours d'anthropologie*, fait au Muséum. Je dois renvoyer aussi le lecteur à l'ouvrage de M. Faivre, intitulé : *La variabilité des espèces et ses limites* ; surtout à l'excellent ouvrage de M. Godron, *De l'espèce et des races dans les êtres organisés*, et à celui que vient de publier Agassiz, *De l'espèce et de la classification en zoologie*.
2 *Science et nature*, traduction d'Auguste Delondre.

Jean-Louis Armand de Quatrefages

cupent essentiellement de l'ensemble des espèces, les étudient à l'état vivant, et sont par suite amenés à tenir compte de tout, ils sont ici remarquablement d'accord. Lorsqu'ils ont voulu définir l'espèce, ils se sont tous efforcés de faire entrer dans leurs formules les deux notions de la ressemblance et de la filiation. Ainsi ont fait Buffon et de Jussieu, Lamarck et Blainville, Cuvier et de Candolle, Isidore Geoffroy et A. Bichard, Bronn lui-même et C. Vogt, J. Müller et M. Chevreul [1].

---

1 Pour mettre le lecteur à même de juger par lui-même, je reproduis un certain nombre de définitions données par les principaux naturalistes :

J. Ray : « Sont de la même espèce toutes les plantes issues de la même semence et qui peuvent se reproduire par semis. » *(Historia plantarum.)*

Illiger : « L'espèce est l'ensemble des êtres qui donnent entre eux des produits féconds. » *(Versueh einer Terminologie.)*

Flourens : « L'espèce est la succession des individus qui se perpétuent. » *(Analyse raisonnée des travaux de Georges Cuvier.)*

Ces définitions, on le voit, n'embrassent que la notion de filiation.

Toornefort nomme *espèces* « les plantes qui se distinguent dans le *genre* par quelque caractère particulier. » *(Institutiones rei herbariæ.)*

Lacordaire : « On entend par *espèce* une collection ou un groupe d'animaux qui possèdent en commun certaines particularités d'organisation dont l'origine ne peut être attribuée à l'action des causes physiques connues. » *(Introduction à l'Entomologie,* t. II.)

Endlicher et Unger : « L'espèce est la réunion des individus qui concordent entre eux dans tous les caractères invariables. » *(Grundsüge der Betanik.)*

Ces trois exemples suffisent pour montrer ce qu'est l'espèce aux yeux de ceux qui tiennent exclusivement compte de la notion de ressemblance.

Voici maintenant les définitions données par les savants qui se sont efforcés de réunir dans leur formule les deux notions :

Linné n'a pas donné de définition ; mais ses idées, très-nettement exprimées, ont été en réalité formulées de la manière suivante par Antoine-Laurent de Jussieu : « L'espèce doit être définie une succession d'individus entièrement semblables perpétués au moyen de la génération. » *(Genera plantarum.)*

Buffon a donné trois définitions revenant à très-peu près l'une à l'autre. Voici la plus explicite : « L'espèce n'est autre chose qu'une succession constante d'individus semblables et qui se reproduisent. » *(Histoire générale et particulière des animaux,* t. IV.)

Lamarck : « On appelle *espèce* toute collection d'individus semblables qui furent produits par des individus pareils à eux. » *(Philosophie zoologique.)*

Je n'ai pas besoin de rappeler les réserves faites par Lamarck dès qu'il considérait l'espèce dans l'ensemble des temps.

Cuvier : « L'espèce est la réunion des individus descendus l'un de l'autre ou de parents communs, et de ceux qui leur ressemblent autant qu'ils se ressemblent entre eux. » *(Règne animal.)*

De Candolle : « L'espèce est la collection de tous les individus qui se ressemblent plus entre eux qu'ils ne ressemblent à d'autres ; qui peuvent, par une fécondation

Sans doute les termes employés diffèrent. Mais cette variété d'expressions qu'on a voulu présenter comme une divergence de doctrines n'a rien que de très-naturel. On sait combien une bonne définition est difficile à trouver, lors même qu'il s'agit des choses les plus simples, combien la difficulté s'accroît à mesure qu'il s'agit d'embrasser un plus grand nombre de faits ou d'idées. Or, la notion de l'espèce est des plus complexes. Il est donc fort aisé de comprendre que des hommes éminents, essentiellement d'accord sur les points fondamentaux, aient varié dans la traduction des idées

réciproque, produire des individus fertiles, et qui se reproduisent par la génération, de telle sorte qu'on peut par analogie les supposer tous sortis d'un seul individu. » *(Théorie élémentaire de la botanique.)*

Blainville : « L'espèce est l'individu répété et continué dans le temps et l'espace. » *(Leçons orales,* citées par Is. Geoffroy Saint-Hilaire.)

Achille Richard : « L'espèce est l'ensemble de tous les individus qui ont absolument les mêmes caractères, qui peuvent se féconder mutuellement, et donner naissance à une suite d'individus se reproduisant avec les mêmes caractères. » *(Précis de botanique.)*

Dugès : « L'espèce est un type idéal de formes, d'organisation, de mœurs, auquel on peut rapporter tous les individus qui se ressemblent beaucoup et se propagent avec les mêmes formes. » *(Traité de physiologie comparée, t. I.)*

Bronn : « L'espèce est l'ensemble de tous les individus de même origine et de ceux qui leur sont aussi semblables qu'ils le sont entre eux. » *(Handbuch der Geschichte der Natur.)*

Ch. Vogt : « L'espèce est la réunion de tous les individus qui tirent leur origine des mêmes parents, et qui redeviennent par eux-mêmes ou par leurs descendants semblables à leurs premiers ancêtres. » *(Lehrbuch der Géologie ur.d Pelrefaclenkunde.)*

Chevreul : « L'espèce comprend tous les individus issus d'un même père et d'une même mère : ces individus leur ressemblent le plus qu'il est possible relativement aux individus des autres espèces ; ils sont donc caractérisés par la similitude d'un certain ensemble de rapports mutuels existant entre des organes de même nom, et les différences qui sont hors de ces rapports constituent des variétés en général, *(Rapport sur l'Ampélographie* du *comte Odart, suivi de Considérations générales sur les variations des individus qui composent les groupes appelés en botanique et en zoologie, variétés, races, sous-espèces* et *espèces.)*

Jean Muller : « L'espèce est une forme de vie représentée par des individus, qui reparaît dans les produits de la génération avec certains caractères inaliénables, et qui se reproduit constamment par la procréation d'individus similaires. » *(Manuel de physiologie, t. II.)*

Isidore Geoffroy Saint-Hilaire : « L'espèce est une collection ou une suite d'individus caractérisés par un ensemble de traits distinctifs dont la transmission est naturelle, régulière et indéfinie, dans l'ordre actuel des choses. » *(Histoire naturelle générale des règnes organiques, t. II.)*

On trouvera dans l'ouvrage d'Isidore Geoffroy la plupart des définitions précédentes et un grand nombre d'autres que j'ai cru inutile de reproduire.

Jean-Louis Armand de Quatrefages

accessoires. D'ailleurs les sciences marchent, et il faut bien tenir compte des progrès accomplis. Voilà surtout pourquoi j'ai cru pouvoir, moi aussi, proposer une définition de plus, sans me séparer pour cela de mes illustres devanciers.

Les deux idées qui concourent à former l'idée générale d'espèce ne sont nullement simples elles-mêmes. Dès le début, et à ne tenir compte que des phénomènes les plus communs, les seuls connus au temps de Linné et de Buffon, l'idée de ressemblance fut nécessairement complexe. Elle dut embrasser la famille physiologique entière avec les différences que comportent les sexes et les âges. Le père et la mère ne se ressemblent pas ; pendant une période plus ou moins longue de la vie, les fils et les filles diffèrent quelquefois beaucoup de l'un et de l'autre. Le faon se distingue au premier coup d'œil du cerf et de la biche. Les métamorphoses de certains insectes offraient à nos prédécesseurs un premier degré de complication : il y a une énorme distance de la larve à l'insecte parfait, de la chenille au papillon. De nos jours, le nombre et la diversité des formes comprises dans une seule famille physiologique se sont multipliés d'une façon qu'il était impossible de prévoir. Il a bien fallu tenir compte des faits nouveaux acquis à la science. Le premier, Vogt eut le mérite de comprendre dans sa définition de l'espèce la notion des phénomènes de *généagenèse*. Mais il laissa en dehors ceux qui se rattachent au *polymorphisme,* dont divers travaux récents, en particulier ceux de Darwin, ont montré la haute importance.

Quelque inattendus qu'aient été pour nous ces phénomènes, quelque étranges qu'ils puissent paraître, il ne faut pas s'en exagérer la signification.

Au fond, considérés au point de vue où nous sommes placés en ce moment, il ne faut qu'élargir de plus en plus l'idée qu'on se faisait autrefois de la famille physiologique.

Dans les cas de généagenèse même les plus compliqués, nous trouvons en effet toujours, à l'ouverture d'un cycle de générations, un père et une mère caractérisés par la présence des éléments reproducteurs. Une *méduse femelle* pond des œufs que féconde une *méduse mâle.* De chacun de ces œufs sort un être semblable à un infusoire, *fils immédiat* des parents. Celui-ci se fixe et se transforme en une sorte de polype qui produit par bourgeonnement un nombre indéterminé d'individus sans sexe. A son tour, l'un de ces individus se métamorphose et se fractionne en méduse chez laquelle reparaissent les éléments nécessaires à une nouvelle fécondation. Il est évident que tous les individus sortis du même œuf, quelles que soient leurs formes, quel que soit l'ordre dans lequel ils se succèdent, sont les *fils médiats* de la mère qui a pondu l'œuf, du père qui l'a fécondé. Ils sont au même titre les frères de tous les individus produits par une même ponte. Les rapports physiologiques n'ont pas changé de caractère. La famille s'est agrandie, elle s'est pour ainsi dire fractionnée ; mais elle est au fond restée la même [1].

Bien que compliquant parfois d'une manière étrange les phénomènes de la reproduction ordinaire et même ceux de la généagenèse, le polymorphisme ne change rien à cette conclusion. Dans une ruche, les neutres et les femelles, issus de la même reine mère fécondée par un seul père, appartiennent à la même famille. Il en est de même dans une termitière pour les grands rois et les grandes reines, les petits rois et les petites reines, les ouvriers et les soldats, ailés ou non [2].

Des modifications morphologiques non moins remarquables ont été signalées chez les végétaux et ne peuvent être envisagées que de la même manière. Darwin en a rencontré jusque chez quelques-unes de nos plantes les plus communes, la primevère, le lin, les plantains, la salicaire. Dans ces espèces, les graines fournies par une seule et même plante mère donnent naissance à des plantes sœurs dont les organes floraux essentiels, le pistil et les étamines, diffèrent d'une manière très marquée [3]. Certaines fleurs d'orchidées poussent sur le même pied, et sont cependant si diverses d'aspect, qu'on les avait regardées comme caractérisant deux genres distincts, tant qu'on ne les avait vues que sur des plantes séparées. Enfin des phénomènes bien plus complexes ont été découverts chez les champignons parasites par M. Tulasne et les botanistes

1 J'ai résumé les phénomènes les plus généraux de la reproduction animale et insisté sur ceux de la généagenèse dans un petit ouvrage intitulé : *Métamorphoses de l'homme et des animaux.*
2 Ces diverses expressions sont celles qu'a employées M. Lespés dans son beau mémoire sur le *termite lucifuge. (Annales des sciences naturelles* 1856.)
3 *De la variation des animaux et des plantes,* t. II, chap. XIX. — *Mémoire sur l'hétéromorphisme des fleurs. (Annales des sciences naturelles* Botanique, 4e série, t. XIX.)

entrés après lui dans cette nouvelle voie de recherches [1]. La généagenèse et le polymorphisme se compliquent ici d'une façon en apparence toute nouvelle. Ils se rattachent à des migrations et à des changements de sol et de milieu d'une manière qui a dû surprendre les premiers observateurs. Cependant ils ne présentent au fond rien de plus étrange que les phénomènes de la reproduction des vers intestinaux [2].

Ces végétaux, qu'on a pu attribuer à des genres, parfois à des familles taxonomiques différentes, ces animaux tellement dissemblables qu'on les a longtemps placés dans des classes distinctes, n'en doivent pas moins être mis à côté les uns des autres et avec leurs parents dans la même famille physiologique. Celle-ci embrasse donc toutes les générations médiates, parfois nombreuses, toutes les formes d'évolution souvent très-disparates qu'enfantent la généagenèse et le polymorphisme. Dans le monde étrange où règnent ces deux phénomènes, la ressemblance disparaît du père et de la mère aux enfants, du frère au frère, lorsqu'ils apparaissent à des époques différentes du cycle ; *elle* n'existe qu'entre les descendants plus éloignés et les collatéraux, et toujours dans des *familles physiologiques* différentes. Au point de vue de l'espèce, celles-ci apparaissent donc comme un élément fondamental dont il faut tenir le plus grand compte.

Voilà pourquoi, sans m'écarter des conceptions de tant d'illustres prédécesseurs, j'ai cru devoir introduire le terme de *famille* dans la définition que j'ai proposée. Pour moi, « *l'espèce* est l'ensemble des individus plus ou moins semblables entre eux qui sont descendus ou qui peuvent être regardés comme descendus d'une paire primitive unique par une succession ininterrompue et naturelle de familles [3]. »

En atténuant dans cette formule l'idée de ressemblance, je ne songeais pas seulement aux phénomènes que je viens de rappeler. J'avais aussi en vue des faits bien plus simples et journaliers. Blain-

---

1 Voyez surtout les ouvrages suivants : *Selecta fungorum carpologia*, par L. et R. Tulasne, et *Traité de botanique*, par P. Duchartre. On peut consulter aussi les mémoires de M. de Bary dans les *Annales des sciences naturelles* (Botanique), 5ᵉ série, et l'ouvrage de M. Faivre : *La variabilité ; ses espèces et ses limites.*

2 J'ai traité cette question, spéciale avec quelque détail dans la *Revue des deux mondes*, 15 juin 1856, et dans mes *Métamorphoses de l'homme et des animaux.*

3 *Unité de l'espèce humaine.*

ville lui-même, pour qui l'espèce n'était que l'individu se répétant dans l'espace et dans le temps, acceptait par cela même la possibilité de modifications morphologiques considérables ; car, chez tous les êtres organisés, l'individu subit des métamorphoses plus ou moins étendues depuis le moment de sa première formation jusqu'à celui de sa mort. Avec tous les naturalistes, il a reconnu l'existence des *variétés*, il a admis la formation et la durée des *races*. Sur ces deux points, l'accord entre toutes les écoles, entre les botanistes et les zoologistes, c'est aussi complet que possible, et les définitions en font foi [1].

Mes idées sont aussi celles de tous mes confrères, et, dans mes propres formules, j'ai seulement cherché à préciser plus que mes devanciers la notion d'origine. — « La *variété*, ai-je dit, est un individu ou un ensemble d'individus appartenant à la même génération sexuelle, qui se distingue des autres représentants de la même espèce » par un ou plusieurs caractères exceptionnels. — La *race* est l'ensemble des individus semblables appartenant à une même espèce, ayant reçu et transmettant par voie de génération les caractères d'une variété primitive [2]. »

Ainsi *l'espèce* est le point de départ ; au milieu des *individus* qui composent l'espèce apparaît la *variété* ; quand les caractères de cette variété deviennent héréditaires, il se forme une *race*. Tels sont les rapports qui, pour tous les naturalistes, règnent entre ces trois termes, et qu'on doit constamment avoir présents à l'esprit dans l'étude des questions qui nous occupent.

De là résulte premièrement que la notion de ressemblance, très-amoindrie dans l'espèce, reprend dans la race une importance absolue. De là il suit également qu'une espèce peut ne comprendre que des individus assez semblables pour qu'on ne distingue pas

---

1 Buffon définit la race « une variété constante et qui se conserve par génération ». — « Il y a certaines variétés constantes, dit le botaniste Richard, et qui se reproduisent toujours avec les mêmes caractères par le moyen de la génération ; c'est à ces variétés constantes qu'on a donné le nom de races. » (*Dictionnaire classique d'histoire naturelle*, art. Méthode.) Bory Saint-Vincent, comme Frédéric Cuvier, Blumenbach, comme M. Godron. etc., ont ou adopté ces définitions, ou formulé dans des termes presque semblables exactement les mêmes idées. Enfin, pour J. Millier : « La variété prend le nom de *race* quand elle devient permanente. » Je crois inutile de multiplier ces citations.

2 J'ai motivé ces deux rédactions dans mon ouvrage sur *l'Unité de l'espèce humaine*.

Jean-Louis Armand de Quatrefages

même chez eux de variétés ; qu'elle peut présenter des variétés individuelles dont les descendants rentrent dans le type spécifique commun, mais qu'elle peut aussi comprendre un nombre indéfini de races. Toute exagération, toute réduction, toute modification suffisamment tranchée d'un ou de plusieurs caractères normaux constituent en effet une variété, et toute variété peut donner naissance à une race.

En outre chaque race sortie directement de l'espèce peut à son tour subir de nouvelles modifications se transmettant par la génération. Elle se transforme alors ; une série nouvelle prend naissance, distincte de la première par certains caractères et méritant au même titre le nom de race. Ainsi se forment les races secondaires, tertiaires, etc., toutes appartenant d'ailleurs à l'espèce de laquelle s'est détachée la race primaire et remontant à la variété qui a servi de point de départ. On peut se figurer les espèces dont le premier type n'a pas varié comme un de ces végétaux dont la tige est tout d'une venue et ne présente aucune branche, et les espèces à races plus ou moins nombreuses comme un arbre dont les branches mères se subdivisent en branches secondaires, en rameaux, en ramuscules plus où moins multipliés. À travers quelques différences de langage, il est facile de reconnaître que tous les naturalistes s'accordent encore sur les points que je viens d'indiquer.

Par cela même qu'on accepte l'existence des races, on reconnaît que le type spécifique est variable. La discussion ne peut porter que sur le plus ou le moins d'étendue qu'atteint la variation. Sur ce point encore, on est bien près de s'entendre.

Sans doute, emporté par l'ardeur des polémiques, Cuvier n'avait pas assez apprécié la valeur des modifications que présentent nos animaux domestiques. Cependant il reconnaissait que, chez le chien, la distance de race à race égale souvent celle qui dans un genre naturel sépare les espèces les plus éloignées [1]. Ses disciples les plus fidèles ont compris qu'il fallait aller plus loin. Il est impossible, en effet, de méconnaître aujourd'hui que les dissemblances tant extérieures qu'anatomiques, existant parfois entre animaux *de même espèce,* mais *de races différentes,* sont telles que, rencontrées chez des individus sauvages, elles motiveraient l'établissement de genres distincts et parfaitement caractérisés. Les chiens, chez

---

1 *Recherches sur les ossements fossiles,* t. I.

les mammifères, pouvaient déjà servir d'exemple. Le magnifique travail de Darwin sur les pigeons a prouvé que dans cette espèce le champ de la variabilité n'est pas moins étendu. Certainement, si l'on ne connaissait leur origine commune, aucun naturaliste n'hésiterait à placer dans des genres différents le *messager anglais* et le *grosse-gorge,* dont Darwin nous a donné les portraits et fait connaître l'organisation.

Là, toutefois, paraissent s'arrêter les modifications. Du moins on ne connaît encore aucun exemple d'une race assez éloignée de son point de départ pour présenter les caractères d'une famille taxonomique naturelle à part.

Constatons dès à présent un fait d'une grande importance et dont nous aurons à rechercher plus tard la signification. Chez les espèces sauvages, on ne rencontre que bien rarement des variations comparables à celles qui viennent d'être indiquées, et ce fait ne se produit guère que chez les animaux inférieurs et les végétaux. En tout cas, lorsque la même espèce compte des représentants restés sauvages et des représentants cultivés ou domestiques, ceux-ci varient dans une proportion infiniment plus considérable que les premiers.

On pourrait citer ici à titre d'exemple toutes celles de nos plantes potagères dont l'origine est connue. Les animaux offriraient des faits semblables. Assez souvent des races naturelles de mammifères ont été prises d'abord pour des espèces distinctes, parce qu'on ne connaissait pas les termes intermédiaires ; jamais on n'a eu la pensée de les placer dans des genres différents. De l'Inde au Sénégal, le chacal a changé sans atteindre même le degré de variation qu'admettait Cuvier. L'hélice lactée, espèce d'escargot comestible très-estimée des Espagnols, originaire d'Espagne et du nord-ouest de l'Afrique, a été transportée dans notre département des Pyrénées-Orientales, et en Amérique jusqu'à Montevideo. Elle a donné naissance à des races bien caractérisées, et la race montévidéenne surtout aurait été certainement regardée comme une espèce distincte, si l'on n'eût connu son origine ; mais elle n'a pas franchi pour cela les bornes qui séparent les hélices proprement dites des genres les plus voisins.

On voit que la ressemblance entre individus représentants d'un même type spécifique n'est que relative ; en d'autres termes, on voit que *l'espèce* est variable dans des limites assez étendues et quelque peu indéterminées. La *variété* et la *race* ne sont autre chose que l'expression de cette variabilité s'accusant par des caractères individuels dans la première, héréditaires dans la seconde. Au contraire, l'idée de ressemblance est le fondement même de la *race,* puisque, les caractères venant à varier, il se forme une race nouvelle, se rattachant à l'espèce par l'intermédiaire de toutes les races apparues avant elle. Toute race fait donc partie, de l'espèce dont elle est dérivée ; et réciproquement, toute espèce comprend, indépendamment des individus qui ont conservé les caractères primitifs du groupe, tous ceux qui appartiennent aux races primaires, secondaires, tertiaires, dérivées du type fondamental. Pour citer un exemple frappant, aujourd'hui incontestable, grâce au travail de Darwin [1], il n'est pas un de nos pigeons qui ne descende du biset ; et cette espèce, le *Columba livia* des naturalistes, se compose à la fois de tous les bisets sauvages et des cent cinquante races distinctes, ayant reçu des noms particulière, qu'a étudiées le savant anglais. Dans ce chiffre ne sont pas comprises, bien entendu, les variétés individuelles qui se produisent fréquemment et dont Darwin fait connaître de nombreux et curieux exemples.

Quand il s'agit de l'espèce, la notion de filiation se présente avec un caractère bien plus précis que la précédente, quoique les discussions aient porté et portent encore principalement sur elle. Évidemment, entraînés par leurs doctrines générales, les écoles opposées se sont laissées aller sur ce point à des exagérations en sens contraire dont se préserve aisément quiconque étudie les faits sans parti pris.

Constatons d'abord que personne ne croit plus à la fécondité du croisement entre animaux appartenant à des classes ou à des familles différentes. Réaumur, fût-il encore témoin des étranges amours d'une poule et d'un lapin, n'espérait plus en voir naître « ou des poulets vêtus de poils, ou des lapins couverts de plumes », pas plus que je n'ai cru qu'il résulterait un être intermédiaire de celles d'un chien et d'une chatte que j'ai moi-même constatées. En revanche, si Frédéric Cuvier vivait encore, il ne dirait plus, en exagérant les doctrines de son illustre frère : « Sans artifice ou sans

1 *De la variation des animaux et des plantes,* t. I.

désordre dans les voies de la Providence, jamais l'existence des hybrides n'aurait été connue [1]. Duvernoy n'écrirait plus : « L'animal a l'instinct de se rapprocher de son espèce et de s'éloigner des autres, comme il a celui de choisir ses aliments et d'éviter les poisons [2]. »

Le fait est que de genre à genre les unions sont fort rarement productives. Entre espèces de même genre, quelque voisines qu'elles soient par l'ensemble des caractères morphologiques, la très-grande majorité des mariages sont inféconds. Lorsque le croisement est possible, la fécondité est d'ordinaire amoindrie, et parfois dans une mesure notable.

Tels sont les faits incontestés que présente tout d'abord *l'hybridation,* c'est-à-dire le croisement entre individus faisant partie *d'espèces différentes,* et cela chez les végétaux aussi bien que chez les animaux. Ils contrastent déjà d'une manière remarquable avec les phénomènes qui accompagnent le *métissage,* c'est-à-dire le croisement opéré entre individus *de même espèce,* mais *de races différentes.* Ici, quelques opposés que soient les caractères morphologiques, les unions sont faciles et toujours fécondes. Les expériences faites au Muséum par Isidore Geoffroy ne peuvent laisser de doute sur ce point, quand il s'agit des animaux [3]. Les faits recueillis par une foule de botanistes, et en particulier par M. Naudin [4] et par Darwin lui-même [5], sont tout aussi concluants en ce qui touche aux végétaux.

Les premiers pas faits dans l'étude du croisement établissent donc entre l'espèce et la race des différences qui grandissent et se précisent rapidement lorsqu'on examine non plus les parents, mais les fils.

Quelque rapprochées que soient les deux *espèces* croisées, quelque régulièrement féconde que soit leur union, *l'hybride* qui en résulte peut rarement se reproduire. Tel est le mulet, fils de l'âne et de la jument. La fécondité est au moins presque toujours considérable-

---

1 *Histoire naturelle des mammifères :* Sur un mulet de macaque.
2 *Dictionnaire univ. d'hist. naturelle,* art. Propagation.
3 Les expériences d'Isidore Geoffroy ont porté sur les races les plus diverses des espèces chien, chèvre, porc, poule, et surtout sur les races ovines.
4 *Mémoire sur les caractères du genre* Cucurbita *(Annales des sciences naturelles,* Botanique, de série, t. VI). Les observations de M. Naudin ont porté sur plus de 1200 individus en une seule année.
5 *Origine des espèces,* chap. IV, section 6.

ment réduite ; elle diminue encore rapidement dans les enfants de l'hybride de premier sang, et disparaît au bout d'un fort petit nombre de générations. C'est ce que savent fort bien les innombrables expérimentateurs, hommes de science ou simples amateurs, qui ont tenté le croisement entre des espèces d'oiseaux, entre le serin des Canaries, par exemple, et le chardonneret. Les *métis,* au contraire, ces enfants de *races* différentes d'une même espèce, sont tout aussi féconds, parfois plus féconds que leurs parents, et transmettent d'une manière indéfinie à leurs descendants les facultés reproductrices dont ils jouissent eux-mêmes.

Tels sont les faits généraux. Ils suffiraient pour établir entre l'espèce et la race, au point de vue physiologique, une profonde et très-sérieuse distinction. Les exceptions apparentes ne font que confirmer cette conclusion par des phénomènes nouveaux.

Remarquons toutefois que ces exceptions ne portent nullement sur la fécondité des métissages, c'est-à-dire des croisements entre races d'une même espèce. Darwin lui-même accepte franchement le fait, quelque contraire qu'il soit à ses doctrines. « Je ne connais, dit-il, aucun cas bien constaté de stérilité dans des croisements de races domestiques animales, et, vu les grandes différences de conformation, qui existent entre quelques races de pigeons, de volailles, de porcs, de chiens, ce fait est assez extraordinaire et contraste avec la stérilité qui est si fréquente chez les espèces naturelles les plus voisines, lorsqu'on les croise [1]. » Il cite bien un fait emprunté à Youatt, et d'où il résulterait que dans le Lancashire, le croisement des bestiaux à cornes longues et courtes aurait été suivi d'une diminution notable dans la fécondité à la troisième ou quatrième génération ; mais, avec cette bonne foi que n'imitent pas toujours ses disciples, il oppose à ce témoignage celui de Wilkinson, qui a constaté sur un autre point de l'Angleterre l'établissement d'une race métisse provenant de ce même croisement. Il rapporte et interprète dans le même esprit un certain nombre d'observations faites sur des végétaux. Sa discussion, où l'importance de quelques faits me semble légèrement exagérée, ne peut pourtant le conduire au delà de cette conséquence, que le croisement entre certaines races de plantes est moins fécond que celui qui s'opère entre certaines autres. Cette conclusion, qu'accepteront certaine-

1 *De la variation des animaux et des plantes,* t. II, chap. XVI.

ment tous les naturalistes aussi bien que tous les éleveurs, n'a, on le voit, rien qui soit en désaccord avec le fait général indiqué plus haut.

Le croisement entre animaux de même espèce, mais de races différentes, provoque l'apparition de certains phénomènes parmi lesquels il en est qui doivent arrêter notre attention. Chacun des deux parents apportant à peu près la même tendance à transmettre ses caractères propres aux enfants, il s'ensuit chez ceux-ci une sorte de lutte qui s'accuse par des modifications diverses, par la fusion, la juxtaposition plus ou moins complète des traits spéciaux aux deux races. Pendant quelque temps, on constate des *oscillations* plus ou moins étendues, et ce n'est qu'au bout d'un nombre indéterminé de générations que la race métisse s'assied et s'uniformise. Mais, quelque constance qu'elle acquière dans son ensemble, il arrive presque toujours que quelques individus reproduisent à des degrés divers, parfois avec une surprenante exactitude, les caractères de l'un des ancêtres primitivement croisés. C'est là ce que les physiologistes français ont désigné par le mot *d'atavisme,* ce que les Allemands appellent d'une manière très-pittoresque le *coup en arrière (Rückschlag).* L'atavisme se produit souvent au milieu des races les plus pures en apparence et à la suite d'un seul croisement remontant à plusieurs générations. Darwin cite un éleveur qui, après avoir croisé ses poules avec la race malaise, voulut ensuite se débarrasser de ce sang étranger. Après quarante ans d'efforts, il n'avait pu encore y réussir complètement ; toujours le sang malais reparaissait dans quelques individus de son poulailler. L'histoire de toutes nos races domestiques présenterait des faits analogues [1].

Tels sont les résultats généraux qui résultent de milliers d'expériences et d'observations faites sur le croisement, et dont les premières remontent presque aussi haut que l'histoire elle-même.

[1] L'atavisme se manifeste également chez les races formées, soit lentement et spontanément, soit plus ou moins vite, sous l'empire de l'homme. La sélection la plus attentive ne peut souvent l'empêcher de se manifester. Les cocons blancs produits par la race de vers à soie de Vallerangue en sont un exemple frappant. Ces vers descendent primitivement d'une race déjà blanche prise dans le Liban au commencement du XVIIᵉ siècle. Depuis cette époque, on a choisi avec grand soin les cocons les plus beaux et les plus blancs pour propager la race ; et pourtant, à chaque récolte, on trouvait quelques cocons jaunes dans toutes les chambrées avant que la pébrine eût anéanti cette race, qui n'est pas encore remplacée. Ici la sélection s'était poursuivie pendant plus de cent générations.

Nous aurons à y revenir plus loin avec quelque détail ; mais nous devons appeler d'abord l'attention sur quelques autres phénomènes plus récemment acquis à la science, et par cela même moins connus, bien qu'ils soient également de la plus haute importance.

Chapitre V
L'ESPÈCE ET LA RACE.
— VARIATION DÉSORDONNÉE.
— LOI DE RETOUR.

L'hybridation présente parfois des phénomènes exceptionnels qui pourraient faire croire au premier abord qu'entre certaines espèces les choses se passent comme entre races, et qu'on peut obtenir des *races hybrides*. Dans quelques rares unions croisées de ce genre, on a vu la fécondité de la mère se conserver, puis persister chez les fils et chez les petits-fils, qui peuvent s'unir entre eux et donner naissance à de nouveaux produits. Plus fréquemment surtout, on a obtenu un résultat analogue en croisant les hybrides de premier lit avec des individus appartenant à l'une des espèces parentes. Ces hybrides, qui eussent été inféconds entre eux, retrouvent par ce procédé, en partie ou entièrement, la faculté de se reproduire, et donnent naissance à des quarterons qui possèdent trois quarts de sang de l'une des espèces et seulement un quart de sang de l'autre. Ceux-ci sont plus ou moins féconds entre eux et transmettent à leur postérité la faculté qu'ils ont retrouvée.

Tels sont les faits acceptés aujourd'hui par tous les naturalistes sérieux, mais dont on a singulièrement faussé la signification réelle, lorsqu'on les a invoqués comme démontrant la possibilité d'obtenir des *races hybrides*. Ceux qui s'expriment ainsi semblent n'avoir connu qu'à, demi les expériences. Ils ne tiennent pas compte de deux phénomènes, les plus frappants peut-être de tous ceux qu'engendre l'hybridation. Ils oublient la *variation désordonnée* qui se manifeste dès la seconde génération, et qui enlève toute communauté de caractère à ces descendants d'espèces différentes. Ils oublient surtout qu'après quelques générations, ordinairement fort peu nombreuses, ces hybrides perdent leurs caractères mixtes, et *retournent* en totalité à l'une des espèces parentes ou se partagent entre les deux souches mères, si bien que toute trace d'hybridation disparaît. Comme il s'agit ici de faits fondamentaux, il est nécessaire de citer quelques exemples pris dans les deux règnes et de résumer quelques observations trop souvent tronquées dans les citations qu'on en a faites.

Quand il s'agit de l'hybridation chez les végétaux, on ne saurait invoquer une autorité plus sérieuse que celle de M. Naudin. Ses premières recherches sur ce sujet datent de 1853. Depuis cette époque, il n'a guère cessé de multiplier des expériences dont la précision et l'importance ont placé son nom à côté de ceux de Kœlreuter et de Gaertner. Voici une de celles qu'il a citées comme exemple de ce qu'il a nommé si justement la *variation désordonnée*.

M. Naudin croisa la linaire commune avec la linaire à fleurs pourpres. Il obtint de cette union un certain nombre d'hybrides dont il suivit sept générations sur plusieurs centaines de plantes. Les fils immédiats des espèces croisées, les *hybrides de premier sang,* furent presque intermédiaires entre leurs parents et présentèrent une remarquable uniformité de caractères. Mais dès la seconde génération il n'en fut plus ainsi ; les différences s'accusèrent de plus en plus. À chaque génération, plusieurs individus reproduisaient les caractères de l'espèce paternelle ou maternelle, c'est-à-dire obéissaient à la *loi de retour aux types parents.* Les autres, extrêmement dissemblables entre eux, ne ressemblaient pas davantage aux hybrides de premier sang. À la sixième ou septième génération, ces plantes présentaient la confusion la plus étrange. « On y trouvait tous les genres de variation possibles, de tailles rabougries ou élancées, de feuillages larges ou étroits, de corolles déformées de diverses manières, décolorées ou revêtant des teintes insolites, et de toutes ces combinaisons il n'était pas résulté deux individus entièrement semblables. Il est bien visible qu'ici encore nous n'avons affaire qu'à la *variation désordonnée,* qui n'engendre que des individualités [1]. »

Cette dernière observation de l'éminent naturaliste est d'une haute importance. Elle établit entre les variétés qui se manifestent spontanément dans une espèce et les formes plus ou moins dis-

---

1 *De l'hybridation considérée comme cause de variabilité dans les végétaux. (Comptes rendus de l'Académie des sciences,* séance du 21 novembre 1864.)

parates produites par l'hybridation une différence physiologique radicale. Les premières seules se transmettent et forment des races. Cette distinction ne pouvait échapper à M. Naudin, et il y revient en terminant son beau mémoire. « Les espèces, dit-il, lorsqu'elles varient en vertu de leurs aptitudes innées, le font d'une manière bien différente de celle que nous avons constatée dans les hybrides. Tandis que chez ces derniers la forme se dissout, d'une génération à l'autre, en variations individuelles et sans fixité, dans l'espèce pure, au contraire, la variation tend à se perpétuer et à faire nombre. Lorsqu'elle se produit, il arrive de deux choses l'une : ou elle disparaît avec l'individu sur lequel elle s'est montrée, ou elle se transmet sans altération à la génération suivante. Et dès lors, si les circonstances lui sont favorables et qu'aucun croisement avec le type de l'espèce ou avec une autre variété ne vienne la troubler dans son évolution, elle passe à l'état de race caractérisée, et imprime son cachet à un nombre illimité d'individus. »

En d'autres termes, les espèces proprement dites peuvent seules donner des *races* ; les hybrides ne produisent que des *variétés,* et l'uniformité ne s'établit dans leur descendance « qu'à la condition que celle-ci reprenne la livrée » normale des espèces » ; en d'autres termes, qu'elle subisse la *loi de retour au type.*

Nous venons de voir le retour aux types des parents s'effectuer partiellement et pendant plusieurs générations successives. On peut montrer par un autre exemple intéressant ce même phénomène s'effectuant brusquement, après avoir été précédé des particularités qui caractérisent d'ordinaire l'hybridation.

M. Naudin avait choisi cette fois le *Datura stramonium,* dont la plupart de nos lecteurs connaissent sans doute la belle tige arborescente, et le *Datura ceratocaula,* espèce « à tige traînante, ordinairement simple et probablement celle de tout le genre qui a le moins d'affinité avec le *Datura stramonium.* » Celui-ci jouait le rôle de mère. Dix fleurs furent préparées avec les soins nécessaires, et furent fécondées artificiellement avec le pollen du *Datura ceratocaula.* L'opération réussit sur toutes, et l'expérimentateur put récolter dix capsules mûres ; mais aucun de ces fruits n'avait la grosseur normale. Les plus développés atteignaient à peine à la moitié du volume ordinaire de la *pomme épineuse.* Le développement des graines était en outre fort inégal : une bonne moitié avait avorté, et n'était représentée que par des vésicules aplaties et ridées ; d'autres, bien conformées extérieurement, quoique plus petites que les graines normales, ne contenaient pas d'embryon, et par conséquent étaient infertiles. En somme, les dix capsules ne fournirent à M. Naudin qu'une soixantaine de graines paraissant arrivées à un complet développement, au lieu de plusieurs centaines qu'il aurait recueillies sur l'une ou sur l'autre espèce non croisée.

Ces soixante graines produites par le croisement furent toutes semées. Il n'en germa que trois.

L'un des hybrides ainsi obtenus périt ; les deux autres se développèrent avec une vigueur supérieure à celle des deux plantes parentes. En revanche, la fécondité se trouva remarquablement diminuée [1]. Un grand nombre de fleurs, ou ne se formèrent pas, ou avortèrent au sommet et dans le bas de la tige. Celles qui se développèrent produisirent des fruits de grandeur normale et des graines parfaitement conformées. Ces graines furent mises en terre en deux fois les années suivantes ; plus de cent pieds sortirent de ces deux semis. *Tous* présentèrent sous le rapport du développement et de la fécondité des organes floraux exactement les mêmes caractères que les *Datura stramonium* cultivés à côté d'eux comme terme de comparaison. D'un seul bond, toute cette postérité des deux hybrides était revenue à l'espèce maternelle primitive [2].

Le retour n'a pas toujours lieu avec cette brusquerie. Il exige parfois plusieurs générations. Souvent aussi la descendance des premiers hybrides se répartit entre les deux espèces parentes ; mais en résumé, nous dit M. Naudin, « les hybrides fertiles et se fécondant eux-mêmes reviennent tôt ou tard aux types spécifiques dont ils dérivent, et ce retour se fait, soit par le dégagement des deux essences réunies, soit par l'extinction graduelle de l'une » des deux [3]. »

Les expériences de ce genre sont généralement plus longues et par

---

1 C'est là chez les hybrides un fait général, dont le mulet offre un exemple chez les animaux. Les organes et les fonctions de la vie individuelle semblent gagner en activité et en énergie ce que perdent les organes et les fonctions de propagation de l'espèce. C'est un cas très-remarquable d'application de la loi du balancement organique et physiologique.

2 *Observations concernant quelques plantes hybrides cultivées au Muséum.* {*Annales des sciences naturelles.* Botanique, 4e série, t. IX.)

3 *Nouvelles recherches sur l'hybridité. (Annales des sciences naturelles,* Botanique, 4° série, t. XIX.)

cela même plus difficiles à exécuter chez les animaux que chez les plantes. Toutefois les oiseaux offrent aux expérimentateurs des facilités que plus d'un naturaliste, et Darwin entre autres, a su mettre à profit. Parmi les invertébrés, un certain nombre de groupes se prêteraient aussi très-bien sans doute à cet ordre de recherches. Ce qui s'est passé au Muséum est de nature à encourager ceux qui seraient disposés à entrer dans cette voie.

En 1859, M. Guérin-Méneville eut l'idée de croiser les papillons du ver à soie de l'ailante *{Bombyx Cynthia)* avec ceux du ver à soie du ricin (*Bombyx Arrindia).* Ces unions furent fécondes. Les œufs qui en résultèrent furent déposés au Muséum dans le local destiné aux reptiles vivants, et élevés par M. Vallée, gardien de cette partie de la ménagerie. Grâce à des soins intelligents, ces hybrides se propagèrent pendant huit années. Malheureusement la dernière génération périt, dévorée tout entière par les ichneumons. Voici les faits qu'a présentés cette expérience, comparables à tous égards à celles qu'on a exécutées sur des végétaux.

Tout en réunissant des caractères empruntés aux deux espèces, les hybrides de premier sang tenaient plus du bombyx de l'ailante que de celui du ricin. Ce cachet général se retrouvait dans les papillons et jusque sur les cocons. Ils étaient d'ailleurs assez semblables entre eux. « Il n'en a pas été de même, dit M. Guérin-Méneville, des métis (*hybrides*) issus de l'alliance des métis (*hybrides*) entre eux. Les produits de cette génération ont montré un mélange dans la couleur des cocons et des papillons, qui est allé en augmentant à mesure que les générations entre métis se succédèrent. Ainsi, chez les derniers, ceux de la troisième génération entre métis, il s'est trouvé la variété la plus grande possible, et le phénomène le plus intéressant a été de voir des métis prendre entièrement le caractère, soit du type ailante, soit du type ricin [1]. »

Nous retrouvons ici, on le voit, dès la seconde et la troisième génération, la *variation désordonnée* et le *retour* que nous avions vus se manifester chez les plantes. Ces phénomènes se sont développés de plus en plus chez ces hybrides d'invertébrés. En même temps l'empreinte du ver du ricin s'est de mieux en mieux accusée, et a fini par prendre si bien le dessus que la dernière éducation a donné presque en totalité des cocons appartenant au type qui semblait

1 *Bulletin de la Société impériale d'acclimatation,* séance du 6 janvier 1860.

d'abord avoir été presque effacé [1].

Les expériences d'hybridation chez les vertébrés ont été bien plus nombreuses que dans l'autre sous-règne. Il est peu d'amateurs d'oiseaux qui n'en aient tenté quelqu'une. Malheureusement nous n'avons pas sur cette classe d'observations précises et propres à éclaircir les questions qui nous occupent en ce moment. Il en est autrement pour les mammifères. Nous rencontrons chez eux un certain nombre de faits qui sont fort loin toutefois de présenter le même intérêt, et dont quelques-uns sont évidemment apocryphes. Isidore Geoffroy avait déjà fait justice du prétendu croisement fécond entre le taureau et l'ânesse, entre la chevrette et le bélier. [2]. Les renseignements, qu'a bien voulu me donner M. de Khanikof montrent qu'il faut mettre dans la même catégorie celui du dromadaire et du chameau [3]. Les fameuses expériences de Buffon sur le croisement du loup et du chien ont malheureusement été interrompues avant qu'elles pussent permettre de conclure. Elles viennent d'être reprises par M. le comte de Chanteleu, mais ne sont pas encore terminées. Les détails précis manquent sur quelques autres faits cités par divers auteurs ; et la seule conséquence qu'on puisse en tirer, c'est que chez un certain nombre d'animaux, comme chez le chien qu'on marie au loup, le croisement des espèces n'annihile pas la fécondité dans les descendants pendant trois ou quatre générations, ainsi qu'on l'avait soutenu à tort. Or il n'y a là rien qui dépasse les résultats fournis bien des fois par le croisement des espèces végétales.

Cependant deux expériences ont été poussées assez loin pour qu'on puisse en tirer des conclusions précises. Ce sont celles qui ont porté sur le croisement de la chèvre et du mouton, d'où résultent les *chabins* ou *ovicapres*, et sur le mariage du lièvre et du lapin, qui donne naissance aux *léporides*. Toutes deux ont souvent été invoquées à l'appui de doctrines opposées à celles que je défends. On le pouvait peut-être à l'époque où M. Broca publiait son

---

1 Ce renseignement m'a été donné par M. Vallée, employé du Muséum, qui a dirigé ces éducations avec assez de soin et d'intelligence pour mériter une récompense publique décernée par la Société d'acclimatation.

2 *Histoire naturelle générale des règnes organiques*, t. III, chap. x.

3 *Unité de l'espèce humaine*, et *Revue des cours scientifiques*, 1868. J'ai examiné avec détail dans ce livre, et surtout dans ces leçons, tous les principaux cas d'hybridation invoqués en faveur de la prétendue existence des races hybrides.

livre sur l'hybridité [1] ; car on ne possédait pas encore un certain nombre de faits que le temps seul a permis de constater. Il n'en est pas de même aujourd'hui. Quiconque examinera sans parti pris l'ensemble des données maintenant recueillies reconnaîtra que les chabins et les léporides, malgré la prédominance de l'un des deux sangs [2], présentent exactement les mêmes phénomènes que les végétaux et les papillons.

Je n'insisterai pas sur l'histoire des premiers. Il suffit de rappeler le témoignage de M. Gay, attestant que chez eux le retour aux espèces primitives s'effectue après quelques générations, et qu'on est obligé de recommencer la série de croisements assez compliquée qui donne à ces hybrides la proportion des deux sangs nécessaires pour atteindre le but industriel qu'on se propose [3]. Il est évident que la loi de retour se manifeste ici chez les mammifères, « exactement comme chez les végétaux », ainsi que le disait mon savant confrère lui-même en me donnant ces renseignements.

L'histoire des léporides est aujourd'hui aussi complète, plus complète même que celle des chabins. Le travail de M. Broca a eu le double mérite d'éveiller l'attention du monde savant en rappelant des faits oubliés, en faisant connaître ceux qu'on observait à ce moment même loin de Paris, et de provoquer des expériences nouvelles dont quelques-unes se poursuivent encore. Quelques détails sont donc ici nécessaires.

Le croisement du lièvre et du lapin a été tenté sur bien des points du globe et par bien des hommes de science ou de loisir. Il a généralement échoué, par exemple au Muséum, à diverses reprises, entre les mains de Buffon et d'Isidore Geoffroy. Le premier exemple connu de cette hybridation remonte à 1774, et fut constaté près du bourg de Maro, situé entre Nice et Gênes. Une jeune hase, élevée avec un lapereau de son âge par l'abbé Dominico Gagliari, s'accoutuma si bien à son compagnon, qu'elle en eut deux fils qui semblent

---

1 *Recherches sur l'hybridité animale en général et sur l'hybridité humaine en particulier*, 1860.

2 Les chabins ont 3 huitièmes de sang de bouc et 5 huitièmes de sang de brebis. Au Pérou, on renverse le rôle des espèces, et l'on croise le bélier avec la chèvre, tout en conservant la proportion des deux sangs. Les léporides ont 3 huitièmes de sang de lapin et 5 huitièmes de sang de lièvre.

3 La toison des chabins présente un poil à la fois long et souple, ce qui fait employer la peau tannée de ces hybrides à une foule d'usages.

s'être partagé les caractères extérieurs du père et de la mère. Ainsi prit naissance une famille hybride dont les membres, livrés à eux-mêmes, se reproduisirent pendant un certain nombre de générations. Examinée en 1780 par l'abbé Carlo Amoretti, naturaliste d'un certain mérite, elle montra une grande variété de teintes et de mœurs. On y voyait des individus blancs, d'autres noirs, d'autres tachetés. Les femelles blanches creusaient des terriers pour mettre bas à la manière des lapins, les autres laissaient leurs petits à la surface du sol, comme font les lièvres. Ces renseignements permettent de constater que chez les léporides de l'abbé Cagliari, la variation désordonnée s'était produite comme chez les végétaux étudiés par M. Naudin, comme chez les hybrides de papillons obtenus par M. Guérin-Méneville.

M. Broca cite trois autres observations qu'il reconnaît être ou douteuses ou trop peu complètes pour mériter une attention sérieuse. Il s'arrête avec raison aux expériences de M. Roux, président de la Société d'agriculture de la Charente. Il s'agit ici, en effet, d'une hybridation élevée à l'état de pratique industrielle, et comparable à ce point de vue, au croisement de la chèvre et du mouton. Dès 1850, paraît-il, M. Roux avait été amené par ses propres expériences à croiser le lièvre et le lapin précisément dans la proportion que nous avons vue être la plus favorable à la production des chabins. Ses léporides avaient trois huitièmes de sang de lapin, cinq huitièmes de sang de lièvre. Dans ces conditions, d'après les détails donnés sur place à M. Broca, ils se propageaient régulièrement. Les portées étaient de cinq à huit petits, qui s'élevaient sans difficulté, et acquéraient à la fois un poids plus considérable que celui de leurs ancêtres lièvres ou lapins, une chair qui, quoique blanche comme celle de ces derniers, était bien plus agréable au goût, une fourrure supérieure en qualité à celle du lièvre lui-même. Ces avantages réunis donnaient aux léporides de M. Roux, sur le marché d'Angoulême, une valeur double de celle des plus beaux lapins domestiques. Enfin, l'avenir de cette industrie paraissait assuré, car en 1859, époque du voyage de M. Broca, dix générations de léporides s'étaient déjà succédé sans manifester, au dire du producteur, la moindre tendance à retourner soit à l'une, soit à l'autre espèce.

Ces faits semblaient bien établis, et l'on comprend qu'ils aient motivé quelques assertions fort exagérées sans doute, mais qui du moins paraissaient reposer sur des données précises. Cependant, dès 1860, Isidore Geoffroy déclarait que les léporides « retournent assez promptement au type lapin, » si de nouveaux accouplements avec le lièvre n'ont pas » lieu » [1]. Cette déclaration avait d'autant plus de portée que, dans son livre d'*Histoire naturelle générale,* Isidore Geoffroy avait émis avec pleine confiance les faits attestés par M. Roux. Il était allé jusqu'à dire que « le moment ne semblait pas éloigné où une véritable race hybride serait issue de deux animaux dont les naturalistes ont dit si longtemps et redisent encore : leur accouplement même est impossible [2]. » Le retour au type maternel venait démentir cette prévision ; mais, en homme de science et de bonne foi, Isidore Geoffroy n'hésitait point à constater tout le premier le fait qui condamnait une opinion prématurément émise.

Au reste, le doute ne fut bientôt plus possible. À mesure que les documents devinrent plus nombreux et plus précis, on apprit que l'industrie des léporides était loin d'atteindre l'importance qu'on lui avait prêtée ; on apprit que la mortalité était chez eux considérable. Le fait du retour fut reconnu au Jardin d'acclimatation, qui possédait deux léporides, fils de ceux qu'avait élevés M. Roux lui-même [3]. À la Société d'agriculture de Paris, un de ces hybrides fut examiné avec soin, puis mangé dans un repas de corps : il parut ne pas différer d'un simple lapin [4]. M. Roux, interpellé à diverses reprises et mis officiellement en demeure de s'expliquer par la Société d'acclimatation, se renferma d'abord dans un silence qui fut sévèrement interprété. Il paraît s'être décidé plus tard à reconnaître lui-même ce qu'avaient eu d'exagéré et d'inexact ses premières assertions [5].

Pour avoir à peu près échoué au point de vue industriel, l'expé-

---

1 *Bulletin de la Société zoologique d'acclimatation,* séance du 28 décembre 1860.
2 *Histoire naturelle générale des règnes organiques,* t. III, chap. X, section 14. Ce volume porte la date de 1862. On sait que l'impression n'en fut terminée qu'après la mort de l'auteur, qui n'a même pu l'achever. Les retards inévitables en pareil cas expliquent la date inscrite sur le titre ; mais Isidore Geoffroy nous apprend lui-même qu'il écrivait le passage cité en 1859, et qu'il empruntait les faits qui semblaient motiver sa prévision au mémoire encore inédit de M. Broca.
3 *Note sur les lapins-lièvres,* par M. Jean Reynaud. (*Bulletin de la Société d'acclimatation,* séance du 12 décembre 1862.)
4 Cette expérience culinaire, répétée à Paris sur un des léporides que M. Roux faisait vendre au marché, donna lieu à la même appréciation.
5 E. Faivre, *La variabilité des espèces et ses limites,* chap. VIII.

rience de M. Roux n'en était pas moins intéressante. Il était à désirer qu'elle fût reprise, et divers expérimentateurs tentèrent de la reproduire. M. Gayot seul, croyons-nous, y a réussi. Il en a communiqué plusieurs fois les résultats à la Société d'agriculture de Paris, et il mit entre autres sous les yeux des membres de cette société, le 11 mars 1868, un individu fils d'une femelle demi-sang croisée avec un mâle lièvre pur. Ce léporide avait donc trois quarts de sang de lièvre et un quart seulement de sang de lapin. Son pelage présentait quelque analogie avec celui de son père. Pourtant il ressemblait tellement au lapin sous tous les autres rapports, que la Société jugea nécessaire de le faire examiner de près et par comparaison. M. Florent Prévost, dont la vie entière s'est passée à la ménagerie du Muséum, et qui joignait à l'expérience d'un aide-naturaliste émérite celle d'un chasseur, fut chargé de ce soin. « Occupé de cette intéressante question, dit-il dans son rapport, j'ai quitté de bonne heure la Société pour aller dans plusieurs marchés et chez quelques personnes examiner tous les lapins, morts ou vivants, que j'ai pu rencontrer, pour les comparer à celui qui occupait la Société. Sur le grand nombre d'individus que j'ai observés, huit ou dix avaient les mêmes caractères que ceux que j'avais remarqués sur celui auquel je venais de les comparer, et cependant ce n'étaient que des lapins domestiques [1]. »

Ainsi, dès la seconde génération et malgré ses trois quarts de sang de lièvre, ce léporide était redevenu en tout semblable à un lapin pur, au jugement d'un homme dont la compétence en pareille matière est certainement indiscutable [2].

---

1 *Bulletin des séances de la Société impériale et centrale d'agriculture de France,* mars 1868.

2 M. Gayot a publié depuis de nouvelles observations, et persiste à penser qu'il a bien obtenu une race de léporides s'entretenant par elle-même. La Société d'acclimatation, par l'organe de sa commission des récompenses pour 1870, a adopté cette manière de voir, et décerné à l'habile expérimentateur le prix qu'elle avait proposé pour ce croisement. Je ne puis jusqu'ici adopter ces conclusions ; et après avoir lu avec le plus grand soin tous les détails donnés par M. Gayot, je ne puis voir dans ses léporides qu'une race de vrais lapins à laquelle des soins raisonnes et intelligents ont donné des caractères spéciaux. *(Bull, de la Société impériale et centrale d'agriculture de France,* 1869.) Mais en admettant que ce soit moi qui me trompe, les conclusions de ce chapitre n'en seraient nullement infirmées. Le succès de M. Gayot ne ferait que reproduire chez les animaux ce que MM. Fabre ut Godron ont obtenu chez les végétaux, et ce que j'aurai à dire au sujet des expériences de Nancy et de Montpellier s'appliquerait également à celles dont il s'agit ici.

Ce phénomène du retour aux types parents, que nous retrouvons chez les animaux invertébrés ou vertébrés comme chez les végétaux, mérite toute notre attention. Seul il explique un fait qui sans cela serait fort étrange.

Le nombre des hybrides féconds est sans doute extrêmement restreint ; pourtant il est loin d'être nul. Comment se fait-il donc qu'il soit à peu près impossible d'obtenir une véritable race hybride, c'est-à-dire une suite de générations reproduisant d'une manière plus ou moins complète les caractères mixtes empruntés à deux espèces différentes ? Malgré les efforts de tant d'expérimentateurs, on n'en connaît pas un seul exemple chez les animaux ; chez les végétaux, qui se prêtent bien plus aisément à l'expérimentation, on n'a réussi qu'une seule fois : les quarterons de blé et d'aegilops comptent aujourd'hui chez M. Fabre et chez M. Godron plus de vingt générations consécutives. Je reviendrai plus tard sur cette exception remarquable. Je me borne pour le moment à constater que, si l'on ne connaît pas d'autre fait de même nature, c'est que la loi de retour aux types parents vient constamment contrebalancer la loi de l'hérédité, en dépit de la sélection, en dépit même de la prédominance d'un des deux sangs, comme chez le léporide de M. Gayot.

Ce dernier fait, celui que j'empruntais plus haut aux expériences de M. Naudin sur les datura, une foule d'exemples pareils que l'on trouverait dans les écrits du même expérimentateur, dans ceux de M. Lecoq et de leurs émules, conduisent à une conséquence qu'il me semble difficile de repousser : c'est que le *retour* aux espèces primitivement croisées est *complet*. On ne peut évidemment ici invoquer la *dilution* de l'un des deux sangs ; on ne peut assimiler ce qui se passe chez ces demi-sang, chez ces quarterons, à la transformation progressive produite par des croisements successifs, opérés toujours dans le même sens, et qui conduiraient de génération en génération d'un type à l'autre, expérience qu'on a aussi faite bien souvent. Dans ce dernier cas, pourrait-on dire, la prédominance de l'un des deux sangs en arrive à masquer l'existence de l'autre, bien que celui-ci persiste. Il n'y a rien de pareil dans ces *Datura stramonium,* dans ces lapins, fils d'hybrides, qui reproduisent pourtant en totalité le type d'une seule des espèces croisées. La brusquerie du phénomène nous en révèle la nature.

Il est évident qu'il y a ici, soit rejet et expulsion, soit absorption ou destruction, en tout cas annihilation par un procédé physiologique quelconque de l'un des deux sangs dont l'association anormale donnait à l'hybride ses caractères mixtes.

La physiologie, venant ici à l'appui de la morphologie, confirme de tout point cette conclusion, et montre tout ce qu'il y a de radical dans ce retour aux types. On ne connaît pas un seul cas d'atavisme par hybridité. L'observation chez les animaux est pourtant déjà ancienne. Les Romains savaient produire des chabins, et distinguaient par des noms spéciaux le produit du croisement selon que le père ou la mère étaient empruntés à l'espèce ovine ou à l'espèce caprine [1]. Cependant, en Italie comme dans le midi de la France, la loi de retour les a ramenés entièrement aux deux espèces primitives, et les effets du croisement ont totalement disparu. Jamais on n'a parlé d'agneaux nés d'une chèvre et d'un bouc, pas plus que d'un chevreau fils d'un bélier et d'une brebis. Certes un pareil fait, fût-il même fort rare, n'eût pas manqué d'éveiller l'attention, et l'on peut dire qu'ici l'observation négative équivaut à une affirmation.

Quant aux végétaux, l'expérience directe a répondu dans le même sens. « J'ai plusieurs fois semé les graines des hybrides entièrement revenus aux types spécifiques, m'écrivait à ce sujet M. Naudin, et il n'en est jamais sorti que le type pur et simple de l'espèce à laquelle l'hybride avait fait retour. Jusqu'ici je ne vois rien qui puisse me faire supposer que, dans cette postérité revenue à une des espèces productrices, il puise jamais se trouver un individu reprenant, par atavisme, les caractères de l'autre espèce. » Darwin lui-même déclare que, soit dans le règne animal, soit dans le règne végétal, jamais il ne s'est produit un fait de ce genre [2].

Quelque étrange que puisse paraître le phénomène de retour, il n'est pas sans analogie avec un fait bien connu des physiciens et des chimistes. Sans vouloir établir une comparaison rigoureuse et surtout une assimilation, on peut rapprocher ce qui se passe dans la succession des générations hybrides de ce que présente une dis-

---

1 Isidore Geoffroy cite les deux vers suivants empruntés à Eugenius, auteur du VIIe siècle, qui a écrit une très-curieuse pièce de vers : *De ambigenis.*
Titirus ex ovibus oritur hircoque parente,
Musmonem capra verveco semine gignit.
(Histoire naturelle générale des règnes organiques, t. III, chap. X, p. 5.)
2 *De la variation des animaux et des plantes,* t. I, chap. VIII, *le paon.*

solution de deux sels, tous deux cristallisables, mais à des degrés différents. On sait que, pour les séparer, il suffit d'opérer un certain nombre de cristallisations successives, et que ce procédé permet d'obtenir des produits d'une très-grande pureté. Le retour aux formes parentes, surtout quand il se manifeste brusquement et en faveur d'un seul type, pourrait tenir à quelque chose d'analogue. Il suffirait d'admettre que l'un des types, ayant la faculté de se réaliser plus promptement que l'autre, l'emporte par cela même sur son antagoniste, comme dans un gazon les plantes vigoureuses et précoces étouffent les espèces plus faibles et tardives.

Le phénomène de retour se trouverait ainsi ramené à un simple fait de *lutte pour l'existence,* et rentrerait par conséquent dans l'ordre de ceux qu'ont si bien expliqués les belles recherches de Darwin.

On a voulu comparer à la variation désordonnée et au retour tel qu'on l'observe dans l'hybridation quelques-uns des phénomènes présentés par le métissage. On a, par exemple, assimilé à la première la lutte entre les caractères des deux races parentes observée à peu près toujours chez les métis. Pour montrer combien ce rapprochement est peu fondé, il n'est pas même nécessaire de recourir aux nombreux faits de détail qu'on pourrait invoquer. Il suffit de rappeler la pratique industrielle journalière.

À chaque instant, on voit des éleveurs croiser des races parfois très-différentes, tantôt pour relever un type inférieur, tantôt pour obtenir une race intermédiaire entre deux autres. Ils n'agiraient certainement pas de cette façon si ces croisements avaient pour résultat de produire un désordre comparable, même de bien loin, à celui que signale M. Naudin. Ils s'attendent sans doute à des irrégularités plus ou moins accentuées dans les premières générations métisses ; mais ils savent aussi qu'après quelques oscillations, la race s'assoira. Ces oscillations pourront aller jusqu'à ramener quelques descendants des premiers métis à l'une des deux races parentes. Est-ce un véritable retour ? Non, car le sang de l'autre race reparaîtra bien souvent parmi les fils ou petits-fils de ces individus.

Ici encore les exemples abonderaient au besoin. J'en ai emprunté un tout à l'heure à Darwin [1] ; j'aurais pu rappeler également les

----

1 On en trouvera un grand nombre d'autres empruntés à l'histoire des pratiques agricoles des Anglais dans le dernier ouvrage du même auteur *(De la variation des*

expériences de Girou de Buzareingues [1] et en particulier la généalogie qu'il a donnée d'une famille de chiens dans laquelle s'étaient mélangés, par portions, paraît-il, à peu près égales, le sang du braque et celui de l'épagneul. Un mâle, braque par ses caractères, uni à une chienne braque de race pure, engendra des épagneuls. Ce dernier sang, on le voit, n'avait point été annihilé, et le retour n'était qu'apparent.

Je me borne à indiquer ces cas. Ils permettent de conclure que le vrai retour au type et la véritable variation désordonnée n'ont encore été constatés comme règle générale que dans l'hybridation, et qu'en revanche l'atavisme ne s'est montré que dans le métissage.

On peut ramener à un petit nombre de propositions simples et brèves les deux ordres de faits que je viens de résumer. — L'espèce est variable, et cette variabilité s'accuse par la production des variétés et des races. — Les races, simples démembrements d'un type spécifique, restent physiologiquement unies entre elles et au type qui leur a donné naissance. — Ce lien physiologique se montre dans le métissage par la facilité et la fécondité des unions entre les races les plus différentes de formes [2], par la persistance de la fécondité chez les métis, par les phénomènes de l'atavisme. — Entre les espèces, le lien physiologique fait défaut ; et de là résultent dans l'hybridation l'extrême difficulté et l'infécondité habituelle des unions, la stérilité de la plupart des hybrides, les phénomènes de variation désordonnée et de retour, l'absence d'atavisme chez les descendants d'hybrides revenus au type spécifique. —Les races métisses se forment aisément, spontanément, en dehors de l'action de l'homme et parfois malgré ses efforts. — En dépit d'innombrables tentatives, l'homme n'a encore obtenu qu'une seule race hybride comptant une vingtaine de générations, et il n'a pu la conserver jusqu'ici que par des soins incessants et minutieux.

Voilà les *faits* que présente la nature *actuelle*. Évidemment on

---

animaux et des plantes).

1 *De la génération,* 1828.

2 Je n'ai guère parlé ici que des *formes* intérieures ou extérieures. Quand il s'agit de comparer l'espèce et la race, cet ordre de caractères est ordinairement seul pris en considération ; mais on sait que, chez les animaux et les végétaux, des modifications fonctionnelles devenues héréditaires caractérisent fort bien certaines races, et qu'il en est de même chez les animaux pour les modifications de l'instinct, des habitudes, etc.

Jean-Louis Armand de Quatrefages

ne saurait les perdre de vue lorsqu'on aborde d'une manière quelconque les problèmes qui touchent à l'origine, à la constitution des espèces ; car ils représentent tout ce que l'expérience et l'observation nous ont appris sur ces sujets difficiles. Ce sont eux qui nous serviront de guides dans l'appréciation des doctrines transformistes dont nous allons reprendre l'examen.

Chapitre VI
LE CROISEMENT DANS LA THÉORIE DE LA TRANSFORMATION LENTE. — PLANTES ET ANIMAUX DOMESTIQUES. — PIGEONS. — CHIENS. — LE BLÉ ET LES AEGILOPS.

Dans les théories qui reposent sur l'idée d'une transformation lente, toute espèce nouvelle est représentée d'abord par un individu possédant quelque caractère qui le distingue du type spécifique antérieur. Ce caractère, à peine sensible d'abord, s'affermit et s'accuse de génération en génération. Lamarck répète bien souvent que ce procédé de transformation est seul en harmonie avec les lois de la nature ; Darwin n'insiste pas moins pour montrer qu'il est la conséquence forcée de la sélection.

En d'autres termes, ils admettent l'un et l'autre que toute *espèce* a son origine dans une *variété,* et passe par l'état de *race* avant de s'isoler, de prendre rang dans le tableau général des êtres. De là à considérer la race et l'espèce comme deux choses identiques, où peu s'en faut, il n'y a qu'un pas. Aussi Lamarck est-il allé jusqu'à penser que les espèces ne sont en réalité que des races, et emploie-t-il même de préférence ce second ternie dans ses ouvrages dogmatiques. Darwin admet que les races ne sont que des espèces en voie de formation, et il conclut à chaque instant des unes aux autres.

Or, cette assimilation entraîne une autre conséquence facile à prévoir. J'ai montré plus haut comment la notion de l'espèce relève à la fois de la morphologie et de la physiologie, combien la forme est variable dans certains cas, sans que l'unité spécifique puisse être mise en discussion. J'ai rappelé comment au contraire les races se

caractérisaient par leurs formes mêmes. Du moment qu'on substitue l'idée de race à celle d'espèce, du moment qu'on assimile ces
deux choses, la morphologie doit nécessairement faire oublier,
ou tout au moins placer à un rang très-subordonné les considérations physiologiques. Cette tendance se retrouve en effet dans
tous les écrits transformistes. J'en ai cité récemment un exemple
emprunté à Darwin, j'en trouverais bien d'autres chez lui-même
et chez Lamarck ; mais nulle part peut-être cette influence de la
doctrine fondamentale n'est aussi accusée que dans un des plus
beaux travaux de M. Naudin, dans celui-là même où, en résumant
ses consciencieuses recherches, il fournit aux doctrines pour lesquelles je combats quelques-uns de leurs plus sérieux arguments.

Après avoir rappelé, en le confirmant, ce qu'il avait dit de la loi de
retour, M. Naudin n'en arrive, pas moins à déclarer que « l'espèce
est avant tout une collection d'individus semblables », et que « la
délimitation des espèces est entièrement facultative » [1]. Quand il
écrivait ces paroles, M. Naudin donnait à la morphologie une prédominance que je ne puis admettre et qui me semble être en opposition flagrante avec les résultats de ses expériences. Lui-même
ne suit guère la règle qu'il semble poser ici, lorsque, prenant pour
exemple trois formes de courges comestibles assez semblables
pour avoir été réunies par Linné en une seule espèce, il montre
que ces plantes refusent de donner des hybrides par croisement
mutuel, et en conclut qu'il y a là « trois autonomies spécifiques »
parfaitement distinctes ; ou bien lorsque, rappelant ses expériences
sur les datura, il tire les mêmes conséquences des phénomènes de
retour et des troubles manifestés par les hybrides dans la végétation. Ici je suis heureux de me trouver pleinement d'accord avec
mon savant confrère.

Lorsqu'il s'agit de l'espèce, il me semble en effet impossible de ne
pas accorder aux caractères physiologiques tirés des phénomènes
de reproduction une importance tout autre qu'à ceux qu'on peut
emprunter à la forme. Nous voyons chaque jour celle-ci varier
entre les mains de nos éleveurs, de nos jardiniers, de nos simples
maraîchers, sans que jamais homme de science ou de pratique
ait la pensée de faire une espèce à part des produits les plus aber-

---

1 *Nouvelles recherches sur l'hybridité dans les végétaux*, § 8. (*Annales des sciences naturelles*, 4e série, t. XIX.)

rants, lorsque la filiation en est bien connue. L'autorité des faits l'emporte alors sur toutes les théories, et ramène à des conclusions identiques les esprits les plus divergents. On ne regardera pas davantage comme appartenant à la même espèce, quelque voisines qu'elles semblent être, des formes héréditaires entre lesquelles il est impossible d'obtenir des unions fécondes. En pareil cas encore, la réalité domine toutes les subtilités d'école. Ainsi, en présence des faits, les morphologistes les plus ardents acceptent la supériorité des caractères physiologiques empruntés à la fonction qui perpétue les êtres vivants.

Au fond, le grand problème est de reconnaître au juste jusqu'à quel point l'expérience peut nous éclairer sur la nature des deux sortes de groupes désignés par les mots d'*espèce* et de *race*. Le croisement est le seul mode d'expérimentation connu. La question revient donc à savoir jusqu'à quel point sont constants les phénomènes du métissage d'une part, de l'hybridation de l'autre.

Darwin ne s'y est pas trompé. Sans doute dans son livre sur *l'espèce,* il a, comme Lamarck, parlé des espèces douteuses qui embarrassent les naturalistes par l'incertitude des caractères morphologiques ; il a invoqué surtout le témoignage des botanistes, et cité le nombre assez considérable des types qui, en Angleterre seulement, ont été considérés tour à tour comme espèce et comme race. Toutefois il insiste assez peu sur cet ordre de considérations, tandis qu'il consacre en entier un de ses quatorze chapitres à la seule question de l'hybridité. Dans son second ouvrage, cinq chapitres sont employés à exposer les résultats du croisement, à eu apprécier les conséquences, indépendamment des études particulières consacrées à diverses espèces animales domestiques ou à des plantes cultivées, et dans lesquelles ces questions sont bien souvent examinées.

Évidemment un travail de cette nature fait par un naturaliste qui regarde les *races* comme des *espèces en voie de formation,* devait avoir pour but de montrer : d'un côté, que le croisement entre races n'est pas toujours possible ; de l'autre, que le croisement entre espèces peut donner naissance à des races hybrides. Telle est en effet la tendance générale de l'ouvrage. Mais telle est aussi la parfaite loyauté de l'auteur, qu'il est souvent le premier à montrer ce qu'ont d'insuffisant les faits qui pourraient le plus être invoqués en faveur de ses doctrines générales, et que pour le combattre, on n'a le plus souvent qu'à lui emprunter des armes.

Quand il s'agit du croisement des *espèces* entre elles, Darwin ne cite et ne pouvait citer *aucun exemple* de race hybride fourni par l'histoire des espèces sauvages livrées à elles-mêmes. Il tire surtout ses arguments de quelques espèces animales soumises à la domestication, de végétaux transformés par la culture ou soumis aux pratiques de l'hybridation artificielle. Suivons-le donc sur ce terrain.

Parmi les animaux domestiques, les chiens, les moutons, les bœufs, les porcs, sont issus, pense-t-il, de plusieurs espèces. Cette opinion a été déjà bien souvent soutenue, et la grande, l'unique raison invoquée est toujours la différence de caractères morphologiques existant d'une race à l'autre. Darwin apporte peu de considérations nouvelles à l'appui de cette opinion ; il en fournit, de bien sérieuse propre à la renverser. Son admirable travail sur les pigeons montre que cette espèce domestique compte au moins cent cinquante races bien assises, ayant reçu des noms spéciaux, et pouvant se diviser en quatre groupes fondamentaux, comprenant onze divisions principales. Cependant, par l'examen approfondi d'une masse énorme de faits, par un ensemble de considérations et de déductions qui se contrôlent et se confirment mutuellement, il en est arrivé à montrer de la manière la plus irrécusable que toutes ces formes, aujourd'hui héréditaires, ont pour ancêtre commun une forme spécifique unique, notre biset, le *Columba livia* des naturalistes. Sans disposer de matériaux aussi nombreux, mais par l'application de sa méthode, il ramène de même toutes nos races gallines au *Gallus bankiva*.

Certainement, si Darwin eût fait de même pour les mammifères domestiques, auxquels il accorde une origine multiple, il aurait conclu tout autrement qu'il ne l'a fait. Je ne puis entrer ici dans une discussion détaillée ; je me borne à indiquer quelques faits, en prenant pour guide mon éminent adversaire lui-même [1].

Les principales raisons données par Darwin pour ramener au biset tous nos pigeons domestiques peuvent se résumer de la ma-

---

[1] J'ai examiné une à une les principales espèces animales domestiques, et donné avec quelque détail les raisons qui m'engagent à attribuer à chacune, d'elles une origine unique, dans diverses publications, et surtout dans le cours dont j'ai déjà parlé. (*Revue des cours scientifiques,* 1868-1869.)

nière suivante.

Les races les plus éloignées se rattachent les unes aux autres par des intermédiaires. — Si les races principales ne résultent pas de la variation d'une seule espèce, si leurs caractères essentiels sont dus à la descendance de plusieurs espèces distinctes, il faut admettre une douzaine de souches. - Il faut admettre aussi que ces douze espèces primitives avaient toutes les mêmes mœurs, les mêmes instincts. Or, l'état actuel de l'ornithologie permet d'affirmer que ces espèces n'existent pas aujourd'hui. — On serait ainsi conduit à supposer qu'après avoir été domestiquées, elles ont entièrement disparu ; hypothèse absolument gratuite. - Ces espèces supposées auraient dû être extrêmement différentes de toutes les espèces du genre actuellement vivantes, et présenter même certains caractères qu'on ne retrouve peut-être dans aucun oiseau. — À l'exception des différences caractéristiques, toutes les races de pigeons ont dans la manière de vivre, dans la manière de nicher, dans leurs goûts, dans leurs allures au temps des amours, la plus grande ressemblance entre elles et avec le biset. — Spontanément ou par suite du croisement des races bien tranchées, on voit reparaître souvent certaines particularités de plumage et de teintes rappelant exactement ce qui existe chez le biset.

Les arguments qui précèdent reposent essentiellement sur des considérations morphologiques. Mais Darwin en a appelé aussi à la physiologie, et c'est sur ce terrain surtout que nous aimons à le suivre. Le savant anglais rappelle d'abord combien il s'est fait de tentatives depuis deux ou trois siècles pour domestiquer de nombreux oiseaux sans qu'on ait ajouté en réalité un seul nom à la liste des espèces apprivoisées. Si nos pigeons actuels provenaient de souches multiples, à en juger du nombre de ces souches par les caractères morphologiques, on aurait dû dès le début soumettre à la domestication une douzaine d'espèces distinctes ; et cela si complètement, qu'elles fussent devenues aptes à se croiser sans difficulté aucune en produisant des hybrides aussi féconds que leurs parents [1]. Cette hypothèse serait, il faut bien l'avouer, bien peu d'accord avec l'expérience.

---

1 Ici, et dans plusieurs autres passages de son livre, Darwin admet la doctrine de Pallas, et pense que la domestication a pour résultat de faciliter les croisements et d'en accroître la fécondité, hypothèse toute gratuite.

Dès qu'il touchait aux considérations physiologiques, Darwin ne pouvait méconnaître l'importance des résultats fournis par le croisement. Il cite un nombre considérable de tentatives faites pour croiser diverses *espèces* du genre pigeon, soit entre elles, soit avec les pigeons domestiques, et toujours les unions ont été infécondes ou n'ont donné que des individus incapables de se reproduire. Tout au contraire, les mariages entre pigeons domestiques, quelque éloignées que soient les *races* se montrent toujours féconds, et les produits ne laissent rien à désirer sous ce rapport. Darwin cite ici ses expériences personnelles à la fois nombreuses et décisives. Dans l'une d'elles, il a par des croisements successifs réuni dans un seul oiseau le sang des cinq races les plus distinctes sans que les facultés reproductives aient subi la moindre atteinte. Darwin attache avec raison une grande importance à ce côté de son argumentation en faveur de l'unité spécifique de toutes les races de pigeons.

Appliquons maintenant ces mêmes considérations à celui de nos mammifères domestiques qui présente les races les plus nombreuses, les plus diversifiées, les plus opposées par leurs caractères [1]. Voyons si, étudiés à ces divers points de vue, nos chiens doivent être regardés comme issus d'une seule souche, ou bien si plusieurs espèces ont confondu leur sang pour former un être complexe, le *Canis familiaris*.

Buffon a admis la première de ces deux opinions. Récusera-t-on son témoignage en disant que ce n'est là de sa part qu'une conception théorique et le résultat de ses idées générales sur la variabilité limitée, mais encore indéterminée, de l'espèce ? Je répondrai que Frédéric Cuvier, après s'être occupé pendant bien des années de ce sujet, est arrivé à la même conviction. Or, la pression des faits a pu seule le conduire à une conclusion pareille ; car, disciple de son frère, dont il exagérait parfois les doctrines, il a toujours défendu l'invariabilité de l'espèce. L'évidence seule a donc pu le contraindre à accepter dans ce cas particulier une opinion qui pouvait le faire accuser d'inconséquence. Aussi la motive-t-il à diverses reprises, et plusieurs de ses arguments sont précisément ceux qu'invoque

---

1 À la première exposition des races canines, faite à Paris par le Jardin d'acclimatation, on avait réuni 180 races parfaitement distinctes, et cependant toutes les races européennes n'y étaient pas représentées à beaucoup près, et les races exotiques manquaient presque toutes.

Darwin à propos des pigeons [1].

Ainsi, Frédéric Cuvier fait remarquer que « les modifications les plus fortes n'arrivent au dernier degré de développement que par des gradations insensibles », et il appuie cette proposition sur l'examen détaillé des caractères extérieurs et ostéologiques. — Il montre que, si l'on veut voir dans les caractères de races les signes d'autant d'espèces primitives, il faut admettre environ cinquante souches distinctes, multiplicité qui dépasse de beaucoup, on le voit, celle que Darwin regarde déjà comme inacceptable lorsqu'il s'agit des pigeons. —Ajoutons que presque toutes ces espèces premières auraient dû disparaître sans que la paléontologie même nous ait encore rien révélé sur leur prétendue existence. --- Ajoutons encore que certains caractères des races canines les plus tranchées, tels que ceux de la tête du bouledogue, le pelage du barbet, etc., ne se trouvent ni chez aucune espèce des genres voisins, ni même peut-être chez aucun animal sauvage. — Comme pour les pigeons d'ailleurs, ces cinquante espèces-souches auraient dû avoir essentiellement les mêmes instincts, surtout celui de la domestication.

On voit que tous les arguments morphologiques invoqués par Darwin à l'appui de l'unité spécifique des races colombines s'appliquent rigoureusement aux races canines.

Les similitudes entre les pigeons et les chiens considérés au point de vue physiologique ne sont pas moins frappantes. Le temps de la gestation est le même pour toutes les races de même taille [2]. —Toutes paraissent être susceptibles d'apprendre à aboyer, et semblent également exposées à perdre cette voix factice par l'isolement et quelques autres conditions encore mal connues [3]. — Toutes enfin se croisent avec une facilité dont nos rues et nos chenils ne témoignent que trop. Personne n'a prétendu que ces unions faites au hasard, et souvent en dépit de la surveillance la plus attentive, aient

1 *Recherches sur les caractères ostéologiques du chien (Annales du Muséum d'histoire naturelle,* t. XVIII, 1811). — *Dictionnaire des sciences naturelles,* article Chien, 1817.
2 Isidore Geoffroy, *Histoire naturelle des règnes organiques.*
3 Deux chiens de la rivière Mackenzie, amenés en Angleterre, restèrent muets comme leurs ancêtres : mais leur fils apprit à aboyer. Les descendants des chiens espagnols abandonnés dans l'île de Juan-Fernandez avaient oublié l'aboiement au bout d'une trentaine de générations. Ils le reprirent peu à peu en compagnie de chiens restés domestiques. Les chiens amenés sur certains points de la côte d'Afrique perdent de même la faculté d'aboyer.

jamais été improductives ou aient donné naissance à des individus inféconds. Évidemment, si la fécondité du croisement entre les races a quelque autorité quand il s'agit des pigeons, à plus forte raison doit-elle conduire à la même conséquence quand il s'agit des chiens, dont la variété supposerait un nombre d'espèces-souches bien plus considérable.

Si Darwin avait fait avec quelque détail l'examen comparatif que je me borne à esquisser, s'il y avait apporté son esprit de critique impartiale ordinaire, il serait certainement arrivé à une conclusion tout autre que celle qu'il a admise ; car son livre ne renferme en réalité qu'une seule objection à laquelle ne réponde pas ce court parallèle entre les pigeons et les chiens. J'entends parler de la ressemblance que présentent en divers pays, principalement en Asie et en Amérique, les chiens plus ou moins domestiques et d'autres animaux sauvages vivant à côté d'eux ou dans le voisinage. Darwin regarde ces derniers comme autant de souches, et il arrive ainsi à en reconnaître de six ta huit, sans compter, ajoute-t-il, « peut-être une ou plusieurs espèces éteintes ». Il reconnaît d'ailleurs lui-même que, même en admettant le croisement de ces nombreuses espèces, on ne peut expliquer l'existence des formes extrêmes telles que celles des lévriers, des bouledogues, des épagneuls, des blenheim.

Ici Darwin oublie un fait important, négligé, il est vrai, par tous les autres naturalistes aussi bien que par lui, mais sur lequel j'ai appelé l'attention à diverses reprises et dont il faut pourtant tenir compte. Je veux parler de l'existence des *races marronnes* en général, et en particulier des *chiens marrons*.

Au milieu des populations les plus civilisées, dans les campagnes les plus cultivées, dans les villes les plus populeuses, il existe des chiens errants dont la police ne peut entièrement nous débarrasser. À mesure que les conditions d'une existence libre se multiplient, ces chiens errants échappent de plus en plus à l'empire de l'homme. On sait comment ils ont pullulé dans les villes d'Orient, et ont reconquis sans abandonner les rues une indépendance à peu près complète. Un pas de plus, et il est clair qu'au lieu d'un animal domestique, on aura une vraie bête sauvage. Évidemment, partout où l'homme a conduit le chien, celui-ci a tendu à enfanter des races marronnes, toutes les fois qu'il a trouvé à vivre loin de son maître. Or, l'homme a amené partout le chien avec lui. On ne peut guère en douter en voyant les Polynésiens eux-mêmes le transporter jusqu'à la Nouvelle-Zélande [1].

Par conséquent, dans toutes les contrées où les conditions d'existence l'ont permis, il a dû inévitablement se développer des chiens marrons. A peine est-il besoin de rappeler qu'il en a été ainsi en Amérique depuis l'époque de la découverte, et que les descendants de nos chiens domestiques forment aujourd'hui de nombreuses hordes de chiens sauvages aussi redoutables que si leurs ancêtres n'avaient jamais été domestiqués. Or, si depuis moins de trois siècles, nos chiens européens se sont transformés en bêtes féroces, quelle raison peut-on invoquer pour nier que les chiens qui les avaient précédés aient pu et dû en faire autant ? Ne serait-ce pas conclure en dépit de toutes les analogies ? Évidemment tout conduit à admettre qu'à côté des chiens domestiqués par les Mexicains et les Péruviens, à côté de ceux qui suivaient les tribus de l'Orénoque, de l'Amazone, du Rio de la Plata, nous devons trouver les races marronnes correspondantes [2]. L'Asie méridionale avec ses jungles et ses vastes espaces à peine habités par des tribus demi-sauvages offrait au même point de vue les conditions les plus favorables. Il est évidemment impossible que les choses ne se soient pas passées là comme au Brésil et au Paraguay, et en effet tout tend à prouver que c'est une des contrées où le fait s'est produit le plus fréquemment.

Or, en recouvrant leur liberté, les animaux reprennent, on le sait, la plupart des caractères propres aux types sauvages ; mais ils n'en conservent pas moins en partie l'empreinte particulière qu'ils avaient reçue de l'homme et qui distinguait leur race domestique. Les observations de MM. Roulin [3] et Martin de Moussy [4], comparées aux descriptions malheureusement trop rares de quelques

1 *Polynesian Mythology and ancient traditional History of the New-Zealand Race*, par sir George Gray. J'ai rapporté les passages les plus importants de ce livre si instructif dans un de mes propres ouvrages : *Les Polynésiens et leurs migrations.*
2 L'existence du chien domestique chez les plus anciens peuples de l'Amérique est attestée par les documents qu'a publiés M. l'abbé Brasseur de Bourbourg. *[Histoire des nations civilisées du Mexique.)*
3 *Sur quelques changements observés chez les animaux domestiques transportés dans le nouveau continent. (Mémoires des savants étrangers*, t. VI.)
4 *Note sur les animaux domestiques redevenus sauvages dans le bassin de la Plata. (Bulletins de la Société d'anthropologie*, t. I.)

autres voyageurs, ne peuvent laisser de doute à cet égard. Il résulte de là qu'en disséminant le chien sur toute la surface du globe, l'homme a semé pour ainsi dire en même temps des *races marronnes* forcément plus ou moins différentes les unes des autres. Ce sont les descendants d'individus soumis jadis à l'homme qui forment ces bandes de chiens sauvages souvent assez semblables aux races domestiques des mêmes contrées. Pour voir dans ces dernières les filles et non les mères des races ambiguës vivant en liberté, il faut oublier ce qui s'est passé en Amérique, ce qui se passe au milieu de nous et jusque dans Paris. Sans doute on ne peut le plus souvent invoquer à l'appui de l'opinion que je défends d'autre argument que l'analogie ; mais tout au moins m'est-il permis de dire qu'elle milite tout entière en ma faveur.

Voici pourtant un exemple bien propre à montrer comment on a pris pour une espèce sauvage une simple race de chiens marrons et abandonnés probablement depuis assez peu de temps.

La plupart des naturalistes ont fait du chien des îles Malouines (îles Falkland) une espèce distincte sous le nom de *Canis antarcticus* [1]. Ils répètent que cet animal a été trouvé là par le commodore Byron, le premier Européen qui, selon eux, aurait visité ces îles.

Remarquons d'abord ici une erreur historique. Byron ne fit que toucher aux Malouines en janvier 1765. Or l'année précédente, en janvier aussi, Bougainville avait conduit dans ces îles une colonie d'Acadiens, et y avait séjourné pendant quelque temps. Il s'y trouvait de nouveau au moment de la visite de Byron. C'est ce dont on peut se convaincre en consultant les deux récits de voyage écrits par ces célèbres navigateurs.

Tous deux parlent du *chien* qu'ils ont vu dans ces îles et à peu près dans les mêmes termes quant aux caractères extérieurs. Mais Bougainville a pu être plus précis. « Cet animal, dit-il, est de la taille d'un chien ordinaire, » dont il a l'aboiement, mais faible, » Ce dernier détail est décisif, et à lui seul rattache indubitablement le

1 Le *Canis antarcticus* paraît ressembler beaucoup au chien *aguara,* race marronne issue d'un chien domestique de l'Amérique du Sud, et qu'il ne faut pas confondre avec *l'Aguara* proprement dit. Ces ressemblances mêmes trahissent son origine. Il est, du reste, surprenant que les naturalistes aient accepté si facilement l'existence, sur le stérile et petit archipel des Malouines, d'un mammifère de cette taille lui appartenant exclusivement. Il y avait là une exception aux faits généraux de la géographie zoologique qui aurait dû éveiller leur attention d'une manière toute spéciale.

Canis antarcticus à quelqu'une de nos races. Aucune espèce sauvage n'aboie ; et, pour pouvoir le faire, il fallait que le chien des Malouines, descendu d'un chien domestique, n'eût pas même eu le temps à cette époque d'oublier son langage appris. À en juger par ce qui s'est passé à Juan-Fernandez, il n'était dans ces îles que depuis moins de trente ans. Du reste Bougainville, sans même s'occuper de, la question zoologique, nous apprend fort bien comment cet animal a dû arriver dans cet archipel isolé, lorsqu'il rappelle que sir Richard Hawkins, en longeant les côtes, avait vu des feux à terre, et en avait conclu que ces îles étaient habitées.

Les faits précédents, les conséquences qui en découlent, me semblent répondre pleinement à la seule objection nouvelle opposée par Darwin à l'opinion qu'a soutenue Frédéric Cuvier lui-même. Si les pigeons proviennent tous d'une seule souche sauvage, il en est incontestablement de même du chien [1].

À plus forte raison peut-on en dire autant des autres espèces auxquelles le savant anglais attribue une origine multiple. En somme, elles ne sont pas bien nombreuses, pas plus que celles dont l'origine unique est hors de doute. Au point de vue morphologique, elles ne présentent rien qui dépasse ni même qui égale ce que nous montrent les pigeons, et leurs races, sont aussi moins nombreuses ; au point de vue physiologique, nous retrouvons chez elles cette facilité de croisement que Darwin invoque en parlant des races colombines. La chèvre, le bœuf, le porc, ont donné des races marronnes sur divers points du globe ; et, le dernier surtout, en se rapprochant du sanglier, en acquérant aussi des caractères en harmonie avec le climat, a néanmoins conservé des traces irrécusables de son ancienne servitude.

Ces considérations doivent suffire pour montrer qu'en attribuant

---

1 J'ai montré depuis assez longtemps, après Güldenstaedt, Pallas, Tilesius, Ehrenberg, Hemprich, Isidore Geoffroy, que le chien n'est autre chose que le chacal domestiqué *(Unité de l'espèce humaine).* J'ai apporté depuis quelques preuves nouvelles à l'appui de cette opinion, en faisant connaître les faits qu'ont bien voulu me communiquer diverses personnes, entre autres MM. Lartet, Dufour, etc. *(Discours prononcé à l'occasion des expositions de races canines en 1863 et en 1865, Bulletin de la Société d'acclimatation.)* — Les observations que j'ai pu faire pendant mon séjour au Caire sur les chiens libres, observations contrôlées par plusieurs de mes compagnons de voyage, concordent entièrement avec tout ce que j'avais appris antérieurement sur cette question.

une origine multiple aux quelques espèces domestiques dont le point de départ est inconnu, on va à l'encontre de toutes les analogies tirées de celle dont l'unité spécifique est hors de doute ; qu'en rattachant chacune de ces espèces aune souche unique, on a pour soi toutes ces analogies.

Il y a plus, l'histoire récente de quelques espèces nous apprend comment ont pris naissance chez d'autres ces races anormales, dont la multiplicité spécifique des origines est incapable de rendre compte, au dire de Darwin lui-même. En voyant l'*ancon* reproduire chez le mouton les jambes et le corps du basset, en retrouvant dans le *bœuf gnato* les caractères extérieurs et ostéologiques du bouledogue, nous comprenons aisément ce qui a dû se passer chez le chien [1]. Pour qui se place à notre point de vue, l'analogie et l'induction, partant de faits précis, permettent donc de résoudre des questions reconnues inabordables par l'hypothèse que je combats.

En résumé, tout nous ramène à voir l'expression de la vérité dans le langage ordinaire et accepté par nos contradicteurs eux-mêmes, langage qui comprend sous une même dénomination spécifique les races canines, bovines, ovines, porcines, de même que nous n'avons qu'un seul nom pour désigner l'ensemble des races de pigeons. Il faut, ou bien renoncer à chercher dans nos races animales domestiques des exemples d'hybridation, ou bien admettre autant d'espèces que l'on compte de formes héréditaires bien tranchées.

Mais, si l'on se place à ce point de vue exclusivement morpholo-

---

1 La race *ancon* ou race *loutre* de moutons a pris naissance dans le Massachusett en 1791. Le bœuf *gnato* (bœuf *camard),* sur lequel je reviendrai plus loin, apparaît d'une manière erratique dans nos troupeaux d'Europe (Nathusius cité par Darwin). M. Dareste a récemment étudié un jeune veau né aux environs de Lille, et qui présentait tous les principaux caractères du gnato de la Plata *(Rapport sur un veau monstrueux ; Archives du Comice agricole de l'arrondissement de Lille,* 1867). Cette race a été décrite avec détail par Darwin, qui l'avait observée à Bucnos-Ayres dans les troupeaux des Indiens à demi sauvages au sud de la Plata (Darwin, *Journal of Researchs into the natural History and Geology,* chap. VIII, et *De la variation des animaux et des plantes,* t. I, chap. III). A l'époque où M. Lacordaire visita ces régions, elle paraît avoir été assez répandue, si bien que quelques personnes, oubliant l'origine tout européenne du bétail américain, la croyaient indigène *(Une estancia,* dans la *Revue des deux mondes,* 1833). Il existe aussi au Mexique, comme nous l'apprend une communication faite à l'Académie des sciences par M. Sanson dans la séance du 8 mars 1869, une race de *gnalos* qui se distingue de celle de Buenos-Ayres par l'absence des cornes *(Comptes rendus des séances de l'Académie).*

gique pour le chien, le porc, le cheval, on ne peut agir autrement pour le lapin, l'âne, l'oie, le canard, le pigeon. On est conduit alors à séparer en espèces distinctes des êtres dont la filiation est bien connue, et qui descendent incontestablement d'une espèce unique sauvage vivant encore à côté de nous.

Il me semble difficile que cette dernière conséquence soit acceptée par les morphologistes les plus décidés. Pourtant elle ressort irrésistiblement de leurs doctrines dès qu'on les applique aux questions spéciales dont nous possédons le mieux les données essentielles. Je me crois, donc autorisé à dire que ces doctrines ont pour fondement avant tout notre ignorance même, et n'ont de valeur apparente que lorsqu'il s'agit de ce que nous ne connaissons pas.

Telles sont les conclusions générales qui ressortent de tous les faits empruntés au règne animal. Chez les végétaux, l'influence plus facile et plus forte du milieu, la multiplicité correspondante des variétés et des races naturelles ou artificielles, la facilité que la greffe, le marcottage et les autres procédés de reproduction fournissent pour multiplier les plus graves comme les plus légères variations, viennent compliquer singulièrement les phénomènes. Néanmoins, en les étudiant avec attention, on est conduit exactement aux mêmes résultats indépendamment des analogies qu'on peut légitimement établir d'un règne à l'autre en pareille matière.

Pour justifier cette conclusion, je ne crains pas d'en appeler à l'ouvrage même de Darwin, bien que l'auteur parfois ne paraisse pas très-loin d'adopter la manière de voir opposée. Pas plus que pour les animaux, il ne cite d'exemple bien constaté d'une suite de générations hybrides nées d'espèces sauvages. Les groupes de races cultivées sous le même nom spécifique lui semblent seuls témoigner en faveur des mélanges hybrides. Mais lui-même s'exprime parfois de manière à montrer qu'il hésite à formuler cette conclusion en présence de la fécondité si complète de toutes ces races entre elles. Il accepte d'ailleurs franchement le résultat des expériences qui ont démontré l'unité spécifique de quelques-uns des groupes où les formes sont le plus multipliées. Il cite sans commentaires le travail du docteur Alefeld, qui, après avoir cultivé une cinquantaine de variétés de pois « un des plus célèbres botanistes de l'Europe », a ramené à une seule *sept* formes de plantain extrêmement différentes, toutes fort répandues dans la nature, et que l'on considérait comme autant d'espèces distinctes [1].

Je crois inutile de multiplier ces citations. Ce qui précède suffit pour montrer combien est grande chez les végétaux la variabilité des types spécifiques, et par conséquent combien il est facile de se laisser égarer ici lorsqu'on s'en tient aux considérations tirées de la forme seule. Il est évident qu'on est exposé à chaque instant à prendre pour des hybridations vraies de simples métissages [2].

Toutefois, parmi les exemples empruntés par Darwin au régime végétal, il en est un de vraiment fondé, et qui montre bien deux espèces parfaitement distinctes ayant produit de vrais hybrides qui sont restés régulièrement féconds pendant une suite déjà considérable de générations. Ce fait, unique jusqu'à ce jour, mérite d'autant plus de nous arrêter.

La patrie originelle du blé, de cette céréale dont nous ne comprenons guère en Europe qu'on puisse se passer pour vivre, n'est pas encore connue avec certitude [3]. De là sans doute est née la pensée qu'il pouvait bien n'être que le résultat de la transformation d'un aegilops, plante qui, quoique bien plus petite que nos diverses races de froment, leur ressemble beaucoup. Cette opinion est populaire en Syrie, où les Arabes désignent l'*Aegilops ovata* sous le nom de *père du blé.* Elle fut soutenue en 1820 par un professeur de Bordeaux, nommé Latapie, qui disait avoir confirmé par des expériences les observations qu'il avait faites en Sicile. C'est dans cette île, pensait-il, que la transformation s'était opérée ou bien avait été reconnue pour la première fois, et il expliquait ainsi la fable

---

1 Je tiens le chiffre de M. Decaisne lui-même, qui s'est borné à indiquer, dans le compte rendu d'une séance de la Société qu'il présidait alors, le résultat général de ses recherches. Il a reconnu dans le genre *Plantago,* si nombreux pour quelques botanistes, trois *espèces majeures* seulement. Les autres ne sont que des races ou des variétés. *(Bulletin de la Société botanique de France,* séance du 20 avril 1860.)

2 Cette observation est en particulier applicable aux expériences de sir W. Herbert, rapportées par Darwin *(De l'origine des espèces,* chap. VIII, p. 2). D'après cet expérimentateur, il existerait certains genres de plantes chez lesquels la fécondation serait aisée et fertile en croisant des *espèces* différentes, tandis que les plantes fécondées avec leur propre pollen resteraient infécondes. Ces faits rappellent évidemment ceux que Darwin admet lui-même pour le croisement des *races,* ou ceux qu'il a fait connaître sur les plantes polymorphes, et nullement ceux que tous les naturalistes rattachent à l'hybridation.

3 Quelques voyageurs, Olivier, André Michaux, plus récemment Aucher Éloy, ont cru reconnaître le froment sauvage dans une graminée de Perse.

de Triptolème. Bory de Saint-Vincent accueillit favorablement cette idée, qui concordait si bien avec ses théories [1]. Cependant elle était tombée dans l'oubli, quand des recherches de M. Esprit Fabre (d'Agde), publiées en J853, vinrent lui donner une importance inattendue.

M. Fabre avait trouvé au bord d'un champ de blé la plante décrite par Requien sous un nom qui indiquait ses caractères intermédiaires entre ceux des aegilops et du froment [2] ; mais il l'avait vue sortir d'un épi de véritable *Aegilops ovata,* enterré par accident. Il crut à un commencement de transformation, et se mit à l'œuvre pour continuer une expérience si heureusement commencée. Pendant douze années consécutives, il cultiva les graines de son *Aegilops triticoides,* et finit par obtenir des plantes donnant un blé parfaitement comparable à celui de certaines variétés de froment. Alors seulement il publia les résultats de ses recherches, qu'avait suivies et contrôlées un célèbre botaniste de Montpellier, Dunal [3]. Les faits observés par M. Fabre étaient incontestables ; les conséquences qu'il en tirait semblaient être à l'abri de toute objection. La transformation de l'*Aegilops ovata* en froment sembla un moment un fait acquis à la science ; et pourtant il n'en était rien.

Quelques particularités dans les phénomènes de cette prétendue métamorphose avaient éveillé l'attention de M. Godron, alors professeur à Montpellier. Ce botaniste éminent crut y reconnaître les caractères d'une hybridation plutôt que ceux d'une transformation graduelle. À son tour il expérimenta ; et, croisant d'abord l'*Aegilops ovata* avec le froment, il obtint l'*Aegilops triticoides.* Puis, fécondant de nouveau cet hybride avec du pollen de froment, il obtint un quarteron fort semblable au *blé œgilops* de M. Fabre [4]. Ces expériences, répétées par plusieurs botanistes en France, en Allemagne, donnèrent partout les mêmes résultats [5].

La question changeait ainsi de nature, sans perdre pour cela de son intérêt. Le premier expérimentateur avait constaté la fécondité

1 *Dictionnaire classique d'histoire naturelle,* art. Aegilops.
2 *Aegilops triticoides.*
3 *Des Aegilops du midi de la France et de leurs transformations. (Mémoires de l'Académie de Montpellier,* 1853.)
4 M. Godron a donné à cet hybride quarteron le nom d'*Aegilops speltaeformis.*
5 M. Godron fit ses premières hybridations à Montpellier l'année même où parut le mémoire de M. Fabre. Il les a répétées à Nancy en 1857.

de son *blé artificiel* ; le second avait à s'assurer si elle se retrouvait dans son hybride. M. Godron poursuivit donc son expérience. Il continua d'élever des plantes provenant de semences obtenues par M. Fabre et par lui-même. Aujourd'hui encore il cultive les descendants des unes et des autres, et obtient tous les ans une récolte plus ou moins abondante. La forme intermédiaire de l'hybride s'est maintenue jusqu'ici dans les cultures de M. Godron. Il n'a pas observé de retour vers l'une ou l'autre des espèces parentes, comme cela a eu lieu à Montpellier et chez M. Fabre [1].

Toutefois ce résultat n'a été obtenu qu'à l'aide de soins continus et minutieux. Les expériences de M. Godron ont bien montré qu'abandonné à l'action des seules conditions naturelles, même sur un sol préparé comme on le fait pour le blé, l'*Aegilops speltaeformis* disparaîtrait bien probablement dès la première année, et ne pourrait en aucun cas continuer à se propager. Cette *race hybride*, exception unique jusqu'à ce jour, ne dure donc que par l'intervention active de l'homme. À ce titre nous aurons à l'examiner de nouveau plus tard. Il suffit ici de constater qu'il existe sous ce rapport une différence absolue entre elle et les nombreuses races animales *métisses* journellement obtenues, et dont on connaît l'origine. La différence n'est pas moindre quand il s'agit de ces nombreuses races de végétaux cultivés qui se reproduisent par graines et qui constituent l'immense majorité de nos légumes. Pour admettre que ceux-ci doivent leur existence à un ancien croisement *d'espèces,* il faut encore conclure en dépit des seules analogies qui permettent de jeter du jour sur ce que nous ne connaissons pas.

J'ai dû insister sur la manière dont Darwin a traité la question du croisement des espèces. On peut être beaucoup plus bref lorsqu'il s'agit du croisement des races. Ici nos opinions sont semblables, et il ne peut guère en être autrement, car les faits journaliers parlent trop haut. J'ai reproduit plus haut textuellement sa déclaration au sujet du croisement entre races domestiques animales. Il ne connaît pas un seul exemple de stérilité dans cette sorte de métissage. Il constate au contraire que la fertilité se ranime ou s'accroît souvent en pareil cas.

Son langage est moins précis quand il s'agit des végétaux, et par moments il semble admettre l'infécondité de certains métissages.

---

1 Naudin, *Nouvelles recherches sur l'hybridité dans les végétaux.*

Pourtant, après avoir discuté quelques rares exemples, il se borne à dire : « Ces faits relatifs aux plantes montrent que dans quelques cas certaines variétés (races) ont eu leurs pouvoirs sexuels modifiés, en ce sens qu'elles se croisent entre elles moins facilement et donnent moins de graines que les autres variétés des mêmes espèces [1]. » Certes c'est là une conclusion que personne n'aura la pensée de contester. On reconnaît à tout moment des différences de fécondité de race à race lorsqu'on unit des individus appartenant tous deux à l'une d'elles. Que des faits analogues existent dans leur croisement réciproque, il n'y a certainement là rien qui soit en désaccord avec la distinction de la race et des espèces même les plus voisines.

Le savant anglais paraît voir dans les cas d'amoindrissement de la fécondité une sorte d'acheminement vers un isolement plus complet ; mais comment interpréterait-il les cas contraires, ceux où la fécondité grandit sous l'influence du métissage, et qui sont de beaucoup les plus nombreux ? Sans doute il y a du plus et du moins dans les phénomènes de cet ordre comme dans tous. Cependant, du minimum de fécondité continue constaté entre races aux faits qui caractérisent l'hybridation, il existe toujours une distance énorme et dont le lecteur peut juger aisément.

Ainsi, en matière de croisement, quand il s'agit des *races,* accord complet de toutes les opinions ; accord encore à propos des *espèces* lorsqu'il s'agit des cas spéciaux dont on possède toutes les données ; désaccord là seulement où ces données manquent : voilà en résumé ce que constate l'ouvrage même de Darwin, ouvrage qui est sans contredit l'effort le plus sérieux qui ait été fait jusqu'à ce jour pour abaisser les barrières qui séparent la race de l'espèce. Voilà donc encore *l'appel à l'inconnu* employé pour combattre les analogies empruntées à une foule de faits positifs.

À eux seuls le contraste que je viens de faire ressortir et la nature des arguments invoqués en faveur de la doctrine que je combats, me semblent faits pour confirmer les convictions de ceux qui croient à la distinction fondamentale de l'espèce et de la race, qui voient dans la différence des phénomènes de l'hybridation et du métissage un moyen de distinguer ces deux choses.

Est-ce à dire que ce critérium efface toutes les difficultés ? Non,

1 *De la variation des animaux et des plantes,* t. II, chap. XVI.

certes. Avec M. Decaisne, je n'hésite point à reconnaître que, lorsqu'il s'agira de ramener un nombre indéterminé de formes différentes à un seul et premier type spécifique, « il y aura toujours des cas douteux, même après l'épreuve du croisement fertile dans toute la série des générations possibles » [1]. Des cas inverses se présenteront sans doute aussi. Est-ce une raison pour repousser la règle générale qui ressort d'une écrasante majorité de faits indiscutables ? À ce compte, je ne sais trop quel principe pourrait être conservé dans n'importe quelle science. L'attraction elle-même n'a pas résolu toutes les difficultés de la mécanique sidérale, si simple pourtant dans ses immuables lois. A-t-elle été mise en doute pour cela ? Vouloir être plus exigeant quand il s'agit des phénomènes si complexes du monde organisé serait méconnaître la nature des choses. Il ne faut pas d'ailleurs s'exagérer la portée de ces difficultés, et y voir un motif pour confondre ce qui est en réalité très-distinct. Les lacunes de notre savoir actuel ne sauraient autoriser l'adoption d'hypothèses en contradiction avec les faits acquis.

J'ai cherché à montrer l'ensemble de ceux que la science a enregistrés. Je ne crois pas possible d'aller chercher autre part les bases d'une discussion sérieuse, qu'il s'agisse du présent ou du passé. Pas plus dans le monde organisé que dans le monde inorganique, les lois générales n'ont pu changer depuis les temps paléontologiques, quelque lointains qu'ils soient par rapport à nous et à notre courte existence. En réalité, ces époques, même en leur accordant toute la durée que leur attribue Darwin, sont à peine des jours dans les armées de l'univers. Pour savoir ce qui se passait alors, le seul moyen rationnel, le seul *scientifique,* est de prendre pour point de départ de toutes les investigations ce qui se passe encore aujourd'hui.

Chapitre VII
LA VARIÉTÉ, LA RACE ET L'ESPÈCE DANS LES
THÉORIES DE LA TRANSFORMATION LENTE.
— ACTIONS DU MILIEU. — SÉLECTION.
— POUVOIR DE LA NATURE ET DE L'HOMME.
— CONCLUSION.

---

1 *De la variabilité dans l'espèce du Poirier.*

Variété, race, espèce, telle est la filiation qu'ont suivie, d'après les doctrines de la transformation lente, toutes les formes vivantes issues des proto-organismes de Lamarck ou du prototype de Darwin. Arrêtons-nous un instant à chacune des trois étapes assignées par ces théories à cette évolution progressive, en nous attachant surtout à l'histoire des animaux.

J'ai déjà dit comment le naturaliste français explique l'apparition de la variété. Le désir, le besoin, développés sous l'influence des conditions extérieures, sont les premières causes delà modification d'une forme préexistante ; l'habitude leur vient en aide ; l'hérédité, accumulant des effets inappréciables dans chaque génération considérée isolément, rend manifeste des changements d'abord insensibles.

De pareils phénomènes supposent, on le voit, des individus déjà entrés dans la vie active et dont tous les organes sont par conséquent bien formés. Ils sont impossibles chez l'embryon. Selon Darwin, qui accepte ici la manière de voir de Geoffroy Saint-Hilaire, c'est au contraire chez ce dernier que se manifestent les variations initiales. Selon lui encore, ces variations ont d'ordinaire pour cause une altération des organes reproducteurs mâles et femelles, altération existant avant l'acte de la conception. Les changements de types remonteraient ainsi aux parents eux-mêmes. — Il est certainement *possible* que cette explication ait quelque chose de fondé. Pourtant, lorsque Darwin invoque à l'appui de son opinion l'infécondité d'animaux réduits en captivité, et qui, bien portants d'ailleurs, cessent de se reproduire, l'analogie me paraît bien vague et bien lointaine.

Dans toute cette partie de son livre, le savant anglais cherche à diminuer le plus possible le rôle joué par le milieu extérieur dans la production des variétés. — Il me semble difficile d'accepter ses restrictions sur ce point. Les observations faites par Geoffroy jusque chez l'homme lui-même, les expériences qu'il avait commencées sur les œufs de poule et que M. Dareste [1] a reprises avec tant de persévérance et de talent, ont incontestablement mis hors de doute l'action exercée par les agents du dehors. En faisant simplement

---

1 Les recherches de M. Dareste ont été commencées il y a près de quinze ans. Les résultats en ont été communiqués à l'Académie des sciences à diverses reprises et sont dispersés dans plusieurs volumes des *Comptes rendus*.

varier l'intensité ou le mode d'application de la chaleur, le second de ces expérimentateurs en est arrivé à produire presque à coup sûr la plupart des monstres à un seul corps qui peuvent se présenter chez les oiseaux, à reconnaître le mécanisme de leur formation et l'enchaînement des altérations les plus légères aux déformations les plus graves. On ne saurait nier ici l'action directe de l'agent extérieur sur le germe lui-même en voie de développement, et évidemment les modifications tératologiques ainsi obtenues sur un œuf sont indépendantes de toute action venant des parents.

Or, Darwin lui-même reconnaît le lien intime qui rattache la variété à la monstruosité. Celle-ci n'est bien souvent que l'exagération de celle-là. Des causes sans cesse en action, et que nous voyons être assez puissantes pour déformer complètement les organismes, doivent à plus forte raison les faire souvent varier. Les poulets créoles perdant leur duvet de naissance et restant nus jusqu'à l'apparition des vraies plumes, les cochons sauvages des hauts plateaux des Cordillères acquérant au contraire une espèce de laine sous l'action d'un froid modéré, mais continu, nous fournissent des exemples de ce phénomène [1].

C'est donc aux actions de milieu, s'exerçant immédiatement sur l'embryon des ovipares, et par l'intermédiaire de la mère sur celui des vivipares, que nous reporterons généralement les modifications individuelles qui constituent les variétés.

Du reste, les explications peuvent différer ; le fait lui-même est indiscutable. Quelles que soient les théories, tous les naturalistes sont ici d'accord. Ces modifications peuvent toucher à la monstruosité ou bien être à peine assez accentuées pour se distinguer des traits individuels. Dans le premier cas, si elles se propagent par la génération, elles constituent d'emblée une race, et parfois une de celles qui s'éloignent le plus du type spécifique.

De pareilles races très-anormales se sont produites peut-être même en dehors de l'action de l'homme. Telle pourrait bien être l'origine de la race de bœufs *gnatos*, littéralement bœufs camards, et qu'on aurait pu nommer à juste titre *bœufs-dogues,* car ils présentent dans leur espèce les traits caractéristiques de ce chien. Cette

---

1 *Recherches sur quelques changements observés dans les animaux domestiques transportés de l'ancien monde dans le nouveau continent,* par M. Roulin. (*Mémoires des savants étrangers à l'Académie des sciences,* t. V.)

race, dont j'ai déjà parlé, paraît s'être formée parmi les troupeaux à demi sauvages des Indiens du sud de la Plata. Elle a la taille moins élevée, les formes plus trapues que les autres races du pays. La tête, le museau surtout, sont considérablement raccourcis ; la mâchoire inférieure dépasse la supérieure, et la lèvre, fortement relevée, laisse les dents à nu. À ces caractères extérieurs correspond une charpente osseuse qu'Owen a fait connaître [1], et dont on peut résumer les caractères en disant que, dans la tête du gnato, presque pas un os ne ressemble à l'os correspondant du bœuf ordinaire. Il est assez difficile de croire que personne, ait jamais eu intérêt à conserver et à multiplier cette forme semi-monstrueuse du bœuf, qu'on s'est mis à détruire dans le bassin de la Plata dès qu'on a donné des soins plus réguliers à l'élevage du bétail. Les gnatos se sont probablement développés tout à fait spontanément.

Il n'en est pas ainsi des *ancons* ou moutons-loutres. Ceux-ci proviennent d'un bélier né en 1761 dans la ferme de Seth-Wright (Massachusetts). Cet animal possédait les proportions bien connues du chien basset. La brièveté de ses membres, l'empêchant de franchir les clôtures, présentait un avantage. On l'employa comme reproducteur, et quelques années après ses descendants formaient une race parfaitement assise [2]. Ici l'homme est intervenu et a employé la sélection. Il a agi de même pour les moutons *mauchamp*, que M. Graux a obtenus d'un bélier né en 1828 au milieu d'un troupeau de mérinos ordinaires, avec une toison soyeuse au lieu de laine proprement dite [3]. Aujourd'hui non-seulement cette race est entièrement constituée ; mais de plus elle a donné naissance à des sous-races déjà distinctes. Si Mme Passy avait conservé et élevé ses poulets couverts d'un duvet « si épais et si doux, qu'il ressemblait au poil d'un chat » et se laissait peigner avec un peigne fin, nous aurions certainement une race galline de plus, extrêmement curieuse et dont nous connaîtrions exactement la date de naissance [4].

---

1 *Catalogue descriptif de la collection ostéologique du Collège des chirurgiens.*

2 Prichard, *Histoire naturelle de l'homme*, t. I.

3 *Bulletin de la Société d'acclimatation, t.* I.

4 C'est en 1852, dans ses couvées d'arrière-saison, que Mme Passy vit apparaître un assez grand nombre d'individus présentant ce singulier caractère. Malheureusement elle les sacrifia, craignant de compromettre la pureté de sa belle race cochinchinoise [*Bulletin de la Société d'acclimatation*, 1854]. Le même phénomène paraît s'être produit la même année chez M. Johnston.

De pareils faits jettent un jour très grand sur la plupart des questions que soulèvent l'origine et la nature de la race. L'analogie autorise évidemment à admettre que ce qui s'est passé dans une espèce peut se reproduire dans une autre espèce appartenant au même type général. La variabilité, les lois de l'hérédité agissant soit librement, soit sous la direction de l'homme, suffisent donc pour expliquer l'apparition de races de chiens présentant des caractères analogues à ceux que nous venons de décrire chez le gnato et l'*ancon*. À plus forte raison, peut-on les invoquer avec confiance, quand il faut rendre compte de cas beaucoup plus simples, quand il s'agit de chercher comment ont pu se produire des formes bien moins anormales.

Darwin reconnaît, du reste, ce mode de formation des races reproduisant un caractère apparu subitement ; seulement il n'en tire pas la conclusion que je viens de formuler et qu'il me semble difficile de combattre. Il lui échappe pourtant une réflexion qu'il serait aisé de prendre pour un aveu. « Si, dit-il, les races *ancon* et mauchamp avaient apparu il y a un ou deux siècles, nous n'aurions aucun document sur leur origine, et les mauchamps surtout eussent sans aucun doute été regardés par plus d'un naturaliste comme la descendance de quelque forme primitive inconnue, ou au moins comme le produit d'un croisement avec cette forme [1]. »

Cette conclusion eût été en effet inévitable pour quiconque méconnaît plus ou moins la distinction de l'hybridation et du métissage et se laisse guider par la morphologie. À ce titre, Darwin lui-même l'aurait probablement adoptée. Mais le physiologiste l'aurait repoussée ; car le croisement du mauchamp, de l'*ancon*, avec les autres moutons a tous les caractères du métissage, et non pas ceux de l'hybridation. Il en est de même pour le gnato, dont on eût certainement fait, non pas seulement une espèce, mais un genre à part, et qui se croise avec le bétail ordinaire aussi facilement que le font les races entre elles [2]. Qu'on reporte sa pensée, en tenant

---

1 *De la variation des animaux et des plantes*, t.I, chap. III.
2 Lacordaire nous apprend qu'à la Plata quelques personnes ont voulu voir dans le gnato une race indigène. On oubliait que tous les bœufs américains sont venus primitivement d'Europe, et qu'en particulier tous ceux du bassin de la Plata descendent d'un taureau et de huit vaches amenés à l'Assomption en 1538 par les frères Goës. Depuis cette époque, il est devenu fort rare dans ces contrées, puisque M. Martin de Moussy n'a jamais eu occasion de l'observer {*Bulletin de la Société d'anthropolo-*

compte de la réflexion de Darwin, sur nos porcs, nos bœufs, nos chiens, et l'on verra qu'ici encore l'analogie parle entièrement en notre faveur.

Les races extrêmes n'apparaissent pas toujours ainsi d'emblée. Le plus souvent même elles sont le fruit des modifications successivement accumulées pendant un nombre indéterminé de générations. Dans son mémoire sur les pigeons, Darwin a suivi avec beaucoup de sagacité et montré de la manière la plus précise la succession des actes et des phénomènes qui ont amené la constitution des principales races actuelles. Ce qu'il dit de cette espèce s'applique certainement à tous les cas analogues. La sélection volontaire, mais d'abord inconsciente, cherchant seulement à améliorer dans un sens vaguement déterminé des formes déjà existantes ; puis la sélection méthodique, raisonnée, se proposant un but bien défini, tels sont essentiellement les moyens mis en œuvre par l'homme pour produire les types étranges du pigeon messager, du pigeon grosse gorge, du pigeon paon... Ces races diffèrent les unes des autres non-seulement par tons les caractères extérieurs, mais encore par des modifications atteignant le squelette lui-même, et le naturaliste le plus sévère les placerait certainement dans autant de genres différents, s'il les rencontrait à l'état sauvage. Des documents historiques ont d'ailleurs permis à Darwin d'établir qu'une partie de ces races remonte tout au plus à deux ou trois siècles, et qu'il en est de bien plus jeunes, quoique aussi solidement assises aujourd'hui. — Toute cette partie de l'œuvre de l'éminent naturaliste est du plus haut intérêt, et je suis heureux de me trouver ici en pleine communauté d'idées avec lui.

Le biset, père de tous nos pigeons, présente aussi des races *sauvages* et des races, *marronnes* [1]. Comment ont-elles pris naissance ?

À peu près uniquement, répond Darwin, par la sélection natu-

---

gie, t. 1). Ce fait s'explique par l'habitude qu'on a prise de tuer tout jeune veau qui présente les caractères de cette race (renseignement communiqué par M. Levasseur). Cette coutume elle même s'est certainement établie par suite de la difficulté qu'on éprouvait à nourrir ces animaux en temps de sécheresse, la forme de leurs mâchoires les empêchant de brouter aussi aisément que les bœufs ordinaires. (Darwin, *Journal of Researches,* et *De la variation des animaux et des plantes.*)

1 Les *races sauvages* sont celles qui n'ont jamais été domestiques. Les races, *marronnes* ou *libres* sont celles qui descendent d'individus domestiques, mais qui ont reconquis leur liberté et sont retournées à l'état sauvage.

relle. — Je reconnais de grand cœur le rôle important dévolu à celle-ci. La lutte pour l'existence remplit ici le rôle de l'éducateur qui choisit dans sa volière ou son troupeau les plus forts, les plus robustes individus pour perpétuer l'espèce, qui consomme les moins bien venus ou les met hors d'état de se reproduire.

Mais je ne puis accorder au savant anglais que les conditions d'existence jouent dans la constitution des races naturelles un rôle aussi restreint qu'il paraît l'admettre dans certains passages de son livre. Je crois fermement au contraire à la puissance extrême de ces conditions, agissant soit directement, soit indirectement. Il y a plus : bien loin d'être subordonnées à la lutte pour l'existence et à la sélection, ce sont elles qui en commandent les circonstances et les résultats. N'est-il pas évident que pour les animaux comme pour les plantes, les conditions de supériorité, et par conséquent de survie, seront non-seulement différentes, mais opposées, dans un désert aride ou au milieu de marais fangeux, sous le pôle ou sous l'équateur ?

Des conditions générales différant à ce point ne sont pas nécessaires lorsqu'il s'agit d'êtres vivants que leur nature soumet d'une manière presque absolue aux influences de milieu. Les végétaux sont essentiellement, dans ce cas. Fixés au sol qui les nourrit, ils sont, pour ainsi dire, façonnés quelquefois par lui ; incapables de se défendre contre l'atmosphère, ils présentent souvent des témoignages irrécusables de l'action modificatrice qu'elle exerce sur eux. La belle expérience de M. Decaisne sur les plantains d'Europe, dont j'ai parlé plus haut, les observations de M. Gubler sur quelques plantes naines, suffisent pour mettre dans tout son jour ce fait général.

M. Gubler a montré qu'en s'élevant sur la pente des montagnes, certaines plantes ne subissent pas seulement une réduction de taille considérable, mais qu'en outre les principaux organes, et jusqu'aux parties essentielles de la fleur, sont atteints. M. Decaisne a fait plus : il a reproduit par un simple changement dans les conditions d'existence plusieurs formes d'une même plante existant dans la nature et qu'on avait prises pour autant d'espèces proprement dites. Il a récolté en rase campagne les graines d'un plantain appartenant à l'une des espèces les plus généralement admises ; il les a semées et élevées au Muséum en imitant autant que possible les conditions particulières aux terrains où poussent les formes les plus distinctes de ce genre. Par cela seul, il a obtenu sept de ces formes prétendues spécifiques. Or, il s'agissait ici de différences sérieuses et bien faites pour excuser les botanistes qui, jugeant par les caractères morphologiques seuls, avaient vu là des espèces diverses. De l'une à l'autre de ces plantes, petites-filles de la même mère, on rencontrait des feuilles rondes et courtes ou assez longues pour servir de fourrage, disposées en rosette écrasée ou allongées en une touffe droite et fournie ; la plante était entièrement glabre ou couverte de poils ; la racine, annuelle chez les unes, était vivace chez les autres. Tous ces traits étaient héréditaires, et reproduisaient ceux des races naturelles vivant dans des conditions semblables à celles qu'avait artificiellement reproduites l'habile expérimentateur. Évidemment ils étaient dus à ces conditions mêmes [1].

La sélection joue certainement un rôle considérable dans les expériences inverses, pour ainsi dire, et quand il s'agit d'obtenir des races s'écartant parfois d'une manière étrange des formes naturelles. Cependant il faut le plus souvent lui venir en aide et transformer d'abord les conditions d'existence.

Lorsque Vilmorin voulut mettre hors de doute l'origine de nos carottes cultivées en les tirant directement de la carotte sauvage, il échoua tant qu'il se borna à choisir avec soin ses porte-graines et à multiplier les soins d'élevage. Il dut surtout le succès de sa tentative à la pensée qui lui fit garder pendant l'hiver quelques individus tardifs qu'il repiqua au printemps. Il obligea ainsi une plante annuelle à dépenser sa vie en deux ans. C'est ainsi seulement qu'il parvint à transformer une racine extrêmement grêle, dure et coriace, en ce légume savoureux et tendre que nous connaissons tous. Quatre générations suffirent dès lors pour produire ce changement [2]. Par des procédés semblables, M. Carrière a transformé en cinq ans le radis sauvage (Raphanus raphanistrum), regardé par tons les cultivateurs comme une mauvaise herbe. Entre les mains de cet habile jardinier-chef des pépinières du Muséum, une racine

---

1 L'expérience île M. Decaisne explique très-bien comment sir W. Herbert s'est mépris et a regardé de simples *métissages* comme des *hybridations*. Il est clair que si le botaniste anglais avait croisé ensemble les formes de plantain dont il s'agit ici, il aurait cru avoir opéré sur des *espèces,* tandis que l'expérience aurait en réalité porté sur des *races.*
2 *Notices sur l'amélioration des plantes par le semis.*

immangeable et pesant au plus 22 grammes, s'est métamorphosée en un légume excellent, dont le poids varie de 300 à 600 grammes et plus [1]. Tous ces résultats ont été obtenus avant tout par suite du changement dans les conditions d'existence imposé à ces végétaux, qu'on a rendus bisannuels, d'annuels qu'ils étaient naturellement. La sélection n'a exercé qu'une action secondaire.

Il serait facile de citer bien d'autres faits de ce genre à l'appui de ma manière de voir, qui fut au fond celle de Buffon comme de Geoffroy, et les plus frappants peut-être seraient fournis par Darwin. Aussi dans la discussion que je pourrais soulever à ce sujet, trouverais-je des auxiliaires jusque chez ses plus dévoués disciples. Je me borne à mentionner Mlle Royer, qui se sépare ici complètement du savant qu'elle interprète. Dans une note assez étendue où elle discute la question d'une manière générale, elle arrive à conclure que « les conditions complexes de la vie déterminent et règlent toute variation en premier comme en dernier ressort ». Ces quelques mots résument d'une manière fort heureuse tout ce que nous savons sur cette grave question.

Au reste, il me semble que, sur cette question, nous serions aisément d'accord, et que la différence des appréciations entre Darwin et moi tient surtout à ce que le savant anglais donne aux expressions de *milieu*, de *conditions d'existence*, un sens plus restreint que je ne le fais [2]. À bien des reprises, et surtout dans son livre sur l'*Influence de la domestication,* il atténue lui-même ce qu'ont évidemment d'exagéré quelques-unes de ses assertions relatives au peu d'influence des actions de milieu, et il admet qu'elles commandent la transformation des races les plus accusées [3]. Il admet aussi qu'elles jouent un rôle prépondérant dans leur formation. Je me borne à citer un exemple.

Chez toutes les espèces qui ont vécu constamment en pleine li-

---

1 *Origine des plantes domestiques démontrée par la culture du radis sauvage.*

2 Ces expressions doivent être prises dans un sens absolu et comprendre tout ce qui peut exercer une influence directe ou indirecte sur l'être vivant. On n'a aucune raison pour exclure des conditions d'existence d'un être quoi que ce soit pouvant avoir sur lui une action, et c'est l'ensemble de ces conditions qui constitue le milieu où il vit.

3 *De la variation des animaux et des plantes.* Voyez surtout ce que dit l'auteur au chapitre XII, *Des conditions de vie capables d'annuler les lois de l'hérédité,* et au chapitre XXII, *Des causes de la variabilité.*

berté, on constate un fait que j'ai déjà indiqué et dont il reste à faire ressortir l'importance. En tant qu'elles sont comparables par le degré d'organisation à nos espèces domestiques, aucune d'entre elles ne présente de variations à beaucoup près aussi nombreuses ni aussi considérables que ces dernières. En outre, lorsqu'une partie des représentants d'une espèce est passée sous l'empire de l'homme, tandis que le reste conservait son indépendance, on reconnaît aisément que les premiers ont à tous égards, beaucoup plus varié que les seconds. Il suffit de citer comme exemple les canards, les oies, les lapins, dont l'unité d'origine est admise par tout le monde, et toutes celles de nos plantes cultivées dont la souche sauvage est connue.

Darwin, avec qui je suis heureux de me trouver ici d'accord, explique une partie de ce contraste par la différence des milieux. Quelles que soient l'étendue de l'aire habitée par une espèce et la variété des circonstances qui peuvent en résulter, l'état sauvage entraîne une certaine uniformité dans les conditions d'existence, et chaque espèce est maintenue dans ses limites par la multitude des espèces voisines qui lui font concurrence. Par suite, les races devront être peu nombreuses. Les animaux domestiques sont soustraits à la lutte pour l'existence ; surtout l'homme les transporte avec lui, et, par la domestication, leur crée en réalité presque autant de milieux qu'ils ont de maîtres. « C'est pour cette raison, dit Darwin, que tous nos produits domestiques, à de rares exceptions près, varient beaucoup plus que les espèces naturelles [1]. » L'abeille est la seule exception réelle qu'il cite, et il serait facile de la discuter. Cet insecte, qui se nourrit lui-même presque toujours, et qui conserve toutes ses habitudes, ne peut vraiment pas être considéré comme soumis à la domestication. Il vit à côté de nous bien plus qu'avec nous ; et pourtant tous les agriculteurs savent bien qu'il existe des races très-distinctes parmi les abeilles.

Pour qui admet la distinction fondamentale existant entre l'espèce et la race, telles que je les comprends ; pour qui tient compte de faits et de considérations que j'exposerai tout à l'heure, l'explication acceptée ici par le savant anglais est rationnelle et complète. C'est celle que j'ai toujours admise [2].

---

1 *De la variation des animaux et des plantes*, chap. XII.

2 J'ai indiqué l'a manière dont j'envisage cette question, et celles qui s'y rattachent,

Elle me paraît moins satisfaisante pour qui se place ; au point de vue commun à Lamarck, à M. Naudin, à Darwin. Surtout elle est, jusqu'à un certain point, en désaccord avec toute doctrine reposant sur la *lutte pour l'existence* et les conséquences qu'elle entraîne. En effet, la diversité des conditions imposée par l'homme aux espèces domestiques, la protection dont il les entoure, expliquent, il est vrai, la multiplicité des variations de ces dernières, et l'existence chez elles de certaines modifications plus ou moins incompatibles avec les nécessités de la vie sauvage. Le pigeon culbutant, dont le vol est à chaque instant interrompu par les étranges mouvements d'où il a tiré son nom ; le pigeon paon, que sa queue étalée et relevée empêche de voler contre le vent, ne pourraient fuir les ennemis ailés avec la rapidité du biset. La lutte pour l'existence se présenterait donc pour eux dans des conditions très-défavorables, et ils devraient disparaître rapidement, tandis qu'ils se conservent garantis par leur esclavage même.

Mais il est des variations parfaitement indifférentes, comme celles de la couleur, qui se produisent sous l'empire de la sélection inconsciente, et même sans aucune sélection, et qui n'ont rien d'incompatible avec la sélection naturelle Il en est d'autres qui assureraient un avantage incontestable, tel que l'accroissement de la taille et des forces, et que la sélection naturelle devrait aider à se produire. Pourquoi de pareils caractères ne s'accentuent-ils jamais dans les races sauvages de manière à égaler, à surpasser même ce qu'on a constaté en ce genre dans les races domestiques ? Si les causes naturelles sont capables de transformer les races en espèces, comment ne produisent-elles jamais, entre races spontanément dérivées d'un type spécifique, des différences comparables à celles que la domestication fait naître quand elle agit sur les représentants du même type ?

Cette question touche au fond même des doctrines que nous discutons. Elle conduit à examiner un principe qui leur est commun, et qu'on trouve formulé presque dans les mêmes termes chez tous les naturalistes qui admettent la transformation lente.

---

dans l'ouvrage intitulé : *Unité de l'espèce humaine,* chap. XII, 1861. Mais cet ouvrage est la reproduction textuelle d'articles qui avaient paru dans la *Revue des deux mondes,* 1860-1861, et ces articles eux-mêmes ne sont que le résumé de mon enseignement public.

La nature, disent également Lamarck, Darwin, M. Naudin, est maîtresse du temps ; elle accumule indéfiniment de petits résultats qui, s'ajoutant de siècle en siècle, atteignent des proportions que rien n'aurait pu faire prévoir. C'est ainsi qu'elle a peu à peu élevé les montagnes, creusé les mers, donné à notre globe la constitution et le relief que nous lui voyons. C'est ainsi qu'elle a également agi pour amener au point où elles sont les flores et les faunes. Toujours simple dans ses lois et procédant sans cesse du simple au composé, elle est nécessairement partie des végétaux, des animaux élémentaires ; elle en a progressivement élevé l'organisation. Toute espèce réalisée a été le point de départ d'autres espèces qui lui ont succédé, et les divergences accumulées ont enfanté les types les plus divers. Ce passage d'une espèce à une autre, cette *transmutation,* n'ont rien d'étrange. L'homme, dont l'action est si faible et si courte, sait faire sortir des *races* d'une espèce préexistante en mettant en jeu l'hérédité et la sélection artificielle ; comment la nature, qui dispose sans contrôle de l'espace et de la durée, n'en tirerait-elle pas aisément, presque fatalement, des *espèces* par l'hérédité et la sélection naturelle ? Au fond, les moyens d'action sont les mêmes, et la nature, *plus puissante que l'homme,* doit pouvoir faire plus que lui.

Voilà le langage que tiennent les hommes éminents que j'ai le regret d'avoir à combattre.

Cette argumentation a quelque chose de plausible et est bien faite pour séduire au premier abord. Cependant elle repose sur une assimilation qu'on ne saurait admettre dans sa généralité et sur une confusion véritable.

Il est bien vrai que l'homme ne met en jeu que des forces naturelles ; mais *son intelligence* intervient dans cette mise en œuvre. Il est bien vrai encore que, dans une foule de cas, il ne saurait rivaliser avec la nature ; mais il a aussi ses revanches. Il mène à bien chaque jour des œuvres qui sont au-dessus ou, si l'on veut, en dehors de celles qu'elle peut accomplir. Jamais il ne fera sortir du sol une nouvelle chaîne des Alpes ; jamais les forces naturelles n'eussent élevé la digue de Cherbourg. Nous ne saurions creuser et décorer des grottes qui approchent des immenses et magnifiques cavernes de la Carniole, d'Antiparos, du Kentucky ; la nature ne percera jamais un tunnel régulier et direct comme celui du mont Cenis. Que serait-ce si l'on mettait en ligne de compte les œuvres d'art proprement dites, même les plus simples ! La nature a façonné bien des collines ; a-t-elle jamais taillé une pyramide ?

Sans multiplier ces exemples, il est permis de conclure que, même pour les résultats relevant essentiellement de la mécanique et de ce qui ressemble le plus à la force brutale, la nature et l'homme on leur champ propre où chacun d'eux règne à peu près en maître. Il en est de même partout. Nos laboratoires produisent et l'industrie utilise une foule de composés chimiques qui n'existent pas, *qui ne peuvent pas exister* dans la nature, pas plus que celle-ci ne saurait isoler el conserver bien des corps aujourd'hui d'un emploi journalier.

Il n'est pas bien difficile de s'expliquer l'alternative de prépondérance et de subordination que montrent ainsi les deux puissances que nous comparons.

Même dans le monde inorganique, le pouvoir de la nature est limité par l'essence et le mode d'action des forces qu'elle met en jeu. Celles-ci agissent sans cesse, toutes à la fois, luttant ou s'entr'aidant sous l'empire de lois également aveugles et immuables. Tout effet naturel est le produit d'une *résultante*.

L'homme ne transforme ni les forces ni les lois qui les gouvernent. Mais son *intelligente volonté* en modifie l'application. Par cela même, il fait varier la *résultante,* et, par conséquent, les *effets*.

Souvent l'homme se borne à diriger les forces naturelles, à remplacer par la régularité ce que nous appelons le *hasard,* mot qui sert seulement à voiler l'ignorance. Souvent aussi il les oppose les unes aux autres ; neutralise celles qui lui nuisent, active celles qu'il juge utiles, et réalise ainsi des résultats incompatibles avec le jeu libre de ces agents. Voilà comment les fulminates, inconnus dans la nature, prennent naissance dans nos appareils pour aller ensuite amorcer le fusil du soldat ou le jouet d'un enfant ; voilà comment le phosphore, dégagé de ses combinaisons, se conserve indéfiniment dans un flacon de pétrole, et, associé à un autre corps, tout artificiel aussi, forme la base de nos allumettes chimiques. Accordez à la nature autant de siècles qu'il vous plaira, mettez en jeu toutes ses puissances, tant que l'atmosphère contiendra de l'oxygène, de l'acide carbonique, de l'eau, elle pourra amonceler des couches entières de sel ; elle n'arrivera point à isoler le sodium que possèdent tous nos laboratoires et que M. Henri Deville a fait entrer dans l'industrie ; elle ne pourra pas seulement fabriquer la soude caustique.

Eh bien ! quand il cultive une plante, quand il domestique un animal, que fait l'homme ?

Avant tout, et qu'il en ait ou non l'intention, il adoucit pour eux dans une proportion plus ou moins considérable la lutte pour l'existence, c'est-à-dire qu'il atténue ou annihile une foule d'actions qu'eussent exercées les forces naturelles. Par conséquent, il en change la résultante, et place cette plante, cet animal, clans des conditions d'existence nouvelles. Quand il choisit les végétaux porte-graines, les pères et mères destinés à entretenir la population de son colombier, de sa basse-cour, de sa bergerie, que fait-il, sinon reporter sur un caractère qui lui convient la force aveugle de l'hérédité ? En d'autres termes, il dirige cette force. Quand il marie ensemble les pères et les filles, les frères et les sœurs, comme l'ont fait Bakewell et les frères Collins, que fait-il, sinon concentrer toutes les forces héréditaires et en accroître l'énergie ?

Ainsi, dans le monde organique aussi bien que dans le monde inorganique, l'homme intervient avec son intelligence et sa volonté ; il amoindrit ou neutralise certaines forces, et souvent, par cela même, il exalte celles dont il facilite l'action, tout en la dirigeant. Or, il ne peut agir ainsi sans modifier la résultante qu'eût produite le libre exercice de ces forces. Voilà comment il obtient des résultats qui lui appartiennent en propre, et que la nature ne saurait réaliser, quelque temps qu'on lui accorde. Voilà comment il crée ces races extrêmes, ces chiens, ces lapins, ces pigeons, ces cyprins dorés, ces fruits, ces légumes de toute sorte, dont l'équivalent ne s'est jamais rencontré à l'état sauvage, de l'aveu même de ceux qui proclament le plus haut la toute-puissance de la nature.

Le *mens agitat molem* du poète est scientifiquement vrai. Qu'il s'agisse des êtres vivants ou des corps bruts, l'homme est souvent plus puissant que la nature.

En revanche, ses œuvres sont relativement bien peu stables, et ne subsistent que sous la protection de celui qui leur a donné naissance. Dès que l'homme cesse de veiller sur les produits de sa propre industrie, ceux-ci retombent sous l'empire des lois générales, et plus ils sont exceptionnels, plus vite ils disparaissent ou rétrogradent vers le point de départ. En quittant nos potagers, les légumes les plus délicats redeviennent promptement de mauvaises herbes ; échappé à nos volières, le pigeon retourne au biset, et le chien marron reprend les formes et les mœurs d'une bête féroce. Toutefois, ils gardent souvent la trace des caractères acquis artificiellement, qui n'ont rien d'incompatible avec les nouvelles conditions d'existence ; mais ceux-ci sont constamment amoindris et ramenés dans les limites que comportent les variations naturelles. Les arbres fruitiers retrouvés libres par van Mons dans les Ardennes, le pigeon marron des falaises d'Angleterre, les porcs sauvages d'Amérique, les chiens des pampas, sont autant d'exemples d'un retour imparfait aux types primitifs.

Ces retours plus ou moins complets relèvent essentiellement de la lutte pour l'existence et de la sélection naturelle ; ils montrent clairement le résultat général de ces deux grands phénomènes qui neutralisent ici jusqu'aux lois de l'hérédité ; ils nous éclairent sur leur véritable nature et sur le rôle qui leur est dévolu.

La lutte pour l'existence et la sélection naturelle sont essentiellement des agents d'adaptation. Avant tout, elles tendent à mettre en harmonie les êtres vivants avec le milieu qui les entoure. Nous avons vu Darwin lui-même leur reconnaître hautement ce caractère. Or, le milieu étant donné, les conditions nécessaires de cette harmonisation sont identiques pour tous les individus représentant une même espèce. Par conséquent, la lutte pour l'existence et la sélection naturelle agiront chez tous les individus de la même manière et dans le même sens. Elles ne pourront donc avoir d'autre effet que de les uniformiser de plus en plus, bien loin de les entraîner dans la voie des variations. Détruisant d'ailleurs fatalement tout individu quelque peu inférieur à ses frères, elles maintiennent rigoureusement, avec la similitude des caractères, l'égalité d'énergie fonctionnelle. Ainsi s'établit et se conserve l'uniformité, si remarquable dans l'immense majorité des espèces sauvages et qui ne laisse habituellement de place qu'aux traits individuels ou à quelques rares variétés bientôt disparues [1].

1 À peine est-il nécessaire de faire observer que, tout en signalant le fait général, je n'oublie nullement les espèces polymorphes. On sait qu'elles ont été trouvées principalement chez les invertébrés, et se rencontrent chez eux jusque dans des groupes appartenant d'ailleurs aux types élevés et les mieux définis. Je rappellerai comme exemple les résultats obtenus par Sichel chez les hyménoptères, et spécialement son

Si le milieu change, il est clair que les conditions de l'adaptation ne seront plus les mêmes. La sélection, s'accomplissant dans des conditions différentes, produira forcément des résultats plus ou moins distincts des premiers. L'organisme variera donc jusqu'à ce que l'harmonie soit rétablie ; mais, ce résultat obtenu, la lutte pour l'existence et la sélection naturelle reprendront inévitablement leur rôle primitif, qui est de pousser à la stabilité, à l'uniformité. Elles auront ainsi façonné des races naturelles ; elles n'auront pas pour cela donné naissance à des espèces.

Les faits ne manqueraient pas pour montrer que telle est l'origine de ces races sauvages parfois si différentes de la souche mère, et si constantes dans certaines localités, qu'on a pu s'y tromper en jugeant par la forme seule. Je me borne à citer l'exemple des cerfs de Corse et d'Algérie. Tous deux se distinguent aisément de nos cerfs d'Europe. Regardés comme indigènes, ils ont reçu des noms particuliers, et figurent comme espèces distinctes dans les écrits de plusieurs naturalistes éminents. Or, les témoignages formels d'Hérodote, d'Aristote, de Polybe, de Pline, constatent qu'à l'époque grecque et romaine le cerf n'existait ni en Corse ni en Afrique. Il faut donc admettre, ou bien qu'il y est né par génération spontanée, ou bien qu'il y a été transporté depuis le règne de Titus. En présence d'une pareille alternative, personne n'hésitera, je pense, à regarder le cerf européen comme le père de ces deux races.

Mais, en changeant de patrie, notre cerf a changé de caractères. En Corse surtout, il a perdu près de moitié de sa taille et transformé ses proportions générales de telle sorte, que Buffon l'appelle un *cerf basset*. Il a de plus modifié ses bois. A-t-il donné pour cela naissance à une espèce nouvelle ? Non, car un de ces animaux, pris jeune et élevé chez Buffon, est devenu en quatre ans beaucoup plus grand, plus beau, que des cerfs de France plus âgés et regardés pourtant comme étant de belle taille [1].

étude du genre Sphécode (*Études hyménoptérigues,* dans *Annales de la Société entomol de France,* 1865). L'habile et patient observateur a constaté que le *Sph. gibbus* présente à lui seul quatre races ou variétés principales, et seize variétés secondaires, qui presque toutes ont reçu des noms spécifiques. Chez les animaux comme chez les végétaux, ces espèces polymorphes sont doublement importantes, soit au point de vue dont il s'agit ici, soit surtout au point de vue du croisement. Il est évident qu'on pourrait facilement croire avoir obtenu une *hybridation,* tandis qu'on n'aurait opéré qu'un simple *métissage,* si on les prenait pour sujet d'expérience.

1 Buffon, *Histoire naturelle.* — Isidore Geoffroy a traité cette question avec quelque

La nature, avec l'aide du temps, aurait-elle complété la métamorphose, transformé plus encore le cerf de Corse, et fait de lui une espèce vraiment distincte de la souche parente ? Oui, répondraient Lamarck, Darwin, M. Naudin et leurs disciples. Non, n'hésité-je pas à dire. Pour juger de quel côté est la vérité, appelons-en à l'expérience, à l'observation.

Interrogeons d'abord les résultats fournis par l'étude de forme seule. Ici nous rencontrons le fait général que je signalais tout à l'heure. Dans toutes les espèces partiellement soumises, les variétés et les races sont plus nombreuses, plus tranchées parmi les représentants domestiques que parmi les représentants sauvages. L'expérience, d'accord avec la théorie, qui seule me paraît vraie, atteste que l'homme est plus puissant que la nature quand il s'agit de modifier les organismes vivants. Or, nous avons eu beau pétrir et transformer ces organismes, nous n'avons fait que des races, jamais des espèces. Comment la nature, qui ne nous a même pas égalés dans cette voie partout où nous avons pu comparer ses œuvres aux nôtres, nous aurait-elle surpassés ailleurs ? Affirmer qu'il en est ainsi, c'est substituer à ce que nous *savons* une *possibilité* évidemment bien peu probable.

A ne juger que par ce qui nous est connu, la morphologie seule autorise à penser que jamais une espèce n'en a enfanté une autre par voie de dérivation ou de transformation résultant d'actions naturelles plus ou moins analogues aux procédés que nous employons pour obtenir des races.

La physiologie est bien plus explicite encore.

Constatons d'abord que, sur ce terrain-là aussi, l'homme s'est montré plus puissant que la nature. Dans nos végétaux cultivés, dans nos animaux domestiques, ce n'est pas seulement la forme qui est changée, ce sont aussi et surtout les fonctions. Si nous n'avions fait que grossir et déformer nos fruits et nos légumes, ils seraient restés immangeables. Il a fallu, pour les approprier à nos besoins et aux exigences de notre goût, réduire dans toute la production de certains éléments, multiplier le développement de certains autres, c'est-à-dire modifier la nutrition et la sécrétion. Si ces mêmes fonctions étaient restées ce qu'elles étaient chez les souches animales

détail, mais il a oublié de rappeler l'expérience si concluante de Buffon *(Histoire naturelle générale,* t. III).

sauvages, nous n'aurions pas nos races de moutons à laine fine et nos moutons de boucherie, nos bœufs de labour, nos durhams et nos races laitières, nos énormes limoniers et le cheval de course ; si les instincts eux-mêmes n'avaient obéi à l'action de l'homme, nous n'aurions pas dans le même chenil le chien d'arrêt et le chien courant. — Rien de pareil n'existe dans la nature ; rien ne permet de supposer que quoi que ce soit d'analogue, se produise jamais spontanément.

La supériorité de l'homme n'apparaît pas moins vivement dans l'étude de la fonction, la plus en rapport avec les problèmes qui nous occupent.

Les phénomènes de la reproduction touchent évidemment à ce qu'il y a de plus intime dans les êtres vivants. À l'état sauvage, les oscillations, comme nous l'avons dit, en sont fort peu étendues. Il suffit de se rappeler le petit nombre d'hybrides naturels rencontrés chez les végétaux eux-mêmes, l'absence absolue de ces mêmes hybrides chez des représentants des plus élevés du règne animal [1]. Eh bien ! dès que l'homme est entré dans cette voie de recherches, il a multiplié les hybrides. Il en a obtenu, parfois même sans le vouloir, comme il produit des races sans chercher à en faire. Bien plus, il est parvenu, *une seule fois,* il est vrai, à maintenir pendant plus de vingt générations une lignée provenant de deux espèces distinctes et qui a échappé jusqu'à présent à la variation désordonnée comme aux phénomènes du retour. Néanmoins l'*Aegilops speltæformis* rentre dans la catégorie de ces produits dont on doit à la volonté humaine et la formation et la durée tout artificielle. Les expériences de M. Godron montrent jusqu'à l'évidence qu'abandonnée à l'action des forces naturelles, cette race hybride disparaîtrait, et probablement dès la première génération.

La seule exception connue jusqu'à ce jour confirme donc elle-même de la façon la plus formelle la loi générale qui ressort de tous les phénomènes résumés dans le chapitre précédent. Or, cette loi est incompatible avec toute doctrine qui, comme celles deLamarck, de Darwin, de M. Naudin, tend à confondre l'espèce et la race.

Huxley ne s'y est pas trompé. Quelque partisan qu'il soit des idées générales de son savant et ingénieux compatriote, il a fort bien

1 Is. Geoffroy Saint-Hilaire, *Histoire naturelle générale,* chap. X.

compris que là est le côté faible d'une théorie qu'il défend, comme il a soin de le dire, non pas en avocat, mais en homme de science qui cherche avant tout la vérité. Dans ses appréciations générales, il fait, il est vrai, la part trop large aux caractères de morphologie anatomique, lorsqu'il déclare n'y trouver aucune objection à la doctrine de Darwin. Mais du moins il leur oppose les caractères physiologiques, surtout ceux du croisement, et apprécie ici la portée des faits à bien peu près comme moi-même. Aussi, tout en rappelant les côtés séduisants de la théorie darwinienne, tout en insistant sur les horizons nouveaux qu'elle ouvre à la science, sur les progrès que, selon lui, elle ne peut manquer de provoquer, l'éminent naturaliste conclut-il en disant : « J'adopte la théorie de M. Darwin, sous la réserve qu'on fournira la preuve que des espèces physiologiques peuvent être produites par le croisement sélectif [1]. »

Cette réserve est certainement des plus graves. En la faisant, Huxley savait bien que *pas un seul fait* ne répond à son *desideratum*. Pourtant elle n'atteint pas le fond même de la doctrine, et il en est de plus sérieuses.

Si l'on obtient jamais par le croisement de deux espèces primitivement bien distinctes une lignée intermédiaire par ses caractères, ne variant que dans les limites habituelles, se multipliant et subsistant *sans l'intervention de l'homme,* présentant avec les espèces voisines et en particulier avec les espèces souches les phénomènes de l'hybridation, on aura sans doute montré que l'art humain peut franchir la barrière qui sépare la race de l'espèce. Il resterait encore à démontrer que la nature peut en faire autant. Il resterait à prouver par des faits que la résultante des forces naturelles *abandonnées entièrement à elles-mêmes* peut dans certains cas produire un effet semblable à celui que réalise cette même résultante *modifiée par l'homme.* — Ce fait est bien peu probable, on en conviendra.

Fût-il acquis à la science, l'exactitude des vues de Darwin serait-elle pour cela démontrée ? — Non. On aurait seulement justifié dans une certaine mesure les idées professées par Linné dans les derniers temps de sa vie, alors qu'il regardait toutes les plantes d'un même genre comme descendant d'une souche commune par voie d'hybridation.

---

1 *De la place de l'homme dans la nature,* chap. II.

Or, l'hybridation n'intervient point dans la formation première des espèces telle que la présentent les doctrines transformistes. Pour qui admet en particulier la dérivation graduelle et lente, pour Lamarck comme pour Darwin, toute espèce nouvelle commence par une *variété,* qui transmet à ses descendants ses caractères exceptionnels, et constitue d'abord une *race,* distinguée seulement par des caractères morphologiques, mais destinée à s'isoler plus tard physiologiquement. C'est ce dernier résultat dont il faut prouver la réalité. Il s'agit de faire voir, non pas que *deux espèces* peuvent se croiser et donner naissance à une lignée à la fois distincte et féconde, mais bien qu'il arrive un moment où *deux races,* jusque-là fécondes entre elles, perdent la faculté de se croiser. Là est le vrai *desideratum.*

Eh bien ! nous savons par Darwin lui-même à quoi nous en tenir sur ce point. De toutes ses recherches, si longues et si sérieuses, il a conclu qu'on ne connaît pas un seul cas de croisement infécond entre races animales, et qu'entre races végétales tout ce qu'il a été possible d'apercevoir, c'est une certaine inégalité de fécondité.

Voilà les faits. — Certes, quand ils sont attestés par l'auteur même d'une théorie dont ils sapent la base, on peut, *on doit* les regarder comme absolument inattaquables.

Lamarck semble ne pas avoir même pensé qu'il y eût là rien qui pût ébranler ses doctrines. Darwin, au contraire, a bien compris tout ce que cette objection avait de grave, et s'est efforcé de concilier avec sa théorie les faits que sa loyauté habituelle lui faisait reconnaître tout le premier. Pour expliquer la fécondité continue des races domestiques, il s'étaye de l'opinion de Pallas, qui regardait la domestication comme tendant à accroître la fécondité, et par cela même à faire disparaître la stérilité des unions hybrides [1]. La même cause, dit Darwin, a dû entretenir la possibilité des croisements féconds entre toutes les races qui se produisent sous l'action de l'homme [2].

J'ai quelque peine à comprendre la portée de cet argument ou mieux de cette hypothèse. Il serait facile de montrer par de nom-

---

1 Pallas croyait à la multiplicité des origines pour les races domestiques, et c'est pour lever la difficulté résultant de la fécondité des races les plus différentes qu'il avait imaginé cette hypothèse.

2 *De la variation des animaux et des plantes,* t. II, chap. XVI.

breux exemples tirés de l'ouvrage même du savant anglais combien l'action de la domesticité diffère selon les espèces. S'il en est qui se reproduisent aisément en captivité, s'il en est dont la fécondité s'est accrue, il en est d'autres qui, hors de l'état sauvage, deviennent entièrement infécondes, quoique jouissant d'une santé parfaite, quoique entièrement acclimatées sous tous les autres rapports à ce nouveau milieu. Il suffit de citer l'éléphant, que les Indiens ont su soumettre depuis les temps historiques, qui se plie si vite et si complètement à tout ce qu'on lui demande, qui vit plus d'un siècle en captivité. Évidemment il est placé exactement dans les conditions de nos animaux domestiques proprement dits [1]. Or, dans l'Inde, il ne se reproduit à peu près jamais chez son maître, bien que souvent les instincts naturels semblent parier haut dans les deux sexes, au point qu'on est alors forcé de prendre des précautions spéciales [2]. On voit combien peu la règle de Pallas est applicable à l'éléphant.

En tout cas, il ne peut être question de cette règle quand il s'agit des plantes ou des animaux sur lesquels l'homme n'a jamais mis la main. Quelle est donc la cause qui chez eux vient mettre un terme à la fécondité entre races et isoler physiologiquement une espèce ?

Voici la réponse bien instructive qu'après un minutieux examen Darwin fait à cette question fondamentale. « Les espèces, dit-il, ne devant pas leur stérilité mutuelle à l'action accumulatrice de la sélection naturelle, et un grand nombre de considérations nous montrant qu'elles ne la doivent pas davantage à un acte de création, nous devons admettre qu'elle a dû naître incidemment pendant leur lente formation et se trouver liée à quelques modifications inconnues de leur organisation [3]. »

Ai-je besoin d'insister sur la portée de ces paroles ? Nous avons déjà vu *l'accident* invoqué comme ayant donné naissance aux caractères de supériorité qui seuls ont le pouvoir de mettre en jeu la sélection et d'enfanter des races ; nous le retrouvons comme pouvant seul isoler celles-ci et parachever les espèces. *L'accident,* tel est donc le principe et la fin de la formation de toute espèce nouvelle ;

---

1 Isidore Geoffroy a très-justement distingué les animaux simplement *apprivoisés* des animaux *domestiqués*. Les premiers, quoique parfaitement soumis à leur maître, ne se propagent guère en captivité. L'éléphant peut en être regardé comme le type.
2 Crawfurd, cité par Darwin, assure qu'à l'est d'Ava l'espèce se propage parfois en captivité.
3 *De la variation des animaux et des plantes,* t. II, chap. XIX.

la sélection n'y est pour rien, elle ne peut que façonner des races. — Voilà en réalité le dernier mot de la doctrine darwinienne, tel qu'il ressort de la déclaration formelle que je viens de citer.

Assurément l'auteur de la théorie n'acceptera pas la conséquence que je tire de ses paroles. Il ne pouvait d'ailleurs y attacher le sens réel qui ressort de notre étude. Grâce au peu de précision dans lequel il laisse ses propres conceptions dès le début de son travail [1], à la notion toute morphologique qu'il s'est vaguement faite de l'espèce, à l'obligation où il s'est placé de confondre l'espèce et la race, il assimile l'infécondité des croisements hybrides à toute autre modification physiologique accidentellement développée dans une race domestique ou existant d'une espèce à l'autre dans le même genre, et ne lui accorde pas plus d'importance. « La stérilité des espèces croisées dépend de la différence portant sur le système sexuel, dit-il. Pourquoi donc leur attribuer une importance plus grande qu'aux autres différences constitutionnelles, quelle que soit l'utilité indirecte qu'elles puissent avoir en contribuant à maintenir distincts les habitants d'une même localité [2] ? »

Cette conclusion est logique ; elle ressort inévitablement non-seulement de la théorie de Darwin, mais aussi de celle de Lamarck, comme de toute doctrine admettant la formation des espèces par voie de dérivation lente. Eh bien, s'il est permis déjuger d'une hypothèse par ses conséquences, celle-ci me paraît de nature à éclairer le lecteur.

En fait, si dans le monde organisé il existe quelque chose qui doive frapper même un observateur superficiel, c'est l'ordre et la constance que nous y voyons régner depuis des siècles ; c'est la distinction qui se maintient entre ces groupes d'êtres que Darwin et Lamarck appellent comme nous des espèces, alors même que, par les formes générales, les fonctions, les instincts, les mœurs, elles se ressemblent à ce point qu'on a quelquefois de la peine à les caractériser. Certes, la cause qui maintient cet ordre, cette constance à la surface entière du globe, est d'une tout autre importance que n'importe quelle particularité en rapport seulement avec la vie in-

1 *De l'origine des espèces,* chap. II.
2 *Variations des animaux et des plantes,* chap. XIX, *Conclusion.* — Darwin semble oublier ici que la stérilité n'existe pas seulement entre habitants d'une même localité, et que celle considération est une de celles qui l'ont conduit à regarder la stérilité des hybridations comme due à d'autres causes qu'à la sélection.

dividuelle ou l'existence toute locale d'une race domestique.

Or, cette cause est simple et unique. Supprimez l'infécondité entre espèces ; supposez que les mariages entre les espèces sauvages deviennent en tous sens et indéfiniment féconds, comme ils le sont dans nos colombiers, nos étables, nos chenils, entre les races domestiques, à l'instant même que va-t-il se passer ? Les barrières entre espèces, entre genres, sont enlevées ; des croisements s'opèrent dans toutes les directions ; partout apparaissent des types intermédiaires, partout disparaissent et s'effacent progressivement les distinctions actuelles. Je ne vois pas où s'arrêterait la confusion. Tout au moins des ordres entiers et bien probablement les classes elles-mêmes ne présenteraient, après quelques générations, qu'un ensemble de formes bâtardes, à caractères indécis, irrégulièrement alliées et entrelacées, où le désordre irait croissant, grâce au mélange de plus en plus complet et à l'atavisme, qui bien longtemps sans doute lutterait avec l'hérédité directe. — Ce n'est pas là un tableau de fantaisie. Tout éleveur à qui on demandera ce que produiraient les libres unions entre les cent cinquante races de pigeons reconnues par Darwin, entre les cent quatre-vingts races de chiens qui ont figuré à nos expositions, répondra certainement comme moi.

L'infécondité entre espèces a donc dans le monde organique un rôle à peu près analogue à celui que joue la pesanteur dans le monde sidéral. Elle maintient la distance zoologique ou botanique entre les espèces, comme l'attraction maintient la distance physique entre les astres. Toutes deux ont leurs perturbations, leurs phénomènes inexpliqués. A-t-on pour cela mis en doute le grand fait qui fixe à leur place le dernier des satellites aussi bien que les soleils ? Non. Peut-on pour cela nier le fait qui assure la séparation des espèces les plus voisines comme celle des groupes les plus éloignés ? Pas davantage. En astronomie, on rejetterait d'emblée toute hypothèse en opposition avec le premier. Bien que la complication des phénomènes soit beaucoup plus grande en botanique et en zoologie,, l'élude sérieuse conduira toujours à repousser toute doctrine en désaccord avec le second.

L'art humain pourra enfanter des résultats qui sembleront d'abord ne pas se plier aux règles de l'hybridation ; il l'a déjà fait une fois, il le fera sans doute encore. Il n'aura pour cela ni changé la loi naturelle et générale, ni démontré qu'elle n'existe pas ; de même qu'en dominant une force physico-chimique tantôt par d'autres forces, tantôt par ses propres lois, nous ne prouvons rien contre elle et ne la modifions point.

Ce n'est pas seulement à notre époque et aux temps relativement modernes que s'applique ce qui précède.

Malgré ce qu'ont d'incomplet les renseignements empruntés à la paléontologie, cette science est assez avancée pour qu'on puisse affirmer l'existence de l'espèce aux plus anciennes périodes zoologiques. Or, le groupe fondamental des deux règnes organiques apparaît dans ces âges reculés avec tous les caractères morphologiques que nous constatons autour de nous, tantôt relativement fixe, tantôt plus ou moins variable, tantôt méritant l'épithète de polymorphe, mais pas plus que certains mollusques vivants ou que nos éponges. Quand le nombre des pièces réunies est suffisant, on constate parfois l'existence de variétés et de races groupées autour de la forme spécifique fondamentale, tout comme s'il s'agissait d'êtres contemporains. Rien ne vient contredire ces témoignages si positifs. Toutes choses égales d'ailleurs, les espèces fossiles sont aussi tranchées, aussi distinctes que les espèces actuelles.

Tout donc nous conduit à conclure que les lois n'ont pas plus changé dans le monde organique que dans le monde inorganique ; et que, dès les temps paléontologiques, l'hybridation et le métissage réglaient le rapport des espèces et des races comme ils le font de nos jours. Admettre qu'il a pu en être autrement d'une manière soit régulière, soit accidentelle, c'est opposer à *tout ce que nous savons* sur le présent et le passé de notre globe, le *possible, l'inconnu,* en d'autres termes, l'hypothèse prenant pour point de départ notre ignorance même. — Entre ces deux sortes de motifs de conviction, je ne saurais hésiter.

Voilà pourquoi je ne puis trouver dans une transformation graduelle et lente l'origine des espèces ; pourquoi je ne puis accepter, même à titre provisoire, aucune doctrine reposant sur cette donnée générale, quelque séduisante qu'elle puisse paraître et de quelque grand nom qu'elle s'étaye ; pourquoi, *au nom de la science,* je crois devoir combattre le darwinisme aussi bien que les hypothèses de Lamarck.

Chapitre VIII
THÉORIES DE LA TRANSFORMATION BRUSQUE. — REPTILES ET OISEAUX. — GÉRYONIDES ET AEGINIDES. — AXOLOTIS ET AMBLYSTOMES. — CONCLUSION.

En réalité, le transformisme n'a mérité d'être considéré comme une doctrine que grâce aux hommes qui ont pris la transformation lente pour base de leurs conceptions. Chez eux seulement, nous trouvons un corps d'idées coordonnées, embrassant l'ensemble des phénomènes, et s'efforçant d'en rendre compte par l'application logique de principes fondés eux-mêmes sur l'observation.

Les naturalistes qui, pour expliquer l'origine des espèces éteintes ou vivantes, ont eu recours à l'hypothèse d'une transformation brusque, ceux qui admettent le passage immédat d'une espèce ou d'un type à l'autre, ne présentent rien de pareil. Ils se bornent assez souvent à indiquer d'une manière générale la possibilité que les choses se soient passées ainsi. Tout au plus invoquent-ils à l'appui de leur manière de voir quelques analogies empruntées d'ordinaire à l'histoire du développement individuel. La plupart ne nous disent rien de la cause prochaine qui produit la transmutation, et jamais leurs explications sur ce sujet ne vont au delà de l'accident.

Geoffroy Saint-Hilaire lui-même, dans le mémoire consacré à l'exposition doctrinale de ses idées, est très-explicite sur ce point [1]. Après avoir montré par des exemples comment le milieu peut modifier les caractères morphologiques et physiologiques, il prend, comme nous l'avons déjà dit, pour exemple la transformation d'un reptile, et ajoute : « Ce n'est évidemment point par un changement insensible que les types inférieurs des vertébrés ovipares ont donné le degré supérieur d'organisation ouïe groupe des oiseaux. Il a suffi d'un accident possible et peu considérable dans sa produc-

---

1 *Sur le degré d'influence du monde ambiant pour modifier les formes animales (Mémoires de l'Académie des sciences*, t. XII). Ce mémoire est le quatrième rédigé par Geoffroy à l'occasion de ses recherches sur les reptiles fossiles du calcaire de Caen.

tion originelle, mais d'une importance incalculable quant à ses effets (accident survenu à l'un des reptiles qu'il ne m'appartient point d'essayer même de caractériser), pour développer en toutes les parties du corps les conditions du type ornithologique. » La manière dont Owen comprend la *dérivation* s'effectuant en vertu d'une tendance naturelle et innée des êtres à dévier du type primitif, indépendamment de toute action extérieure, n'a évidemment rien de plus précis. Enfin M. Daily, en se séparant de Darwin dans sa dernière publication, en se déclarant *transformiste,* dans le sens général du mot, n'a pas été et ne pouvait être plus explicite que ses illustres devanciers [1].

Ce mélange de vague et de hardiesse a ses avantages et ses inconvénients. Toutes les hypothèses qui admettent la brusque séparation des espèces échappent évidemment aux objections tirées de la physiologie. Elles sont en dehors des faits qui rendent inadmissibles les théories reposant sur une transformation lente. La distinction entre l'espèce et la race peut s'accorder avec elles. L'oiseau sorti de l'œuf pondu par un reptile est tout aussi distinct de ce dernier que s'il n'existait entre eux aucun lien de filiation. Les espèces, même voisines, formées par ce procédé se trouvent constituées du premier coup avec tout ce qui les caractérise. Par conséquent, l'infécondité de leur croisement n'a plus rien d'étrange ; et, quelque soient leurs rapports de parenté, la barrière qui les sépare est aussi, parfaite que si elles étaient apparues isolément. A ce point de vue, la conception de Geoffroy et celles qui reposent sur la même donnée fondamentale l'emportent sur celles de Lamarck, de Darwin et de leurs disciples.

Ajoutons qu'en se rattachant aux phénomènes de l'embryogénie et de la tératologie, l'illustre auteur de la *Philosophie anatomique* pouvait invoquer des analogies que les progrès de la science n'ont fait que confirmer. Mieux encore qu'au temps de Geoffroy, nous savons que la caractérisation des types remonte aux premières périodes du développement embryonnaire, et que les monstruosités datent des moments où s'ébauchent les grandes lignes de la future organisation. Les belles et persévérantes recherches de M. Dareste ont bien montré comment une circonstance physique tout extérieure, agissant sur un organisme en voie de se constituer, peut

---

1 *L'ordre des Primates et le transformisme.*

déterminer une déviation des forces formatrices dont l'importance n'apparaît tout entière que par les conséquences qu'elle entraîne. Entre la forme normale et les formes tératologiques résultant de ce qu'on pourrait appeler un *accident régularisé,* il n'y a rien qui rappelle ces nuances intermédiaires qu'exige la théorie de Lamarck ; tout conclut en faveur de Geoffroy. Enfin si celui-ci avait connu la manière dont ont pris naissance les races de bœufs *gnatos,* les moutons *ancon* et *mauchamp,* il n'eût pas manqué de faire remarquer que ces déviations du type s'étaient accusées brusquement, sans transition qui rattachât ces formes aberrantes à leurs ancêtres, à leurs parents immédiats.

Toutefois ce dernier argument est en quelque sorte une arme à deux tranchants. S'il est de nature à être opposé aux idées de Lamarck, il peut également être retourné contre celles de Geoffroy. Quelque exagérées que soient les anomalies apparues chez nos animaux domestiques, elles ne les entraînent jamais hors des limites de l'espèce considérée physiologiquement. Au point de vue de la forme, le gnato s'éloigne de ses frères de toute la distance qui sépare un genre de l'autre ; il est néanmoins resté un vrai bœuf par la facilité de ses croisements avec le bétail ordinaire, par la fécondité des métis résultant de ces unions. Geoffroy, tout aussi bien que Lamarck et Darwin, aurait donc été obligé de supposer que, dans la séparation d'une espèce nouvelle se détachant d'une espèce ancienne, il y a quelque chose de plus et de différent de ce qui s'est passé chez le gnato.

Là pourtant n'est pas l'objection la plus forte à opposer aux hypothèses qui prennent pour base la transformation brusque. Je leur reprocherais bien davantage de négliger entièrement la plupart des grands faits généraux que présente l'empire organique.

Il ne suffit pas d'expliquer par une hypothèse quelconque la *multiplication* des espèces et des types. Il faut surtout rendre compte de *l'ordre* qui règne dans cet ensemble, ordre que nous constatons sur la surface entière du globe, et qui a traversé sans être altéré l'immensité des âges paléontologiques, si bien qu'il se présente à nous comme indépendant de l'espace et du temps. Quand tout change, il reste immuable. Les faunes, les flores, ont beau s'anéantir et se substituer les unes aux autres, la nature des rapports qui relient les êtres contemporains ne change pas pour cela. Ces êtres

Jean-Louis Armand de Quatrefages

se succèdent et viennent tour à tour remplir les cases du cadre de la nature organisée ; ce cadre reste le même. Nos découvertes ont beau se multiplier dans le monde actuel, dans les mondes passés, elles ne font que remplir quelques blancs, que combler quelques lacunes. L'accident sans règle, sans loi, invoqué comme cause prochaine de cette merveilleuse et permanente régularité, peut-il satisfaire l'esprit le moins sévère ? Je ne le pense pas.

À ce point de vue, il faut bien le reconnaître, la conception de Lamarck, celle de Darwin surtout, présentent une incontestable supériorité.

L'objection précédente conserve toute sa force lorsqu'au lieu de chercher des analogies dans les seuls faits connus de Geoffroy et de ses contemporains, on les demande aux phénomènes de la généagenèse. M. Gubler est, ce me semble, le premier qui ait eu la pensée de ce rapprochement ; mais il s'est borné à l'indiquer comme étant de nature à ajouter une hypothèse de plus à toutes celles qu'on a imaginées pour expliquer l'origine des espèces [1]. Un naturaliste allemand, qui doit à ses nombreux et importants travaux une juste célébrité, M. Kœlliker, a insisté d'une manière plus sérieuse sur cette application des découvertes modernes [2]. Prenant pour point de départ les divers degrés de la généagenèse et la succession des formes dans le développement embryonnaire, il admet que les êtres vivants peuvent en engendrer d'autres, séparés de leurs parents par des caractères d'espèce, de genre, d'ordre et même de classe. Cette dernière distance existe en effet de la larve sortie d'un œuf de méduse au polype hydroïde qu'elle produit par métamorphose, de celui-ci à la méduse parfaite que ce polype engendre par bourgeonnement.

Ainsi d'un être fort semblable à un infusoire sortent sous nos yeux des polypes hydraires, puis des acalèphes. Or, ces trois types, reliés dans certains cas par une filiation ininterrompue, sont dans d'autres circonstances entièrement indépendants l'un de l'autre. L'hydre verte n'engendre que des hydres, soit par œufs, soit par bourgeons, et il existe des méduses qui n'enfantent que des mé-

1 *Préface d'une réforme dès espèce fondée sur la variabilité restreinte des types organiques en rapport avec leur faculté d'adaptation aux milieux. (Bulletin de la Société botanique de France*, 1862.)

2 *Ueber die Danvin'sche Schopfungstheorie. (Zeitschrifl fur wissenschaftliche Zoologie*, 1864.)

duses. Ne peut-on pas penser que ces hydres, ces méduses, ont fait autrefois partie de quelque cycle généagénétique ? Ne peut-on pas se demander si chaque jour les cycles dont nous constatons l'existence ne laissent pas échapper quelques individus qui, se propageant sous la forme devenue pour eux définitive et la transmettant à leurs fils, font souche d'espèces nouvelles ? La propagation par bourgeons et par formes très-distinctes n'existant pas d'ailleurs partout, surtout chez les animaux plus élevés, Kœlliker y supplée en admettant qu'un œuf normalement fécondé pourrait bien parfois dépasser le terme de son développement ordinaire et donner ainsi naissance à une organisation supérieure. Les ressemblances plus ou moins réelles, mais toujours temporaires, que l'embryon ou la larve d'un animal supérieur présente assez souvent avec les espèces inférieures, lui semblent témoigner en faveur de ce mode de perfectionnement des types spécifiques.

Kœlliker a pu croire un moment que sa conception allait pouvoir s'appuyer, non plus seulement sur des analogies très-discutables, mais sur un fait d'observation. Un naturaliste allemand bien connu par de nombreuses recherches et d'importantes publications, M. Hœckel [1], a trouvé dans les mers de Nice des larves qu'il regarde comme provenant d'un œuf régulièrement fécondé et qui se sont transformées sous ses yeux en une géryonie, méduse appartenant à un type dont les organes rayonnants sont au nombre de six ou d'un multiple de ce nombre [2]. Cette géryonie produirait, d'après le naturaliste allemand, directement et par bourgeons, des *Cunina*, méduses dont les mêmes organes sont au nombre de huit ou d'un multiple de ce nombre [3]. Les types sont donc différents. Or des observations de M. Hœckel il résulterait que les *Cunina* acquièrent au bout d'un temps donné les attributs mâles et femelles qui caractérisent l'état parfait. Tout indiquerait par conséquent qu'elles peuvent se propager indépendamment des géryonies qui leur auraient donné naissance par généagenèse.

S'il en était ainsi, si les deux formes médusaires restaient isolées

---

1 M. Hseckel a publié entre autres un grand ouvrage dans lequel l'ensemble du règne animal est envisagé au point de vue des idées de Darwin, et accompagné de classifications détaillées regardées par l'auteur comme autant de généalogies *(Generalle Morphologie des Organismes)*.

2 *Geryonia (Carmarina) hastata*, de la famille des *Géryonides*.

3 *Cunina rhododactyla*, de la famille des *AEginides*.

à partir de ce moment sans revenir l'une à l'autre, si toutes deux se propageaient par de véritables œufs, M. Hœckel aurait assisté à l'un de ces faits que suppose la théorie de Kœlliker. Une espèce aurait pris naissance sous ses yeux par *hétérogenèse*, et l'habile observateur a cru pouvoir conclure qu'il en est bien ainsi [1].

La grave question soulevée par M. Hseckel serait pourtant loin d'être résolue, même en acceptant les faits tels qu'il les a présentés. Du reste, l'éminent naturaliste reconnaît lui-même ce que ses études ont d'incomplet, et signale les questions nombreuses qui restent à éclaircir.

La première serait évidemment de mettre hors de doute la production sexuelle des géryonies. Ce fait fondamental ne résulte encore que de simples analogies avec ce qui a été observé dans un genre voisin. Ici même l'origine ovulaire des larves n'a pas été constatée directement. La conclusion de M. Hœckel n'a donc pas encore de base réelle. Il pourrait bien se faire que les géryonies fussent des descendants généagénétiques des *Cunina*. M. Hœckel n'a jamais rencontré ces deux sortes de méduses isolées l'une de l'autre. Cela seul doit faire supposer des relations bien étroites.

Pour ce motif et pour beaucoup d'autres, le professeur Allman a pensé qu'on ne peut voir dans la production des *Cunina* qu'un fait de généagenèse, compliqué probablement par quelques phénomènes de polymorphisme analogues à ceux qu'ont découverts dans le règne végétal les botanistes modernes [2]. Là surtout on aurait pu croire à des transmutations subites, d'autant plus que les corps reproducteurs eux-mêmes présentent des différences morphologiques parfois très-grandes d'un stade du développement à l'autre ; pourtant, l'étude attentive des phénomènes a montré combien on se serait mépris en les interprétant dans le sens de l'hétérogenèse. On doit s'attendre à trouver chez les invertébrés inférieurs des faits de même nature, et déjà le savant anglais que je viens de citer en a signalé qui semblent rentrer dans cette catégorie. - Ainsi, même en regardant comme incontestable l'ensemble des phénomènes annoncés par Hœckel, l'apparition hétérogénétique d'une espèce

---

1 *On a new Form of alternation of Génération in the Méduse and on Relationship of the Geryonida and AEginida (Annals and Magazine of natural History,* 1865) ; traduit de l'allemand.
2 *Notes on the Hydroida. (Annals and Magazine of natural History,* 1865.)

nouvelle de méduse ne serait rien moins que démontrée.

Mais cet ensemble a pour point de départ le bourgeonnement des *Cunina* sur les géryonies, et c'est ce fait initial lui-même que Steenstrup conteste. Se fondant sur les circonstances entièrement exceptionnelles que présenterait ici ce phénomène et sur les notions déjà acquises relativement aux habitudes et au genre de vie d'espèces voisines, l'éminent fondateur de la théorie des générations alternantes ne voit dans la présence des *Cunina* sur les géryonies qu'un simple fait de parasitisme. Les preuves que Steenstrup a mises sous mes yeux m'autorisent à dire que je regarde cette opinion comme fondée, et que, jusqu'à ce jour, l'idée fondamentale de la théorie de Kœlliker ne repose sur aucun fait [1].

La pensée qu'un être en voie de développement peut dépasser le point d'organisation où s'étaient arrêtés ses ancêtres et ses propres parents est au fond celle de Geoffroy. Je ne connais rien dans l'histoire de l'embryogénie proprement dite qui puisse la justifier. On pourrait bien plutôt invoquer en sa faveur un fait fort singulier qui s'est passé au Muséum même, et dont les preuves vivantes existent encore dans notre ménagerie des reptiles, si ce fait n'exigeait encore de longues et sérieuses études. Je veux parler de la transformation des *axolotls* en *amblystomes*.

Ces deux genres font partie du groupe des *batraciens urodèles,* ainsi nommés parce qu'ils conservent pendant toute leur vie la longue queue qui disparaît chez les grenouilles et les crapauds arrivés à l'état adulte. Les axolotls sont des animaux exclusivement aquatiques, respirant à la fois l'air en nature et l'air dissous dans l'eau. Ils ont en conséquence des poches pulmonaires analogues à celles des autres reptiles, et des branchies bien développées qui forment de chaque côté du cou, trois paires de houppes. Leur queue, organe essentiel de la natation, est large, comprimée, et, comme celles de nos tritons ou lézards d'eau, elle est doublée par une large crête qui s'étend en dessous jusqu'au ventre et en dessus tout le long du dos. Les amblystomes vivent sur terre, ne respirent que par des poumons, ont une queue arrondie et sans crête. Les deux types se distinguent en outre par la disposition des dents, la forme du crâne, la structure des vertèbres. Ces différences organiques en

1 Steenstrup n'ayant pas encore publié son travail sur cette question, on comprend que je ne puis entrer ici dans des développements comme j'aurais aimé à le faire.

Jean-Louis Armand de Quatrefages

rapport avec des genres de vie aussi distincts ont fait placer les axolotls et les amblystomes dans deux familles différentes [1].

Or, en 1864, le Muséum reçut six axolotls, parmi lesquels se trouvait heureusement une femelle. Dès l'année suivante, de la mi-janvier aux premiers jours de mars, celle-ci pondit en deux fois un très-grand nombre d'œufs qui se développèrent très-régulièrement. Aux premiers jours de septembre, les jeunes ne se distinguaient presque plus des parents.

À ce moment, des changements très-étranges se manifestèrent spontanément chez quelques-uns d'entre eux. Les houppes branchiales, les crêtes du dos et de la queue diminuaient, la forme de la tête se modifiait, des taches d'un blanc jaunâtre apparaissaient çà et là sur le fond uniforme du corps. De pareils phénomènes ne pouvaient échapper au savant qui a fait de la ménagerie des reptiles une des parties les plus intéressantes du Muséum. M. Duméril isola ces individus exceptionnels pour en faciliter l'étude, et les observa jour par jour, heure par heure. Il put ainsi suivre pas à pas les progrès de la transformation, voir disparaître un à un tous les caractères des axolotls, et constater qu'en seize jours ils étaient remplacés par ceux des amblystomes. Il s'assura que les changements ne portaient pas seulement sur l'extérieur, mais que les modifications atteignaient la disposition des dents, le squelette de la tête et jusqu'aux éléments de la colonne vertébrale.

À quelque point de vue qu'on envisage ce fait, il est très-remarquable ; mais il est difficile d'en fixer dès à présent la signification réelle. Tous les batraciens subissent des métamorphoses. A l'état de têtards, tous ont des branchies, et le têtard ou larve de nos tritons reproduit en petit les caractères essentiels de l'axolotl. Les modifications qu'il subit en prenant ses formes définitives rappellent en outre à bien des égards celles que présente celui-ci quand il se change en amblystome. La découverte de M. Duméril peut donc être considérée comme justifiant l'opinion de Cuvier, qui regardait l'axolotl comme la forme larvaire de ce dernier. L'éminent professeur du Muséum, dont le savoir spécial accroît ici l'autorité, semble

1 Les axolotls et les amblystomes sont les uns et les autres originaires de l'Amérique du Nord. Les zoologistes des États-Unis ont décrit une vingtaine d'espèces appartenant au second de ces deux genres, et seulement cinq espèces d'axolotls. Celui qui a fait le sujet des observations de M. Duméril vit dans le lac de Mexico, et paraît être le *Siredon lichenoides* de Spencer Baird. (Duméril.)

Deuxième partie

se décider en faveur de cette interprétation. Pourtant, dans son mémoire le plus étendu et le plus complet, il ne s'exprime qu'avec une certaine réserve, et signale lui-même les particularités qui, même en se plaçant au point de vue de la métamorphose, feraient de celle dont il s'agit un fait très-exceptionnel [1].

Les phénomènes du développement des tritons sont parfaitement connus. On sait qu'ils perdent leurs branchies et prennent leurs formes définitives bien avant d'avoir acquis la taille des adultes. Lorsque les têtards sont surpris par l'hiver avant leur transformation, ils restent à l'état de larve jusqu'au printemps. Toutefois ils doivent se transformer et grandir avant de pouvoir se reproduire. Telle est la marche régulière des phénomènes.

Mais il peut arriver que l'animal atteigne les dimensions normales, et que les deux sexes présentent leurs attributs essentiels sans que les caractères les plus frappants de l'état larvaire se soient effacés. Ce fait très-singulier a été constaté par Filippi, un des naturalistes dont l'Italie avait le plus de droit d'être fière. Sur cinquante *tritons alpestres* péchés par lui dans un petit étang de la Suisse, à peine s'en trouva-t-il deux qui eussent perdu leurs branchies. Les dents, la colonne vertébrale, conservaient plus ou moins les caractères larvaires. Cependant tous avaient la taille des adultes, et les éléments delà reproduction étaient parfaitement développés chez les mâles comme chez les femelles [2]. En rapprochant cette observation de ce qui s'est passé au Muséum, M. Duméril a été parfaitement autorisé à dire : « L'exemple des tritons prouve qu'un batracien urodèle peut se reproduire à l'état de larve. Rien n'empêche donc de considérer les axolotls comme de vraies larves dont les amblystomes ne sont que l'état parfait. »

---

1 M. Duméril a fait connaître avec détail ses observations et ses expériences sur les axolotls dans deux mémoires principaux insérés, l'un dans les *Nouvelles Archives du Muséum,* t. II, l'autre dans les *Annales des sciences naturelles,* 5e série, t. VII. Il vient de revenir sur le même sujet dans une communication à l'Académie des sciences (*Comptes rendus,* 11 avril 1870).

2 *Archivie per la Zoologia,* t. I. C'est au mois d'août, près d'Acdermatten, au lieu nommé Puneigen, que Filippi a fait cette curieuse observation. Il y aurait un intérêt très-réel à visiter de nouveau cette localité à la même époque, afin de voir s'il s'agit d'un fait accidentel et temporaire, ou bien si les tritons de Puneigen présentent constamment cette remarquable anomalie dans leur développement. Il ne sera pas moins intéressant de rechercher si le fait signalé par Filippi se retrouve ailleurs que dans la localité où il a été observé pour la première fois.

Jean-Louis Armand de Quatrefages

Il me paraît pourtant difficile d'assimiler à une simple métamorphose la transformation dont il s'agit ici.

Chez les tritons comme chez tous les animaux à transformations normales, la métamorphose est un phénomène général qui peut présenter des anomalies, mais qui n'en existe pas moins. Or, tel n'est pas le cas pour les axolotls du Muséum. Les reproductions se sont multipliées depuis l'époque à laquelle remontent les observations de M. Duméril. Plus de trois mille individus ont été élevés dans nos aquariums. Il en a été distribué sur une foule de points en France et à l'étranger, dans le nord et dans le midi de l'Europe. Eh bien ! la métamorphose en amblystomes ne s'est accomplie à Paris, au Muséum et dans quelques autres aquariums, que sur *vingt-neuf* individus. Un autre fait de même nature s'est produit à Wurtzbourg, chez Koelliker, et à Naples, sous les yeux de M. Panceri [1]. Voilà tout. En outre, quelques axolotls du Muséum ont paru vouloir éprouver des changements analogues, mais se sont arrêtés à mi-chemin. M. Duméril a eu l'ingénieuse idée de pousser pour ainsi dire à la transformation en forçant un certain nombre d'individus à respirer avec leurs poumons seuls, et pour cela il a excisé totalement les branchies. La plupart des opérés ont réparé cette perte et ont continué à vivre comme auparavant. Spontanées ou provoquées, les transformations sont à peu près dans la proportion de 1 pour 200 seulement ; elles ne se sont montrées dans l'aquarium du Muséum que pendant les deux premières années de la reproduction des axolotls, et semblent avoir cessé.

Un phénomène aussi rare et aussi irrégulier diffère évidemment des métamorphoses ordinaires. D'autres considérations plus graves justifient cette conclusion.

L'état parfait d'un animal, acalèphe, insecte, reptile ou mammifère, s'accuse bien moins par la forme que par l'apparition des éléments mâles et femelles, par la possibilité de se reproduire au moyen d'œufs fécondés. Sur ce point, il n'y a pas de divergence entre les zoologistes ; et cela même permet de ne pas s'égarer au milieu des phénomènes complexes de la généagenèse et du polymorphisme. Là aussi se trouve l'explication du fait observé par Filippi. Les tritons alpestres, qui avaient acquis la taille et les carac-

---

1 *Bulletino dell' Associasione dei naturaliati e medici pcr la mutua istruzione,* gennaio 1870.

tères essentiels de l'adulte, étaient bien arrivés à cet état ; seulement il y avait eu chez eux un arrêt partiel de la métamorphose comme on en a signalé depuis longtemps chez les insectes eux-mêmes, où la nature du phénomène est indiscutable [1]. Malgré leurs formes larvaires, nos axolotls sont bien aussi des animaux adultes ; car ils se reproduisent très-régulièrement et avec toutes les circonstances caractéristiques de l'état normal. A en juger par l'analogie, on ne voit donc aucune raison pour qu'ils changent d'état et passent à une forme organique supérieure.

Enfin, quand le triton perd ses branchies, quand il revêt sa forme définitive, c'est précisément, comme chez tous les animaux à métamorphoses connus jusqu'ici, pour acquérir les facultés reproductrices. Or, c'est précisément le contraire qui semble se passer chez les amblystomiens résultant de la transformation des axolotls. Aucun d'eux n'a encore donné signe de tendance à se reproduire, soit avec ses frères transformés comme lui, soit avec ceux qui ont conservé leurs formes premières. Les tentatives réitérées faites par M. Duméril dans le but de favoriser les unions n'ont jusqu'ici abouti à rien. On dirait qu'ici un excès de métamorphose produit une forme organique plus élevée, mais impuissante à se propager.

Toutefois, l'amblystomien issu de l'axolotl n'est pas neutre à la manière des abeilles ouvrières, par exemple, chez lesquelles un arrêt de développement transforme les organes reproducteurs au point qu'ils deviennent méconnaissables et que leurs fonctions disparaissent en entier. Les recherches récentes de M. Duméril ont montré que, chez lui, ces organes conservent leurs formes, et jusqu'à un certain point leurs fonctions. Grâce à mon éminent collègue, j'ai pu répéter cette curieuse observation. Comme lui, j'ai vu des œufs, — mais ils étaient d'un volume moindre que ceux des axolotls non transformés, — et des spermatozoïdes, — mais dépourvus de la membrane ondulante qui accuse leur développement complet. Dans les amblystomiens dont il s'agit, les éléments mâles et femelles ne se sont donc encore montrés que dans un état d'imperfection qui explique pourquoi cette forme ne s'est pas reproduite.

---

1 Isidore Geoffroy *(Histoire des anomalies)* et Lacordaire *(Introduction à l'Entomologie)* citent plusieurs faits de cette nature. Je rappellerai entre autres l'exemple d'une noctuelle décrite par O. F. Müller, dont le corps de papillon portait une tête de chenille. J'ai constaté des faits analogues sur quelques papillons de vers à soie.

Jean-Louis Armand de Quatrefages

M. Duméril est porté à penser que le travail des organes reproducteurs avait commencé au moment du début des mutations extérieures et internes, et aurait été arrêté par le fait même de ces dernières. Il a été conduit à cette hypothèse par l'observation qu'aucun axolotl ne s'est transformé après avoir dépassé l'âge où ils se reproduisent sous leur forme ordinaire. Le progrès morphologique frapperait ainsi de stérilité l'amblystomien exceptionnellement réalisé.

Mais on peut aussi se demander si l'activité des organes reproducteurs, enrayée par le fait de la métamorphose, ne tend pas au contraire à renaître, et si elle ne reparaîtra pas tout entière avec le temps. Alors les amblystomiens dérivés des axolotls pourraient se reproduire, et nous aurions constaté chez les reptiles un cas de polymorphisme. Ce serait, il est vrai, la première fois que ce phénomène apparaîtrait chez une espèce d'un type aussi élevé ; mais déjà la découverte de véritables métamorphoses chez certains poissons doit nous familiariser avec la pensée que des phénomènes longtemps considérés comme propres aux types inférieurs peuvent exister dans des groupes placés bien avant eux dans nos classifications.

On voit combien la découverte de M. Duméril mérite l'attention des naturalistes ; mais on voit aussi combien il reste d'études à faire pour en comprendre la véritable signification [1].

L'insuffisance même de notre savoir prêterait aisément aux interprétations transformistes. Ces axolotls, qui jusqu'ici se sont reproduits sous leur forme connue ; qui, en majorité énorme, continuent à se propager de même ; qui exceptionnellement franchissent la limite ordinaire de leur organisation, dépassent les tritons et deviennent en quelques jours des amblystomes, semblent réaliser non pas seulement ce qu'avait imaginé Geoffroy Saint-Hilaire, mais ce qu'avait rêvé de Maillet lui-même. Ici ce ne serait plus un embryon, mais bien un animal presque adulte qui, sous l'influence d'un changement de milieu, peut-être aussi a la suite de

---

1 M. Marsh, professeur à New-Haven (États-Unis), a publié une note très-intéressante dans laquelle il fait connaître, comme confirmant la découverte de M. Duméril, les faits qu'il a observés sur un batracien à branchies, originaire du lac Como (montagnes Rocheuses), et qui s'est transformé sous ses yeux en amblystome (*Observations on the Metamorphosis of Siredon into Amblystoma*, in *Journal of Science and Arts*, t. XLVI). Mais M. Baird, qui s'est occupé spécialement des deux types, pense que M. Marsh a pris pour un axolotl une véritable larve d'amblystome.

blessures faites par un habile expérimentateur ou par ses compagnons de captivité [1], passerait brusquement d'un type à l'autre. — Il serait pourtant bien étrange que la vérité fût là où il semble si peu sage d'aller la chercher, que la nature nous gardât cette surprise de donner raison au plus aventureux de tous ceux qui ont tenté d'éclaircir le mystère des origines spécifiques, et que Telliamed eût deviné plus juste que les Lamarck et les Darwin. D'ailleurs, toute conclusion en ce sens serait bien évidemment prématurée.

Jusqu'ici l'amblystomien issu de l'axolotl est une véritable énigme scientifique ; l'invoquer comme argument serait s'appuyer sur l'inconnu. Pour être autorisé à le regarder comme une espèce nouvelle, il faudrait d'abord le voir se reproduire ; puis s'assurer que ses descendants ne retournent pas au type primitif. En fût-il ainsi, il faudrait encore examiner jusqu'à quel point le croisement, facile à obtenir artificiellement entre les deux types, présenterait les caractères du métissage ou de l'hybridation [2]. Enfin, le croisement fût-il en apparence impossible dans nos ménageries, il faudrait encore, comme le faisait observer avec raison M. Chevreul, rechercher s'il en est de même dans la patrie de ces reptiles, car les actions de milieu jouent évidemment un rôle considérable dans les étranges phénomènes que je viens de rappeler.

On le voit, pas plus qu'aucune autre, la théorie de Kœlliker ne peut en appeler à l'expérience, à l'observation. Elle est pourtant, sans contredit, la plus complète de celles qui reposent sur la donnée d'une dérivation brusque. Elle relie un certain nombre de faits ; et les analogies invoquées par l'éminent professeur de Wurtzbourg sont bien plus plausibles que celles dont Geoffroy étayait ses idées. Toutefois les rapprochements faits par Koelliker conservent un caractère entièrement hypothétique, et ne satisfont en aucune manière aux premières conditions d'une doctrine destinée à expliquer la nature vivante.

---

1 M. Duméril a vu dans quelques cas la transformation s'opérer d'une manière plus ou moins complète à la suite de graves mutilations résultant des morsures que les axolotls s'étaient faites mutuellement. Trois individus sur neuf, soumis à l'ablation des branchies, se sont complètement transformés.

2 M. Daily est, je crois, le seul écrivain transformiste qui ait parlé de la transformation des axolotls. Il n'y voit, au reste, qu'un curieux résultat des actions de milieu. (Note de M. Fischer, insérée dans *l'Introduction* de la traduction de l'ouvrage de Huxley.)

En effet, une tendance innée à produire des types plus élevés, se révélant avec plus ou moins d'intensité dans des circonstances indéterminées, rend compte de la multiplication, de la variation, même du perfectionnement des types ; elle ne nous dit rien au sujet de la manière dont les êtres apparus se sont coordonnés dans l'espace et surtout dans le temps. Or, c'est cette coordination qui doit avant tout appeler l'attention de quiconque prétend résoudre les problèmes ardus du monde organique. Qu'on admette une force de transmutation, brusque ou lente, il faut bien reconnaître qu'elle est réglée par *quelque chose* de supérieur et de permanent.

C'est là ce qu'ont parfaitement senti Lamarck et Darwin. Pour déterminer *ce quelque chose,* le premier n'a pas hésité à invoquer les lois établies par le Créateur, auquel il fait remonter l'ordre merveilleux établi et maintenu dans la nature. Par cela même, il reconnaît que la solution du problème fondamental est en dehors de la science humaine. C'est avec les seules ressources de celle-ci que Darwin n'a pas craint d'aborder la difficulté. Nous avons vu comment il a échoué dans cette grande entreprise ; mais du moins il a eu le mérite incontestable de définir clairement la cause première à laquelle il attribuait les modifications des types organiques ; il s'est efforcé de montrer quels en devaient être les effets immédiats, et comment ces effets, devenus causes à leur tour, pouvaient commander d'autres résultats logiquement dépendants des premiers.

Agir autrement que n'a fait le savant anglais ; supposer l'existence d'une faculté métamorphique indéterminée, puis invoquer un plan général de développement sans dire comment il a pu être tracé ; parler des lois de la vie sans en préciser le mode d'action, c'est évidemment fonder une hypothèse sur une autre et rester dans un vague fort peu d'accord avec les exigences de la science moderne. Or, dans l'état actuel de nos connaissances, c'est là qu'en arrivent toutes les théories reposant sur la transformation brusque, et elles ne peuvent faire autrement.

Voilà pourquoi ces théories me paraissent aussi peu acceptables que celles dont la transformation lente forme le point de départ ou la conséquence finale ; pourquoi je me crois obligé de me séparer de Geoffroy, d'Owen, de Kœlliker, tout comme de Lamarck et de Darwin.

Chapitre IX

L'HOMME ET LES THÉORIES
TRANSFORMISTES.

On ne saurait guère examiner les théories transformistes sans parler de l'application qu'on en a faite à l'histoire de notre propre espèce. Les détails généraux dans lesquels je suis entré permettent toutefois de traiter très-brièvement cette question spéciale.

Et d'abord, pour qui admet les transformations brusques, rien n'est plus aisé que d'expliquer l'apparition de l'homme au milieu des autres êtres vivants. Mais la facilité même de la solution d'un pareil problème est de nature à mettre en garde contre elle et contre l'idée première dont elle est la conséquence. Dans toutes les doctrines se rattachant à ce principe et qui ont été formulées avec quelque détail, la transformation peut produire subitement un être distinct de ses ascendants au point d'appartenir même à une autre classe que ses père et mère. Appliquée à l'homme, cette donnée permet de le faire sortir à peu près indifféremment d'un mammifère quelconque aussi bien que d'un oiseau, d'un reptile ou d'un poisson.

Sans entrer dans d'autres considérations, il est, je pense, permis de dire que le vague et l'incertitude de ce résultat suffisent pour le faire rejeter par quiconque tient quelque peu à la précision scientifique.

Les théories qui partent de la transformation lente présentent ici tous les avantages et aussi tous les inconvénients que nous leur avons reconnus. Pour qui en admet les principes, l'existence de l'homme n'est pas plus difficile à expliquer que celle de toute autre espèce animale ou végétale. Lamarck, en invoquant le pouvoir de l'habitude et les déviations accidentelles qu'il reconnaissait ailleurs, a pu très-logiquement faire dériver l'espèce humaine de quelque singe anthropomorphe [1]. Prenant le chimpanzé comme le plus perfectionné de ces animaux, il le montre très-inférieur à l'homme au point de vue du corps et de l'intelligence ; puis il se demande ce qui arriverait, si une race sortie de ce tronc perdait l'habitude de grimper. Il n'est pas douteux, répond-il, que les descendants seraient, après quelques générations, transformés en

---

1 *Philosophie zoologique*, t. I : *Quelques observations relatives à l'homme.*

bimanes. Le désir de voir à la fois au large et au loin leur ferait contracter l'habitude de la station debout. En cessant d'employer leurs dents en guise de défense ou de tenailles, ils les réduiraient aux dimensions des nôtres. Lamarck ne dit pas, il est vrai, quelles habitudes nouvelles auraient perfectionné le cerveau au point d'assurer à ces chimpanzés transformés un empire incontesté sur les autres. Il se borne à admettre cette supériorité, et à montrer qu'elle a pour conséquence le refoulement et l'arrêt du développement des races inférieures, l'extension et le perfectionnement de plus en plus grand de ces singes demi-hommes, qui deviendraient plus tard des hommes complets [1].

Ainsi Lamarck nous donne un singe pour ancêtre. Une croyance presque générale attribue la même opinion à Darwin. Or, le savant anglais n'a rien dit de pareil. Bien plus, cette manière d'envisager la question est incompatible avec sa doctrine. Celle-ci conduit sans doute à rattacher nos propres origines au grand arbre de la vie générale ; mais aussi elle isole forcément le rameau humain de la branche représentée par les divers groupes simiens.

En effet, la loi de caractérisation permanente, conséquence nécessaire de la sélection, ne permet pas aux descendants d'un être à type caractérisé de se mêler aux représentants d'un autre type. Quoique admettant les modifications secondaires, cette loi ne laisse jamais s'effacer l'empreinte originelle. Au point de vue de la caractérisation progressive et des rapports déterminés par cette loi, ce qui s'est passé chez les êtres vivants rappelle, pour ainsi dire, ce qui se passe dans notre société entre élèves d'un même lycée qui, au sortir des bancs, embrassent des carrières différentes. Le polytechnicien ne retrouvera plus ses condisciples devenus étudiants en droit ou en médecine. Lui-même ne tarde pas à se séparer de ses contemporains passés à l'école de Metz, à celle des ponts ou des mines, tandis qu'il a lui-même opté pour la marine. Une fois engagés chacun dans leur voie, ils ont beau avancer, ils restent séparés. Le magistrat ne saurait devenir médecin d'un hôpital ; le marin peut passer amiral, il ne sera jamais ingénieur en chef, pas plus que

1 On ne saurait trop dire jusqu'à quel point Lamarck croyait à sa conception. Il la présente tout à fait comme une hypothèse. « Telles seraient les réflexions qu'on pourrait faire, dit-il en manière de conclusion, si l'homme, considéré ici comme la race prééminente en question, n'était distingué des animaux que par les caractères de son organisation, et si son origine n'était pas différente de la leur. »

Deuxième partie

celui-ci ne saurait aspirer aux épaulettes de général, au bâton de maréchal. L'élève de Saint-Cyr et l'officier du génie ou d'artillerie, arrivés au même grade, ont entre eux leur passé, leurs tendances et leurs connaissances spéciales. Toute grossière qu'elle est, cette comparaison donne une idée approximative de la manière dont la doctrine de Darwin explique l'origine, la formation, la séparation des groupes. La nature des carrières correspond à la différence des types organiques.

Or, depuis bien longtemps les études de Vicq d'Azyr, de Lawrence, de Desmoulins, de Serres, confirmées par les travaux plus récents de Duvernoy, d'Owen, de Huxley, de Gratiolet, d'Alix, ont mis hors de doute l'extrême ressemblance des matériaux anatomiques de l'homme et des singes ; mais en même temps cet ensemble de recherches a fait ressortir de plus en plus la différence des plans réalisés avec ces matériaux. Dans le corps de l'un et des autres, on trouve les mêmes éléments, et l'on peut suivre la comparaison os par os, muscle par muscle, nerf par nerf. Mais tout est disposé pour faire du premier un marcheur et des seconds autant de grimpeurs. Le gorille et le chimpanzé, ces singes anthropomorphes dont on a tant parlé, sont sans doute supérieurs à leurs frères les cynocéphales et les macaques. Toutefois, pour s'être perfectionnés à certains égards, ils n'ont pas changé de type fondamental, et ne peuvent avoir précédé dans l'évolution darwinienne un organisme de marcheur. Devinssent-ils les égaux des hommes, ils resteraient des *hommes grimpeurs*.

Depuis longtemps, j'ai montré que la doctrine de Darwin, logiquement appliquée au type humain, conduit tout au plus à regarder l'homme et les anthropomorphes comme les termes extrêmes de deux séries qui auraient commencé à diverger au plus tard dés l'apparition du singe le plus inférieur. Telle est aussi la conclusion à laquelle sont arrivés les darwinistes sérieux qui avaient semblé un moment prêts à se laisser séduire par la pensée d'une origine simienne.

Dans la *Leçon* où il a traité ce sujet, Filippi paraît d'abord croire à cette origine, et pourtant il se rallie en concluant à une autre opinion. « Les singes, dit-il, sont le rameau cadet et nous le rameau principal du tronc généalogique commun [1]. » Ch. Vogt, qui dans

1 *L'uomo e le scimie.*

ses *Leçons sur l'homme* avait paru un moment prêt à adopter l'hypothèse de l'origine simienne, est revenu bientôt à des idées toutes différentes. Dans le travail très-important qu'a couronné la Société d'anthropologie, tout en plaçant l'homme au nombre des *primates,* il n'hésite point à déclarer que les singes les plus inférieurs ont dépassé dans un certain sens le jalon d'où sont sortis en divergeant les différents types de cette famille [1]. « Nous pourrons, ajoute-t-il, trouver quantité de formes intermédiaires entre les singes actuels, nous n'aurons pas pour cela une solution de fait du problème que nous pose la genèse du genre humain.... Encore pouvons-nous trouver des types fossiles qui se rapprochent de l'homme plus que nos singes anthropomorphes, tels que le driopithèque décrit et figuré par M. Lartet. Il n'est pas dit pour cela que nous ayons sous les yeux un des jalons historiques du développement humain. »

Vogt croît, il est vrai, trouver dans le cerveau plus ou moins réduit des individus atteints de microcéphalie la reproduction par atavisme d'une disposition qui aurait été normale chez quelques-uns de nos vieux ancêtres. Par là, il fait à notre espèce l'application d'une de ces nombreuses hypothèses de détail imaginées par Darwin, et que j'ai dû négliger, parce qu'elles ne touchent pas au fond même de la doctrine [2]. Il n'en reste pas moins bien clair qu'en rejetant l'origine de l'homme au delà de l'apparition des singes, en reconnaissant qu'aucun jalon entre ce point de départ indéterminé et l'état actuel n'a encore été découvert, le célèbre professeur de Genève se place en plein inconnu.

Nous retrouvons donc ici le résultat inévitable de la doctrine darwinienne, et cela explique sans doute la réserve qu'ont gardée

1 *Mémoires sur les microcéphales ou hommes-singes.* Vogt a répété cette déclaration au Congrès d'anthropologie et d'archéologie préhistoriques de Paris, séance du 30 août 1867, ainsi qu'au Congrès de Copenhague. *(Compte rendu sommaire,* par M. Cazalis de Fondance, séance du 2 septembre : *Matériaux pour servir a l'histoire primitive et naturelle de l'homme,* 1870.)

2 Dans son histoire du paon, Darwin reconnaît que le retour *entier* par atavisme ne s'est jamais manifesté à la suite du croisement *entre espèces ;* mais, s'appuyant sur un certain nombre de faits observés *chez les races,* et concluant de celles-ci aux premières, il admet des *atavismes partiels.* Prenant le genre cheval pour exemple, il explique par son hypothèse d'une origine commune et par cette espèce d'atavisme les zébrures légères qui se montrent parfois chez l'âne, les lignes dorsales de quelques chevaux, etc.

dans cette question spéciale les darwinistes les plus décidés. Ni Lubbock [1] ni Wallace [2] n'ont essayé de montrer cet être mystérieux dont les petits-fils devaient devenir les hommes que nous connaissons. Aucun n'a parlé du singe. Huxley lui-même, que des circonstances particulières et ses instincts généreux ont cependant entraîné, cerne semble, au delà de sa propre pensée, déclare à deux reprises qu'entre l'homme et le singe il y a un abîme encore impossible à combler [3]. En un mot, tous ces hommes de savoir sérieux ont fort bien compris, même au milieu des polémiques ardentes que soutenaient quelques-uns d'entre eux, que l'origine simienne de l'homme, inacceptable à tous les points de vue, est surtout inconciliable avec la théorie de Darwin.

Comment donc a pris naissance cette croyance populaire que Darwin faisait de l'homme le petit-fils du singe ? Comment des hommes fort instruits d'ailleurs, et même quelques vrais savants, se sont-ils laissés aller un instant à soutenir une hypothèse en contradiction flagrante avec la doctrine dont ils se proclamaient les disciples ? C'est qu'encore une fois le dogmatisme et l'antidogmatisme

1 *Pre-historic Times.*

2 *The Origin of Human Races and the Antiquities of Man deduced from the theory of natural Selection (the Athropological Reviens,* May 1864). — L'éminent émule de Darwin pense que l'homme a vécu sur les terrains éocènes ou miocènes, et que la sélection agissait sur lui à peu près uniquement de manière à perfectionner le cerveau, tandis qu'elle modifiait les formes générales des animaux. Il explique ainsi comment les plus anciens crânes humains rencontrés jusqu'à ce jour ressemblent si fort aux crânes actuels, tandis que les faunes sont fort différentes.

3 *De la place de l'homme dans la nature,* préface de l'édition française, et chap. II. Huxley atténue, il est vrai, la signification naturelle de l'expression qu'il avait d'abord employée. Voici comment il s'exprime : « Il m'arriva un jour de séjourner durant de nombreuses heures, seul, et non sans anxiété, au sommet des Grands-Mulets. Quand je regardais à mes pieds le village de Chamouny, il me semblait qu'il gisait au fond d'un prodigieux *abîme* ou *gouffre.* Au point de vue pratique, le gouffre était *immense,* car je ne connaissais pas le chemin de la descente... Néanmoins je savais parfaitement que le *gouffre* qui me séparait de Chamouny, quoique dans la pratique infini, avait été traversé des centaines de fois par ceux qui connaissaient le chemin... Le sentiment que j'éprouvais alors me revient quand je considère côte à côte un homme et un singe. Qu'il y ait ou qu'il y ait eu une route de l'un à l'autre, j'en suis sur ; mais maintenant la distance entre les deux est tout à fait celle d'un abîme *(plainly abysmal)* ». Je me borne à faire une remarque au sujet de cette espèce de profession de foi. Quand il croyait à l'existence du sentier allant des Grands-Mulets à Chamouny, Huxley pouvait invoquer l'*observation,* l'*expérience* de plusieurs centaines de personnes ; et nous venons de voir Vogt lui-même déclarer qu'on ne connaît pas même un seul des jalons qui devraient indiquer la route du singe à l'homme.

Jean-Louis Armand de Quatrefages

ont pris pour prétexte de leur lutte une question essentiellement scientifique qu'ils n'avaient pas étudiée et se sont heurtés sur un terrain qui leur était également mal connu.

C'est à Oxford, dans une session de *l'Association Britannique,* que la querelle commença. Le lord-évêque de cette ville attaqua les idées de Darwin avec des armes qui paraissent lui être familières. Le premier, il crut pouvoir dire que la théorie de la sélection naturelle avait pour conséquence de nous faire descendre de quelqu'un des singes vivants. Les sarcasmes de Sa Seigneurie blessèrent l'amitié dévouée de Huxley, qui, prenant la défense « du lion malade », ramassa le gant jeté avec une imprudente étourderie. Si j'avais à choisir, répondit-il, j'aimerais mieux être le fils d'un humble singe que celui d'un homme dont le savoir et l'éloquence sont employés à railler ceux qui usent leur vie dans la recherche de la vérité [1]. » Plus tard Vogt devait aller plus loin, et déclarer « qu'il vaut mieux être un singe perfectionné qu'un Adam dégénéré ».

Il n'est pas surprenant que bien des gens aient mal compris une question ainsi posée dès le début, et se soient crus obligés de condamner ou d'acclamer Darwin sur parole. Ils s'imaginaient défendre leurs croyances religieuses ou philosophiques. En réalité, le savant anglais n'avait pas même abordé la question des origines humaines. A peine, trouve-t-on dans ses écrits deux ou trois allusions très-indirectes et faites en passant à la possibilité d'appliquer ses idées générales à ce problème spécial. Si jamais il le traite avec quelque détail et en sortant du vague que ne permettrait pas un semblable sujet, on peut compter sur un travail curieux où abonderont les preuves d'un savoir immense et d'un esprit des plus pénétrants. Mais on peut aussi être certain que le maître échouera comme ses disciples ; que pour Darwin comme pour Vogt, et par les mêmes raisons, tout cet effort étayé des plus ingénieuses hypothèses n'aboutira qu'à *l'inconnu.*

---

1 La réplique de Huxley a été rapportée avec quelques variantes ; mais je suis certain d'en reproduire l'esprit, sinon les termes.

Deuxième partie

CONCLUSION

L'inconnu ! voilà, il faut bien le reconnaître, le désert sans lumières où s'égare la science quand elle entreprend de pousser jusqu'aux questions d'origine ses études sur les êtres vivants. À cela, il n'y a rien d'étrange. Il en est des œuvres de la nature comme des nôtres. Chez nous, les propriétés des objets produits et les procédés de production sont choses parfaitement distinctes. Il y a là deux ordres de faits entièrement différents ; il est impossible de juger de Fun par l'autre. S'il n'a visité les hauts fourneaux et les ateliers, l'homme le plus instruit et le plus perspicace, mais étranger à l'industrie, ne devinera jamais comment on tire le fer d'une sorte de pierre, et comment ce fer, transformé en acier, devient plus tard un ressort de montre ou une aiguille. Pourtant il connaît ces objets bien mieux que le naturaliste ne connaît la plus humble plante ou le dernier des zoophytes.

Voilà où nous en sommes quand il s'agit des organismes vivants. Nous les étudions tout faits : nous n'avons pu pénétrer encore dans l'atelier d'où ils sortent ; nous ne pouvons donc rien dire sur les procédés de formation.

Tel est le dernier mot de cette longue étude. Ce n'est pas sans regret que je l'écris. Je ne serais pas d'mon temps si je ne comprenais et ne partageais la curiosité anxieuse avec laquelle tant d'intelligences élevées ou vulgaires interrogent aujourd'hui la création au nom de la science sur les secrets de son origine et de sa fin. Avouer que le savoir humain ne peut pas même encore aborder ces problèmes m'est aussi pénible qu'à tout autre. Pourtant une pensée adoucit ce qu'a d'amer ce sentiment d'impuissance. Nous frayons, j'aime à le croire, la route à de plus heureux ; nous recueillons peut-être quelques-unes des données nécessaires à la solution de ces questions insondables pour nous.

Tout humble qu'elle paraît à certains esprits, cette tâche a bien sa grandeur et ses charmes. C'est la tâche du pionnier.

Mais si nous voulons vraiment préparer l'avenir, sachons réprimer nos ardeurs et nos impatiences. Usons avec gratitude du trésor de savoir positif amassé par nos devanciers ; accroissons-le du fruit de nos propres veilles, et gardons-nous de le sacrifier aux

Jean-Louis Armand de Quatrefages

hypothèses, sous prétexte de progrès.

En un mot, ne rêvons pas *ce qui peut être* ; acceptons et cherchons *ce qui est*.

FIN

ISBN : 978-1530133642